황금시간 | 길 따라 발길 따라 열한 번째 이야기

고개 넘고 모퉁돌아
길 따라 발길 따라 ⑪
경상도 걷기 여행

지은이 김성중 정규찬 노진수
펴낸이 정규도
펴낸곳 황금시간

초판발행 2012년 5월 25일

편집 권명희 노진수 정규찬 김성중
디자인 김나경 정규옥
지도 김주현 이송미

공급처 (주)다락원 (02)736-2031
주소 경기도 파주시 문발로 211
전화 (031)955-7272(대)
팩스 (031)955-7273
출판등록 제406-2007-00002호

Copyright ⓒ 2012, 황금시간

저자 및 출판사의 허락 없이 이 책의 일부 또는 전부를 무단
복제·전재·발췌할 수 없습니다. 잘못된 책은 바꿔 드립니다.

값 16,000원
ISBN 978-89-92533-41-6 13690

http://www.darakwon.co.kr

- 다락원 홈페이지를 통해서 인터넷 주문을 하시면 자세한 정보와
  함께 다양한 혜택을 받으실 수 있습니다.
- 기타 문의사항은 황금시간 편집부로 연락 주십시오.

길 따라 발길 따라 11

고개 넘고 모티 돌아 경상도 걷기 여행

김성중 외 지음

황금시간
Golden Time

머리말

큰 고개 너머 남쪽 땅의 아름다운 길

옛날 경상도는 멀고 먼 남쪽 땅이었습니다. 경상도를 부르는 또 다른 이름 영남(嶺南)은 큰 고개(죽령, 조령) 너머의 남쪽 땅이라는 뜻으로, 오래전 한양 사람들이 경상도를 얼마나 먼 곳으로 여겼는지 짐작할 수 있습니다.

그러나 오늘날의 경상도는 그렇게 멀게 느껴지지 않습니다. 서울역에서 출발하는 고속열차를 타면 2시간 40여 분만에 부산에 도착합니다. 서울 김포공항에서 비행기를 타면 부산 김해공항까지 1시간이 채 걸리지 않습니다. 서울 중심의 사고에서 비롯된 '멀다'는 느낌이 '생각보다 가깝다'로 바뀐 지 오래입니다.

국토의 남쪽에 있지만 역사 속의 경상도는 서울 못지않게 중심에 선 적이 많습니다. 통일 신라 시대에는 수도 경주가 정치·경제·문화의 중심지였고, 고려 말에는 성리학을 가장 처음 받아들인 경상도의 신진사대부들이 조선 건국의 주축으로 등장했습니다.

수도권을 제외하면 경상도는 대도시가 가장 많이 몰려 있는 지역이기도 합니다. 6대 광역시 중 절반인 3개의 광역시(부산, 대구, 울산)가 있으며, 동해안과 남해안을 따라 몸집을 키운 번화한 도시가 적지 않습니다.

〈고개 넘고 모티 돌아 경상도 걷기여행〉은 새로우면서도 오래된 영남을 지나는, 걷기 좋은 길들을 소개하고 있습니다. 이 안에는 번화한 경상도를 대표하는 부산 해운대해수욕장을 지나 달빛 찬란한 해안가 언덕을 지나는 새 길이 있습니다. 선비가 청운의 뜻을 품고 한양으로 향하던 문경새재, 민초들이 새로운 세상을 꿈꾸며 넘었을 죽령처럼 오랜 역사를 새겨온 옛길도 있습니다.

   길에서 만나는 풍경은 경상도의 역사처럼 깊고 인상적입니다. 산중 호수 주산지는 어느 계절에 들르든 거울 같은 수면에 풍경을 그립니다. 미항 통영은 아득한 남해를 앞마당처럼 두고 빛나지요. 안동 녀던길에서는 퇴계 이황이 '그림'이라 칭했던, 낙동강과 청량산이 만들어낸 비경이 끝없이 이어집니다.

   〈고개 넘고 모퉁 돌아 경상도 걷기여행〉은 걷기 좋은 길을 소개해 온 〈길 따라 발길 따라〉 시리즈의 11번째 책으로, 가이드북의 임무도 잊지 않았습니다. GPS를 들고 실제로 걸으며 측정한 자료를 바탕으로 한 지도를 실었습니다. 길을 잃기 쉬운 갈림길을 안내하고 각 갈림길이나 특정 장소 사이의 거리를 세세하게 표기했습니다. 특히 고도표는 전체 거리와 길의 고도를 보여주므로, 걷기 전 길의 난이도를 판단하는 데 큰 도움이 될 것입니다.

   길에는 그 길을 지나는 이들의 이야기와 길이 지나는 마을의 역사, 시대, 그리고 문화가 녹아 있습니다. 이 책을 통해 영남의 자연은 물론 영남만의 문화와 역사를 만나 보십시오. 걷기 좋은 길을 걷는 행복에 더해, '큰 고개 너머 남쪽 땅'이 품은 큰 매력을 찾아낼 수 있을 것입니다.

2012년 5월
김성중 · 정규찬 · 노진수

목 차

4 머리말

10 일러두기

12 코스 위치 일람

Section 1 숲

16 **대구 동구** 대구올레 팔공산 1코스 북지장사 가는 길
낡은 시멘트 길에 켜켜이 쌓인 늦가을

26 **경북 구미시** 옥성자연휴양림 산책로
숲에서 마주친 시원한 늦여름

34 **경북 김천시** 직지문화 모티길
모퉁이 돌아 산골마을 너머에는

42 **경북 상주시** MRF 이야기길 4코스 숨소리길
낙동강의 몸통을 보여 드립니다

50 **경북 영주시** 고치령 옛길의 슬픈 이야기
하늘과 땅이 맞닿은 고개

60 **경북 영주시** 소백산자락길 3자락 죽령옛길~장림말길
고개를 넘는 가장 예스러운 방법

70 **경북 울진군** 보부상들이 넘던 금강소나무숲길 1구간
숲길의 생명을 보호하는 생태여행

80 **경남 창원시** 무학산 둘레길 봉국사~만날고개
동네 뒷산 둘레길의 진면목

90 **경남 창녕군** 화왕산 정상에서 만난 가을의 전령
지금은 잊힌 그 억새밭에 대하여

100 **경남 합천군** 가야산 백련암~해인사
산은 산이요 물은 물이로다

Section 2 바다

112 경북 영덕군 **7번 국도 옆 블루로드 B코스**
해안선이라도 된 것처럼 걸어볼까

122 부산 해운대구 **갈맷길의 인기 구간 동백섬~구덕포**
폼 나게 걸어보는 한국의 골드코스트

132 경남 남해군 **남해 바래길 1코스 다랭이 지겟길**
질박한 섬과 길의 오랜 여운

142 경남 사천시 **이순신 바닷길 4코스 실안노을길**
눈이 멀 만큼 황홀한 노을이 지네

152 경남 창원시 **진해드림로드 장복 하늘마루 산길~천자봉 해오름길**
꽃 피는 봄날 꿈길 밟아 오세요

162 경남 통영시 **삼칭이해안길**
편하게 만나는 아름다운 통영 바다

172 경남 통영시 **소매물도에서 등대섬까지**
다시 숨겨놓고 싶은 나의 섬

182 경남 통영시 **한려해상 한산도~추봉도**
인생 혹은 청춘을 시름하는 시간

목 차

Section 3
역사·문화

194 **경북 경주시** 노천박물관 같은 남산 탐방로
신라의 흥망성쇠를 지켜본 경주의 심장

204 **경북 경주시** 토함산 불국사~석굴암
천년의 두께를 떠받치고 걷는 걸음

212 **경북 문경시** 고성과 옛길이 만난 고모산성~토끼비리길
벼랑길에 남은 천년의 흔적

220 **경북 문경시** 문경새재 과거길
청운의 꿈이 앞장서서 넘던 고개

232 **경북 안동시** 녀던길 단천교~농암종택 구간
"내 먼저 그림 속으로 들어가네"

240 **경남 사천시** 이순신 바닷길 1코스 사천희망길
여백 넘치는 길의 소소한 재미

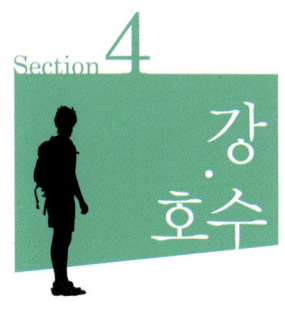

Section 4 강·호수

250 경북 봉화군 **외씨버선길 춘양목 솔향기길**
사과 향 가득한 고택 나들이

258 경북 청송군 **주왕산 주방계곡**
기암과 폭포의 화려한 변주

268 경북 청송군 **주왕산 주산지**
내 인생의 계절은 어디쯤인가

276 경남 진주시 **진주의 역사와 자연이 담긴 남부길**
양귀비꽃보다도 붉은 마음을 보다

284 경남 창녕군 **람사르습지 우포늪**
원시의 자연에 갖춰야할 예의

294 경남 창원시 **주남저수지**
고요한 풍경들이 쉬고 있는 물가

일러두기

지도

본문에 수록한 코스 지도는 실제로 길을 걸으면서 GPS로 측정한 디지털 정보를 토대로 만들었다.

지도 속 숫자는 분기점 또는 갈림길을 진행 순서대로 표기한 것으로, 특정 지점을 나타내는 이 숫자는 본문과 별책 부록에도 같은 용도로 쓰였다.

괄호 속의 숫자가 추가로 표기되어 있는 경우, 예를 들어 **[13(15)]**는 걷기코스에서 **13**번과 **15**번 지점이 겹친다는 표시로, 한 지점을 두 번 지난다는 의미다.

코스 개요

걷는 거리는 출발점에서 종착점까지의 총거리를 의미한다. GPS로 실측한 수치로서, 걷기코스를 운영하는 지자체나 단체에서 발표한 공식 거리와 차이가 있을 수 있다.

걷는 시간은 평지를 걷는 성인의 평균속도 '시속 4km'를 기준으로 하되, 경우에 따라 길의 경사도를 감안해 대략적인 시간을 기록했다. 휴식이나 관람 시간은 포함하지 않았다.

출발점과 종착점은 걷기 시작하고 끝나는 장소다. 난이도는 길의 경사도, 거리, 소요시간 등을 반영해 평가했다. 추천테마를 보면 길의 특징과 분위기를 한눈에 파악할 수 있을 것이다.

■ 걷는거리 9.3km	■ 출발점 경북 경주시 배동 포석정 주차장	
■ 걷는시간 3시간 30분	■ 종착점 경북 경주시 배동 포석정 주차장	■ 난이도 무난해요

추천테마	아이들과	연인끼리	여럿이	숲	들	계곡	강	바다	문화유적	봄	여름	가을	겨울
	★	★★	★★★	★★★	★	★★★			★★★	★★★	★★	★★★	★★

고도표

고도 그래프는 걷는 거리(가로축)가 해발고도(세로축)에 비해 상대적으로 많이 짧아 실제보다 가파르게 표기되었으므로 오르막과 내리막 비율을 참고하는 용도로만 사용한다.

평지 같은 구간도 기준 고도가 현저히 낮을 경우 가파르게 표시되므로 항상 왼쪽의 기준 고도가 몇 m인지 확인해야 한다.

본문 지점 표기

본문 중 붉은색으로 조그맣게 붙은 숫자는 갈림길이나 주요지점을 뜻하는 것으로, 이 표기는 지도와 별책 부록에도 같은 용도로 쓰였다.

코 스 위 치 일 람

Section 1 숲

①	대구 동구 대구올레 팔공산 1코스 북지장사 가는 길	16
②	경북 구미시 옥성자연휴양림 산책로	26
③	경북 김천시 직지문화 모티길	34
④	경북 상주시 MRF 이야기길 4코스 숨소리길	42
⑤	경북 영주시 고치령 옛길	50
⑥	경북 영주시 소백산자락길 3자락 죽령옛길~장림말길	60
⑦	경북 울진군 금강소나무숲길 1구간	70
⑧	경남 창원시 무학산 둘레길 봉국사~만날고개	80
⑨	경남 창녕군 화왕산 자하골~억새밭	90
⑩	경남 합천군 가야산 백련암~해인사	100

Section 2 바다

⑪	경북 영덕군 블루로드 B코스	112
⑫	부산 해운대구 갈맷길 동백섬~구덕포	122
⑬	경남 남해군 남해 바래길 1코스 다랭이 지겟길	132
⑭	경남 사천시 이순신 바닷길 4코스 실안 노을길	142
⑮	경남 창원시 진해드림로드 장복 하늘마루 산길~천자봉 해오름길	152
⑯	경남 통영시 삼칭이해안길	162
⑰	경남 통영시 소매물도~등대섬	172
⑱	경남 통영시 한려해상 한산도~추봉도	182

Section 3 역사·문화

⑲	경북 경주시 남산 탐방로	194
⑳	경북 경주시 토함산 불국사~석굴암	204
㉑	경북 문경시 고모산성~토끼비리길	212
㉒	경북 문경시 문경새재 과거길	220
㉓	경북 안동시 녀던길 단천교~농암종택	232
㉔	경남 사천시 이순신 바닷길 1코스 사천희망길	240

Section 4 강·호수

㉕	경북 봉화군 외씨버선길 춘양목 솔향기길	250
㉖	경북 청송군 주왕산 주방계곡	258
㉗	경북 청송군 주왕산 주산지	268
㉘	경남 진주시 남부길	276
㉙	경남 창녕군 람사르습지 우포늪	284
㉚	경남 창원시 주남저수지	294

Section 1

숲

대구 동구

대구올레 팔공산 1코스 북지장사 가는 길
거리 4.8km, 소요시간 1시간~1시간 30분

낡은 시멘트 길에
켜켜이 쌓인 늦가을

대구올레 팔공산 1코스는 누구나 편하게 걸을 수 있는 완만한 소나무 숲길이 매력이다. 특히 솔숲길이 절정의 아름다움을 뽐내는 가을엔 신비로운 분위기마저 느낄 수 있다. 솔숲길 끝에는 천년고찰 북지장사가 소박한 매무새로 여행자를 맞는다.

북지장사로 이어지는 소나무 숲길은 대구올레를 통해 세상에 알려졌다(7~8지점).

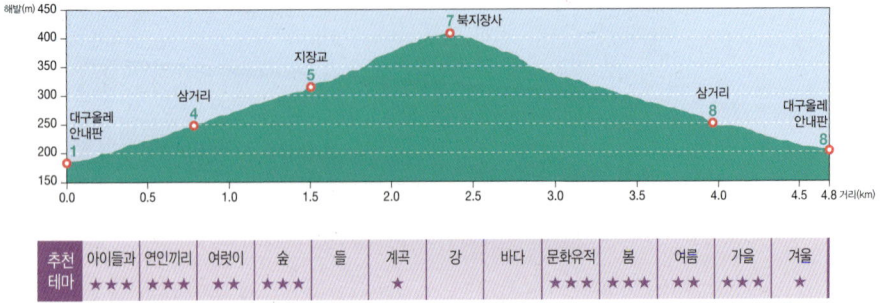

걷는거리 4.8km	출발점 대구 동구 도학동 방짜유기박물관 정류장	
걷는시간 1시간~1시간 30분	종착점 대구 동구 도학동 방짜유기박물관 정류장	난이도 쉬워요

추천테마	아이들과	연인끼리	여럿이	숲	들	계곡	강	바다	문화유적	봄	여름	가을	겨울
	★★★	★★★	★★	★★★		★			★★★	★★★	★★	★★★	★

대구올레는 대구와 팔공산 주변의 명소들을 새롭게 조명하고자 대구녹색소비자연대(이하 녹소연)가 2009년부터 조성하기 시작한 걷기코스다. 2012년 3월 현재 '대구올레' 2개 코스와 '대구올레 팔공산' 9개 코스, 총 11개 코스를 개통했다. 외부에 잘 알려지지 않았던 명소들을 핀셋으로 집어내듯 찾아가 걸어볼 수 있어 주말이면 적지 않은 사람들이 산책과 운동을 겸해 찾고 있다.

다만 등산로를 피해 평지 위주로 길을 잇다 보니 코스가 저마다 동떨어져 있는 것이 단점으로 지적되어 왔는데, 녹소연에서는 이처럼 개별적으로 떨어져 있던 기존 코스들을 연결하는 작업도 함께 추진 중이다. 현재 팔공산 2~6코스와 7~8코스의 경우 이어 걷기가 가능하며, 이르면 2012년 말쯤 기존 구간의 연결 작업을 마무리할 예정이다. 코스를 이으면서 애초 제외됐던 등산로가 포함돼 이전보다 난이도는 높아졌지만 마을과 산길을 오가는 지리산 둘레길과 비슷한 수준이다.

하늘을 가득 채운 솔숲 걷기 대구올레 안내판~안양교[1-6]

늦가을에 대구올레 팔공산 1코스를 찾았다. 이 길에는 '북지장사 가는 길'이라는 이름이 붙어 있다. 대구방짜유기박물관 부근에서 걷기 시작해 도장마을을 지나 북지장사에서 코스가 끝나지만, 왔던 길을 거슬러 출발점으로 돌아와야 하므로 원점회귀 코스나 마찬가지다.

북지장사 가는 길은 방짜유기박물관 버스 정류장 뒤편 삼거리에 서 있는 대구올레 안내판[1] 앞에서 시작한다. 안내판 앞 다리를 건너 대구방짜유기박물관 방향으로 걸어가는데 길 오른편에 불규칙한 모양새의 바위가 산만하게 흩어져 있는 것이 눈에 띈다. '시인의 길'이라고 새겨진 커다란 돌 뒤편으로 여러 시인의 작품을 새겨놓은 돌들이 즐비하다. 시에 매료된 한 수석애호가

1 초록색 소나무 숲에 누런 솔잎이 눈이 쌓였다(5~6지점). 2 이끼 낀 바위에도 솔잎이 수북하다(5~6지점). 3 햇빛이 바삭하게 말려 놓은 낙엽들(6~7지점).

가 꾸민 것이라는데, 돌에 새긴 글씨는 모두 해당 시인의 친필이라고 한다.

시인의 길을 지난 후 대구방짜유기박물관² 앞을 통과하면 얼마 안 가 오른쪽 곁길과 만나는 삼거리³다. 오른쪽으로 가도 도장마을을 거쳐 북지장사로 갈 수 있지만, 삼거리에 붙어있는 이정표는 이곳에서 그대로 직진하라고 되어있다. 삼거리를 지나 완만한 오르막을 따라가다 보면 마치 두 팔을 벌리고 길을 가로막듯 좌우로 뻗은 삼거리⁴가 나타난다. 이곳에서 이정표가 가리키는 왼쪽이 북지장사 방향이다.

매끈하게 포장된 널찍한 아스팔트 도로가 끝나자 좁은 시멘트 길이 펼쳐진다. 언제 포장했는지 이리저리 패이고 부서진 시멘트 길은 주변 풍경과 어우러져 흙길 못지않은 소박한 분위기를 풍긴다. 삐죽 솟은 가시를 사방으로 뻗은 채 주변의 밭과 포장길을 구분 짓듯 늘어서 있는 건 탱자나무 울타리다. 30년 전만 해도 시골에서 흔히 볼 수 있었지만, 지금은 거의 자취를 감추다 보니 가시 돋친 모양새도 괜스레 반갑다.

완만한 오르막을 따라 느린 속도로 숲으로 들어선다. 지장교⁵를 지나자 길 양옆으로 울창한 솔숲이 하늘을 채우기 시작한다. 숲을 관통하는 길은 소나무가 떨군 무수한 연갈색 바늘잎이 뒤덮어 아늑하고 따뜻한 느낌이다. 길 위를 점령하다시피 한 솔잎은 평범한 숲길에 늦가을의 정취를 덧씌운다. 이리저리 구부러진 소나무들이 빼곡히 들어찬 주변 풍경은 마치 현실세계를 벗어난 듯 신비로운 분위기마저 감돈다.

15분쯤 걸었을까. 안양교⁶를 건너자 솔숲이 걷히더니 길은 다시 팔공산 계곡을 거슬러 낮은 오르막을 이어간다. 가을 끄트머리에 살짝 걸친 계절은 겨울이 오기 전 마지막 친절처럼 춥지도 덥지도 않은 쾌적한 바람을 연신 산 아래로 불어낸다.

옛 스님이 살았다는 도장골 북지장사~대구올레 안내판[7~9]

길가에 자리한 두어 채의 민가를 지나자 포장길 끝에 너른 마당이 나타난다. 이곳이 바로 북지장사[7]다. 북지장사는 신라 소지왕 7년(485년) 극달화상이 세웠다는 유서 깊은 사찰이다. 동화사의 말사로 명맥을 이으며 소박한 모습으로 남아있지만, 불교가 융성했던 고려 시대 때는 절에서 경작하는 밭만 200결(약 3.09km²)에 달할 정도로 규모가 컸다. 일설에 의하면 지금과는 반대로 동화사를 말사로 거느린 적도 있었다고 한다.

창건 후 수차례 중수를 거쳤으며, 현재까지 전하는 건물과 유물 가운데 특히 대웅전은 보물 제805호로, 석조지장보살좌상과 두 개의 삼층석탑은 각각 대구시 유형문화재 제6호와 15호로 지정되어 있다.

출발점에서 해발고도 180m 부근을 가리키던 GPS는 북지장사에 들어서자 400m를 조금 웃도는 수치를 나타낸다. 약 2.4km를 걷는 동안 200여m를 오른 셈인데 길이 별로 가파르지 않은 것치곤 높다.

빨간 단풍잎이 드리운 주차장 우측 일주문을 통해 뒤편에 자리한 경내로 들어선다. 가장 먼저 눈에 들어오는 '대웅전' 명패가 달린 조립식 건물을 보고 성급하게 실망할 필요는 없다. 이 건물은 불자들이 수시로 드나드는 대웅전의 '기능'만을 담당할 뿐 보물로 지정된 진짜 대웅전은 단정한 맞배지붕을 머리에 인 왼편의 낡은 기와건물이다.

대웅전 앞을 나와 경내를 이리저리 둘러본다. 알록달록한 가을꽃이 만개한 앞뜰 너머로 불자 서너 명이 불상 앞에 엎드리며 기도하는 동안 누렁이는 낮잠을 즐기고 있다. 비우고 비운 걸까, 아니면 애초부터 욕심이라곤 없었던 걸까. 모든 소원을 이루기라도 한 듯 걱정 근심이라곤 없어 보이는 누렁이의 태평함이 부럽다.

마당 구석 커다란 사각 우물에는 산에서 흘러내려 온 약수가 그득하다. 바가지로 낙엽을 걷어내고 한 모금 마셔보니 시원하고 부드럽게 넘어간다. 북지장사에 몸담고 있었다면 아마도 이 물로 밀주(密酒)라도 빚지 않았을까 싶을 만큼 물맛이 좋다.

북지장사를 둘러본 후 다시 왔던 길을 되돌아간다. 안양교와 지장교를 지나 시멘트 길을 거의 다 빠져나간 후 삼거리[8]에서 도장마을 방향으로 직진한다. 내리막을 따라가면 한적한 변두리 마을이 나타나는데 이곳이 도장마을이다.

'도장골'이라고도 불리는 도장마을은 대구시 동구 도학동의 자연부락 중 하나로 약 1천500년 전 어느 스님이 정착하면서 처음 터를 잡았다고 전해진다. 큰길에서 보이지 않는다는 의미로 '도장(道藏)'이라 이름 짓고 도장사라는 절도 세웠지만 기나긴 세월 속에 모두 사라지고 지금은 작은 마을만 남아 도장골이란 이름으로 불리고 있다.

한적한 마을길을 빠져나오니 처음 출발했던 대구올레 안내판[9]이 멀찍이 보인다.

1 북지장사 대웅전 앞 화단에 핀 백일홍(7지점). **2** 세상모르는 낮잠에 든 북지장사 중생(7지점). **3** 북지장사 대문 앞으로 단풍이 곱다(7지점). **4** 농기구들을 걸어 놓은 도장마을의 한 민가(8~9지점).

🍴 추천음식

동굴식당 '닭백숙'

팔공산 주변은 대구경북 지역의 이름난 명소답게 식당이 즐비하다. 관광지 근처 식당들이 대개 그렇듯 음식 값도 비싼 편이지만 '동굴식당'만은 예외다. 대구에서 코스 출발점인 대구방짜유기박물관으로 가기 위해 공산저수지를 지나 백안삼거리 방향으로 가다 보면 오른편에 '구암교'라는 작은 다리가 나온다. 다리를 건넌 후 100m쯤 가면 오른편에 있다.

동굴식당은 제대로 된 간판 하나 붙어있지 않은 허름한 농가건물이지만 대구지역에서 맛집 좀 찾아다닌 사람이라면 엄지손가락을 추켜세우는 집이다. 잘 손질한 토종닭과 한약재를 넣고 푹 고아낸 닭백숙은 물론 사계절 보양식으로 손색이 없다. 백숙을 시키면 따라 나오는 오곡 돌솥밥도 별미다.

위치 대구 동구 미대동 502-2 　**전화** (053)982-0270 　**영업시간** 11:00~21:00
가격 닭백숙 3만 원, 닭도리탕 3만 원, 오리불고기 3만5천 원 　**주차** 가능, 무료

🚗 교통편

》 찾아가기

대중교통 서울역에서 동대구역으로 가는 기차가 있다. 동대구역 주차장 앞에 있는 버스 정류장에서 동화사 행 급행1번 시내버스를 타고 방짜유기박물관 정류장에서 내린다.
서울역→동대구역 05:30~23:00(수시 운행)
동대구역 정류장→방짜유기박물관 정류장 05:30~23:30(20분 간격)
승용차 대구방짜유기박물관에 주차장이 있으나 등산 목적의 주차를 금지하고 있다. 코스 끝인 북지장사 주차장(무료)에 차를 세우고 코스를 반대로 걷는 것도 한 방법이다.

《 돌아오기

방짜유기박물관 정류장에서 동대구역으로 가는 급행1번 시내버스가 있다.
방짜유기박물관 정류장→동대구역 정류장 05:30~23:30(20분 간격)
동대구역→서울역 04:00~00:37(수시 운행)

ℹ️ 알아두기

숙박 동화사국민관광단지 주변
식당·매점 도장마을(8~9지점) 내, 동화사국민관광단지 주변
식수 미리 준비, 북지장사(7지점) 내
화장실 대구방짜유기박물관(2지점), 북지장사(7지점) 내

들를 만한 곳

대구방짜유기박물관

2007년 5월 문을 연 대구방짜유기박물관은 전국에서 하나뿐인 방짜유기 전문 박물관이다. 이봉주(중요무형문화재 제77호) 방짜유기장이 평생 제작하고 수집한 방짜유기 약 1천500점을 기증한 것을 계기로 박물관이 세워졌다.

방짜유기는 구리와 주석을 78대 22라는 독특한 비율로 섞은 합금이 원료다. 녹인 합금을 주조 틀에 부어 모양을 뜬 뒤 수차례의 망치질과 열처리, 담금질을 통해 모양을 낸다. 주로 식기와 전통 악기류에 많이 쓰였지만, 60~70년대 스테인리스와 플라스틱 등 신소재에 밀려 사라졌다가 살균작용과 보존능력이 우수하다는 사실이 알려지면서 근래 다시 주목받고 있다.

박물관에서는 방짜유기로 만든 다양한 전통 생활용품과 악기, 미니어처와 실물 크기 마네킹으로 재현한 방짜유기 제작 과정을 살펴볼 수 있다.

위치 대구 동구 도학동 399 **전화** (053)606-6171 **홈페이지** artcenter.daegu.go.kr/bangjja
관람시간 10:00~19:00(11~3월은 18:00까지, 매주 월요일 휴관) **입장료** 없음 **주차** 가능, 무료

동화사국민관광단지

팔공산은 해발 1천192m 비로봉을 중심으로 좌우에 동봉과 서봉을 거느린 당당한 풍채를 자랑한다. 팔공산자락에는 동화사를 비롯해 은해사와 파계사, 부인사, 송림사 등 수십 개의 사찰과 암자들이 들어서 있으며 불자는 물론 일반 관광객들도 많이 찾는다.
'팔공산 스카이라인'으로 불리는 팔공산 케이블카는 비로봉 아래 820m까지 이어져 있어 전망대에 오르면 팔공산 자락과 대구 시내를 한눈에 조망할 수 있다. 케이블카 주변에는 산채비빔밥과 촌두부, 도토리묵 등을 내놓는 식당들과 카페들이 모여 있다.

위치 동구 용수동 50 **전화** (053)985-0980
입장료 없음, 개별시설 요금 별도
주차 가능, 무료

경북 구미시

옥성자연휴양림 산책로 거리 9.7km, 소요시간 3시간 30분~4시간
숲에서 마주친 시원한 늦여름

옥성자연휴양림 꼭대기 옛 오솔길에서 옥성주아임도로 들어선다. 사방이 온통 녹음에 뒤덮여 하늘만 머리 위로 고개를 내밀었다. 한가하게 걷다가 솔잎 깔린 산길을 만난다. 형제봉 정상에서 옛 오솔길을 따라 내려오면 물놀이하는 아이들의 웃음소리가 휴양림에 가득하다.

할아버지 쌈지 같은 산책로 옛 오솔길 입구~등산로 사거리[1-7]

구미에 있는 옥성자연휴양림은 데크를 갖춘 야영장과 깨끗한 화장실, 샤워장, 개수대 같은 편의시설은 물론 계곡물을 이용한 넓은 물놀이장이 있어 가족단위 휴양객이 많이 찾는다. 이곳 옛 오솔길에서 이어지는 산책로는 제주 올레나 지리산 둘레길처럼 유명한 길은 아니지만 여러 매력을 품고 있다. 사람의 손길이 거의 닿지 않은 임도 주변의 낙엽송, 소나무 군락이 숲길 걷기의 즐거움을 주고, 구미시 옥성면 주아리와 덕촌리, 선산읍 노상리 전경을 두루 감상할 수 있어 풍경 사진을 찍으려는 이들도 즐겨 찾는다. 10km 남짓한 부담 없는 거리와 임도 걷기의 여유로움, 그리고 등산의 성취감까지. 마치 오랜만에 손녀를 만나러 가는 할아버지의 쌈지처럼 아기자기한 선물들이 가득하다.

◀ 옥성주아임도는 '전국 아름다운 임도 100선'에 선정된 길이다(4~5지점).

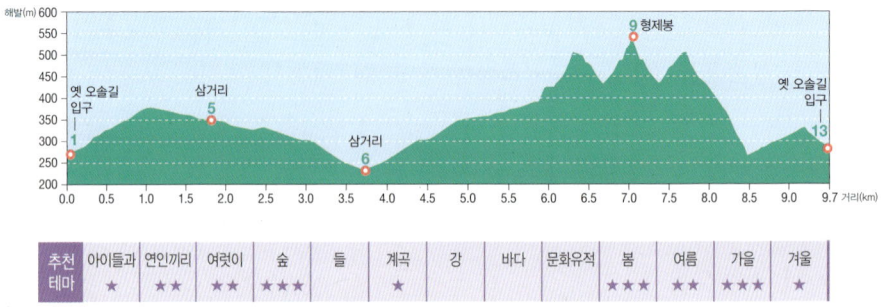

- **걷는거리** 9.7km
- **걷는시간** 3시간 30분~4시간
- **출발점** 경북 구미시 옥성면 주아리 옥성자연휴양림
- **종착점** 경북 구미시 옥성면 주아리 옥성자연휴양림
- **난이도** 조금 힘들어요

추천 테마	아이들과	연인끼리	여럿이	숲	들	계곡	강	바다	문화유적	봄	여름	가을	겨울
	★	★★	★★	★★★		★				★★★	★★	★★★	★

산책은 휴양림 왼편에 높다랗게 자리 잡은 제2야영장 위쪽 옛 오솔길 입구¹에서 시작된다. 야영장 앞 포장로를 따라 오르막을 오르면 얼마 안 가 옛 오솔길 표지가 나오고 곧 좁은 비포장 등산로가 나타난다. 등산로

지역 출신 명사를 소개하는 안내판(1~2지점).

를 걷다 보면 왼편으로 줄지어 선 안내판이 눈길을 끈다. 박정희 전 대통령부터 사육신 중 한 사람인 단계 하위지에 이르기까지 지역 출신 명사들을 소개하는 안내판이다.

수풀을 헤치며 5분쯤 오르다 보면 임도와 만나는 사거리²에 닿는다. 사거리에 올라선 후 옥성주아임도를 따라 왼쪽으로 방향을 잡는다. 옛 오솔길은 방금 만난 임도 코스를 왕복한 후 다시 만나게 된다. 임도 합류 후 얼마 안 가 마주치는 삼거리³에서 우회전해 조금만 가면 길 양옆으로 등산로가 가로지르는 사거리⁴다. 등산로는 임도 좌우로 부처바위와 형제봉으로 이어진다. 이곳에서는 임도를 따라 그대로 직진한다.

옥성주아임도는 구미시 옥성면 주아리와 덕촌리에서 선산읍 노상리 선산 뒷골을 잇는 코스로, 산림청에서 지난 2008년 전국 아름다운 임도 100선 중 한 곳으로 선정했을 만큼 풍광이 뛰어나다. 산허리를 감아 도는 평지 같은 임도가 한참 이어지다 서서히 내리막의 비중이 높아진다. 허리 안쪽 코스로 접어드니 눈앞의 길은 이리저리 갈 곳을 찾다 산허리 뒤춤 어딘가로 사라지고, 사방이 온통 녹음에 뒤덮여 하늘만이 머리 위로 고개를 내민다.

도시계획을 바탕으로 깔끔하게 꾸며놓은 도심 공원이나 강변의 인위적인 걷기코스도 매력적이지만, 인공적인 요소들을 최소화한 자연 속의 임도는 원초적인 걷기의 즐거움을 선사한다.

산허리를 이리저리 파고들다 10여 분 후 ㅓ자 모양으로 갈라지는 삼거리⁵에 닿는다. 이곳에서 직진한 후 S자로 크게 휘감아 나가는 구간을 따라 내리

대부분 흙길이고, 급커브나 경사진 길만 포장이
되어 있다(3~4지점).

막에 들어서면 잠시 후 T자 형태의 삼거리[6]가 나타난다. 임도는 이곳에서 노상리(오른쪽)와 선산청소년수련관(왼쪽) 방향으로 이어지지만, 휴양림 구간을 벗어나므로 유턴해 아까 지나온 사거리[7]까지 돌아간다. 아름다운 옥성주아임도는 완만한 오르막으로 표정을 바꾼다. 방금 지나온 길인데도 거슬러 오르며 보는 풍경은 또 다른 맛이다. 사거리[7]에서 형제봉으로 이어지는 왼쪽 오르막 등산로로 접어든다.

마음 설레는 숲 속 오솔길 삼거리~옛 오솔길 입구[8~13]

임도를 벗어나 산길로 접어드니 마른 솔잎이 깔린 오솔길이 아늑하다. 솔숲 사이로 뻗은 등산로를 밟으며 한 걸음씩 나아가는 기분이 묘하게 설렌다. 처음 걷는 길에서는 으레 그러한 감흥이 들지만 숲 속 오솔길은 좀 더 특별하다.

15분 정도 오른 후 능선 위에 자리한 삼거리[8]에서 왼쪽으로 방향을 튼다. 이곳에서 헬기장을 지나 형제봉을 오르는 코스는 마치 쌍봉낙타의 등처럼 가파른 내리막과 오르막이 굽이친다. 헬기 착륙을 위해 주변 잡목을 제거해 놓은 헬기장에서는 한가로운 선산읍내의 정경이 한눈에 들어온다.

좁은 등산로를 10분 남짓 지난 후 나타나는 바위길 오른쪽으로 뻗은 봉우리가 바로 형제봉[9]이다. 정상(해발 531m) 주변은 잡목 숲이 우거져 아쉽게도 전망이 잘 보이지 않는다.

형제봉에 올라 잠시 숨을 돌린 후 유턴해 내리막길로 접어든다. 헬기장을 지

헬리콥터 착륙장에서 바라본 선산읍 일대. 선산읍 뒤편 가장 높은 봉우리가 접성산이다(10~11지점).

나 능선 위 삼거리[10]에서 그대로 직진해 등산로와 임도가 만나는 곳[11]까지 내려가면 된다. 산길을 벗어나 임도에 올라선 후 오른쪽으로 10분 정도 걸어가면 맨 처음 지나온 사거리[12]에 닿는다. 임도 왼편 내리막 산길을 따라 5분쯤 가면 출발점인 옛 오솔길 입구[13]다. 휴양림 안 계곡 주변은 어느덧 물놀이하는 아이들의 웃음소리로 가득하다.

옥성자연휴양림은 봄·가을 건조기에 산불 방지를 위해 산책로 출입을 제한한다. 따라서 출발 전에 산책로 출입 가능 여부를 확인하는 것이 좋다.

옥성자연휴양림 전화 (054)481-4051, 홈페이지 www.gumihy.com

추천음식

옥성칼국수 '손칼국수'

시골 국도변 식당은 크게 두 가지다. 겉보기처럼 음식도 허름하거나, 보기와는 달리 기막힌 손맛을 자랑하거나. 주아리 도로변에 자리한 '옥성칼국수'는 후자다. 이 집은 직접 손으로 반죽해 쫄깃한 면발이 일품인 손칼국수를 내놓는다.

담백한 멸치국물에 국수를 끓이고 잘 숙성한 조선간장으로 간을 해 애호박과 계란지단, 마른 김을 얹었다. 보기에는 평범한 칼국수지만, 여기에 청양고추가 들어간 매콤한 간장 양념을 살짝 두른 후 적당히 퍼진 부드러운 면발을 목으로 후루룩 넘기다 보면 이마에는 송골송골 땀방울이 맺히고 금세 그릇의 바닥이 보인다.

위치 경북 구미시 옥성면 주아리 161-1
전화 (054)481-7337
영업시간 10:00~20:30
가격 손칼국수 3천500원, 손수제비 3천500원, 콩국수 4천500원(하절기)
주차 가능, 무료

교통편

>> **찾아가기**

대중교통 서울고속버스터미널에서 선산시외버스터미널(054-482-2075)로 가는 버스가 있다. 선산시외버스터미널에서 옥성을 경유하는 상주행 시외버스, 또는 터미널 앞 버스 정류장에서 20번 시내버스를 타고 옥성면사무소 정류장에서 내린다. 옥성자연휴양림까지는 휴양림 입구 방향으로 걸어서 약 15분 거리다. 터미널 앞에서 택시를 타면 소요시간은 약 20분, 요금은 1만 원 정도다.

서울고속버스터미널→선산시외버스터미널 06:00~19:20(수시 운행)
선산시외버스터미널→옥성면사무소 정류장 07:45 10:40 13:45 16:40 19:25
선산시외버스터미널 앞 정류장→옥성면사무소 정류장 06:20 09:50 13:00 15:00 17:50

승용차 옥성자연휴양림 내 제4주차장 이용, 1일 2천 원

《 **돌아오기**

옥성면사무소 정류장에서 선산으로 가는 시외버스나 20번 시내버스를 타고 선산시외버스터미널에 내린다.

옥성면사무소 정류장→선산시외버스터미널 08:42~20:50(45분~1시간 간격)
옥성면사무소 정류장→선산시외버스터미널 앞 정류장 07:00 10:15 11:35 13:35 19:20

알아두기

숙박 · 식당 · 매점 옥성자연휴양림 내, 옥성면사무소 부근
식수 옛 오솔길 입구(1지점) 부근
화장실 옛 오솔길 입구(1지점) 부근
입장료 없음, 주차료 1일 2천 원

들를 만한 곳

금오산

경북 구미와 칠곡, 김천에 걸쳐 솟아있는 해발 976m의 금오산은 우리나라의 첫 도립공원이다. '금오'라는 이름은 신라에 불교를 전한 것으로 알려진 고구려 승려 아도화상이 이 부근을 지나다가 저녁노을 속을 날아가는 황금빛 까마귀를 보고 붙였다고 한다.

고려 말 충신 야은 길재의 충절과 학식을 기리기 위해 영조가 1768년에 세운 '채미정'은 단정하고 소박한 꾸밈새로 금오산의 명소로 꼽힌다. 이밖에 마애보살입상(보물 제490호)을 비롯해 대혜폭포, 도선굴 등 진귀한 볼거리를 곳곳에 품고 있다. 산 허리춤에는 고려 시대 왜적을 막기 위해 자연절벽을 이용해 쌓은 금오산성이 남아있다. 산 중턱의 대혜사까지 이어진 케이블카는 금오산의 명물 중 하나다.

위치 경북 구미시 남통동 288-2
전화 (054)450-5760
홈페이지 www.geumo.net
입장료 없음
주차 가능, 1일 1천500원

ⓒ구미시청

경북 김천시

직지문화 모티길 거리 11.3km, 소요시간 3시간 30분~4시간
모퉁이 돌아 산골마을 너머에는

동구지산 임도를 중심으로 정겨운 산골마을과 돌담길 이어지는 농촌마을을 지난다. 길은 오르막과 내리막이 절반씩 섞여 있지만 지치지 않을 만큼 멋진 경치가 함께 한다. 시간 여유가 있다면 천년고찰 직지사에서 여정을 마무리하는 것도 좋다.

'모티'는 '모퉁이'의 경상도 사투리다. 모퉁이를 돌면 또 다른 모퉁이가 나타난다는 뜻으로 김천시가 조성하는 도보여행길에 붙은 이름이기도 하다. '직지문화 모티길'과 '수도녹색숲 모티길'이 열려 있다. 뜻을 알고 나니 그제야 '우야노' '밥 뭇나' 같은 경상도 말들이 떠올랐지만, 처음 들었을 때는 모터사이클 도로인가 하는 생각도 했다. 새로 만들어지는 걷기코스에 낯선 고어나 방언들이 척척 붙는 이유는 아무래도 제주 올레의 영향이겠다.

수많은 모티가 기다리는 시골 직지초등학교~방하치교[1~5]

직지문화 모티길은 경북 김천시 대항면 향천리 직지초등학교에서 시작해 직지문화공원에 이르는 10여km 걷기코스다. 동구지산 임도를 중심으로 정겨운 산골마을과 돌담길 이어지는 농촌마을을 체험하고 직지문화공원에서 마무리하

▶ 방하치마을을 지나면 긴 오르막 임도가 이어진다(7~8지점).

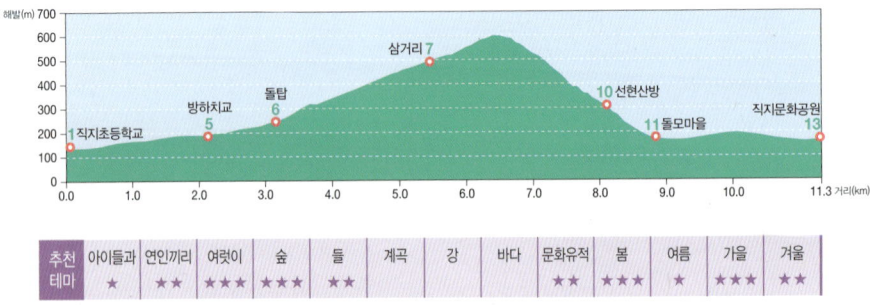

- 걷는거리 11.3km
- 걷는시간 3시간 30분~4시간
- 출발점 경북 김천시 대항면 향천리 직지초등학교
- 종착점 경북 김천시 대항면 운수리 직지문화공원
- 난이도 조금 힘들어요

추천 테마	아이들과	연인끼리	여럿이	숲	들	계곡	강	바다	문화유적	봄	여름	가을	겨울
	★	★★	★★★	★★★	★★				★★	★★★	★	★★★	★★

는 길은 오르막과 내리막이 절반씩 섞여 있지만 자전거 트레킹도 가능할 만큼 편하다.

직지초등학교[1] 교문을 오른편에, 개천을 왼편에 끼고 시멘트길을 걷다가 작은 다리[2]를 건너면 수많은 '모티'가 기다리고 있는 시골길이 펼쳐진다. 길가 비닐하우스마다 켜져 있는 라디오와 이방인을 경계하듯 개 짖는 소리가 텅 빈 시골 하늘에 메아리친다. 늦여름 햇살 아래 무르익는 농작물에게는 영양제와 같은 소리일지도 모르겠다.

직지초교 앞 개천으로 마실 나온 닭(1~2지점).

재활용 쓰레기 수집소[3] 앞 삼거리에서 오른편 길로 접어든 후 한적한 시골길을 따라 남매농장[4]을 지난다. 30분 정도 걸어 방하치교[5] 앞 삼거리에 이르니 오른편에 개천을 낀 작은 산골, 방하치마을이 여행객을 반긴다. 1660년, 인적 없는 깊은 산골에 김씨, 이씨, 임씨, 정씨 성을 가진 네 선비가 들어와 터를 닦고 개척한 마을로, 방아재라는 고개 아래 있어서 붙인 이름이다.

입구에 가지런히 쌓아 놓은 돌탑과 돌단이 정겹다. 마을로 들어서니 그대로 1970년대 시골이다. 낮은 담장을 따라 마을을 빠져나오자 수백 년은 되어 보이는 느티나무가 널찍한 그늘을 만들며 서 있다. 1982년에 측정한 수령이 338년이라니, 370세 가까운 나이다. 네 선비가 방하치마을을 개척하던 시절에는 청년이었을 나무다. 선비들은 가고 없는데 나무는 높이 14m, 둘레 7.5m로 자라 짙고 넓은 그늘로 선비의 후손들에게 휴식을 주고 있다.

나무 아래 벤치에서 잠시 열기를 식힌 후 '황녀의 마을'로 들어간다. 고종의 딸이면서 기구한 삶의 주인공이었던 조선왕조의 마지막 황녀 이문용(1900-1987)이 왕실의 암투를 피해 숨어 살던 마을이 바로 이곳이었다. 유주현의 역사소설 〈황녀〉의 배경으로 등장한 마을의 역사를 바탕으로 테마관광지가 조성 중이다.

수많은 모티가 기다리는 시골길(4~5지점).   남매농장 표석 뒤로 동구지산이 보인다(4지점).

길은 가파르지만 경치가 장관 돌탑~직지문화공원[6-14]

황녀의 마을을 지나 두 개의 돌탑[6]이 서 있는 갈림길에서 오른쪽 오르막길로 방향을 잡는다. 오르막 경사가 가팔라지면서 방아재를 넘어가는 산길이자 임도가 시작됨을 알린다. 출발부터 줄곧 남쪽으로 구불구불 이어지던 길은 임도에 들어서자 남서쪽으로, 다시 포장길이 시작되는 삼거리[7]에서 우회전해 서북쪽으로 방향을 틀며 고도를 높여간다. 차근차근 오르다 보면 어느새 숲속 한가운데 서 있다. 짙은 그늘을 드리운 활엽수와 낙엽송이 많아 산행에는 도움이 되지만 추운 겨울에는 앙상한 모습을 드러내 을씨년스러울 것 같다.

가파른 길을 오르는 게 힘은 들지만 아래로 굽어보는 경치는 장관이다. 숲은 지난여름 햇볕을 넉넉히 받아들인 듯 깊고 진한 녹색으로 물들어 있어서 가을 풍경에 대한 기대를 키운다. 주변에는 주민들의 꿈을 안고 자라는 호두나무와 감나무 묘목이 많다. 임도는 해발 600m 정도에서 최고점을 찍을 때까지 그대로 하늘을 향해 뻗어 있고, 하늘 가는 길은 눈길 머무는 곳마다 절경이다.

거대한 산줄기를 시계방향으로 돌아가자 돌모마을로 뻗은 삼거리[8] 앞에 닿는다. 숨을 고르듯 포장된 급경사 내리막을 지난다. 통나무 몇 개를 엮은 작은 다

방하치마을 느티나무(5~6지점).   직지문화공원을 관통하는 직지천. 주변이 다 쉼터다(13지점).

리[9]를 건넌 후 오른쪽 비탈길로 내려가면 호두농장 주인이 아담한 한옥으로 꾸며놓은 쉼터인 선현산방[10]이다. 산방을 내려오다 갈림길에서 왼편으로 들어가면 돌모마을[11]이다. 마을을 개척할 당시 땅에 돌이 많아 돌모마을이라는 이름이 붙었다는데, 지금은 호두와 표고버섯, 포도 등을 수확하는 풍요로운 농촌이다. 지역 특산물을 직접 수확해 맛볼 수 있는 '녹색농촌체험' 프로그램을 운영 중이다.

마을 앞 903번 지방도로 빠져나온 후 우회전해 도로를 따라간다. 보행자를 위한 길이 따로 없어 자동차가 달리는 도로를 걷자니 마음이 편하지 않다. 25분쯤 걸어가다 삼거리에서 직지문화공원[13]으로 이어진 왼쪽 길로 들어서면 얼마 후 코스의 종착점이다.

직지천 계류 330m의 원형을 보존하며 자연친화적으로 조성해 놓은 직지문화공원은 중앙의 음악분수대를 중심으로 교량 2개와 광장 3개가 설치되어 있다. 숲 그늘 드리운 공원 속 정자와 놀이시설, 유명 조각가들의 작품, 야외공연장 등이 있어 가족 단위 나들이 때 쉬거나 놀기 좋다.

직지문화 모티길은 여기에서 끝나지만 직지문화공원에서 조금만 더 가면 고찰 직지사가 있으므로 꼭 들러보도록 한다.

🍴 추천음식

송학식당 '산채비빔밥'

직지문화공원 근처 송학식당에서는 유원지 식당 치고는 부담 없는 값에 다양한 산나물을 곁들인 음식들을 맛볼 수 있다. 그 가운데 인기 메뉴가 산채비빔밥이다. 황학산 일대에서 채취한 취나물, 도라지, 고사리 등 온갖 산나물과 김천 특산품인 표고버섯을 재료로 쓴다. 산나물 고유의 맛과 향이 살아 있는 저칼로리 건강식이다. 구수한 시래기 된장국과 시원한 물김치, 고추튀김과 부추전 등 푸짐한 반찬도 입맛을 돋운다.

위치 경북 김천시 대항면 향천리 318-6
전화 (054)436-6403
영업시간 10:30~22:00
가격 산채비빔밥 6천 원, 산채정식 1만 원, 더덕구이 1만 원
주차 가능, 무료

🚗 교통편

》 찾아가기

대중교통 서울고속버스터미널과 동서울터미널에서 김천공용버스터미널(054-432-7600)로 가는 버스가 있다. 직지초등학교로 가려면 김천공용버스터미널 앞에서 11번 시내버스나 111번 좌석버스를 타고 대항면사무소 정류장에 내린다. 버스가 진행하는 방향으로 80m쯤 가면 사거리이고, 좌회전하면 시작점인 직지초등학교다.

서울고속버스터미널→김천공용버스터미널 07:10 09:05 11:05 12:50 14:50 17:10 19:00
동서울터미널→김천공용버스터미널 10:10 14:10 18:10
김천공용버스터미널→대항면사무소 정류장 06:10~22:35(수시 운행)

승용차 직지문화공원 주차장에 주차, 무료, 직지초등학교까지 걸어서 10분

《 돌아오기

직지사 정류장에서 11번 시내버스나 111번 좌석버스를 타고 김천공용버스터미널로 간다.

직지사 정류장→김천공용버스터미널 06:15~22:50(수시 운행)
김천공용버스터미널→서울고속버스터미널 07:30 09:00 11:00 13:00 15:00 17:00 18:30
김천공용버스터미널→동서울터미널 10:00 14:00 18:00

ℹ️ 알아두기

숙박 · 식당 · 매점 직지초등학교(1지점), 돌모마을(11지점), 직지문화공원(13지점) 주변
식수 미리 준비
화장실 방하치마을(5~6지점), 돌모마을(11지점), 직지문화공원(13지점)

들를 만한 곳

직지사

직지사는 신라 눌지왕 2년(418년)에 아도화상이 세운 고찰로, '아도화상이 가리킨 손가락 끝을 따라와 지었다'고 하여 직지사라는 이름이 붙었다. 사명대사가 득도한 사찰로 유명하고 이후로도 오랜 세월 동안 수많은 고승을 배출해냈다.

대웅전 앞 삼층석탑(보물 제606호)을 비롯해 5점의 보물이 있고, 비로전에서 절을 올린 뒤 천불상 중 벌거벗은 동자상을 보면 옥동자를 낳는다는 전설이 전해지고 있다. 향기 좋은 차를 마실 수 있는 산중다실에서 잠시 쉬어 가는 것도 좋다.

위치 경북 김천시 대항면 대성리 216
전화 (054)436-6084
홈페이지 www.jikjisa.or.kr
입장료 성인 2천500원, 청소년 1천500원, 어린이 1천 원
주차 가능, 무료

경북 상주시

MRF 이야기길 4코스 숨소리길 거리 8.0km, 소요시간 2시간 30분~3시간
낙동강의 몸통을 보여 드립니다

MRF 이야기길 14개 코스 중 4코스 숨소리길을 걷는다. 3시간이면 코스를 다 돌아 출발지인 낙동강변 먹거리촌으로 다시 돌아올 수 있는 짧은 길이다. 나각산에 오르면 비옥한 들판 사이로 구불구불 흐르는 낙동강과 낙동리의 평화로운 전경이 한눈에 들어온다.

출렁다리 왼쪽 뒤로 나각산 정상 전망대가 보인다(7지점).

둑길을 지나면 전형적인 농촌 풍경이 펼쳐진다(2~3지점).

나각산에서 보는 풍경 낙동강변 먹거리촌~나각산 정상 전망대[1-6]

일단 든든하게 먹고 시작하자. 'MRF 이야기길'이라는 낯선(보고 듣고 체험하기를 반복해도 눈 설고 귀 설어 자꾸 IMF라고 발음되는) 이름이 자전거를 비롯한 레저스포츠를 염두에 두고 지어진 데다가, 오늘 걷게 될 '숨소리길'의 출발지가 낙동강변 먹거리촌이므로, 왠지 잘 먹고 힘차게 걸어야 할 것 같다.

경북 상주시가 야심차게 기획해 선보인 MRF 이야길은 산길(Mountain Road), 강길(River Road), 들길(Field Road)로 이루어진 트레킹 로드. 해발 200~300m의 낮은 산과 강길 및 들길이 포함되고, 어디서 출발하더라도 원점으로 돌아올 수 있어야 한다는 조건에 맞춰 낙동강, 이안천, 상주시내 등 3개 권역에 14개 코스를 개설했다. 걸어서뿐만 아니라 상주의 상징과도 같은 자전거를 타고도 돌아볼 수 있도록 구성했다.

시내 전역이 경사도 5% 이내의 평지인 상주는 일제강점기 때부터 '자전거 도시'로 유명했다. 시내는 물론 낙동강을 따라 자전거 타기 좋은 길들이 거미줄처럼 연결되어 있고, 상주시청과 동사무소에서는 관광객에게 무료로 자전거를 빌려준다. 경천대 국민광광지 인근의 상주자전거박물관에는 나무자전거, 이색자전거, 경기용자전거 등 60여 대의 자전거가 전시되어 있다.

■ 걷는거리 8.0km　■ 출발점 경북 상주시 낙동면 낙동리 낙동강변 먹거리촌
■ 걷는시간 2시간 30분~3시간　■ 종착점 경북 상주시 낙동면 낙동리 낙동강변 먹거리촌　■ 난이도 조금 힘들어요

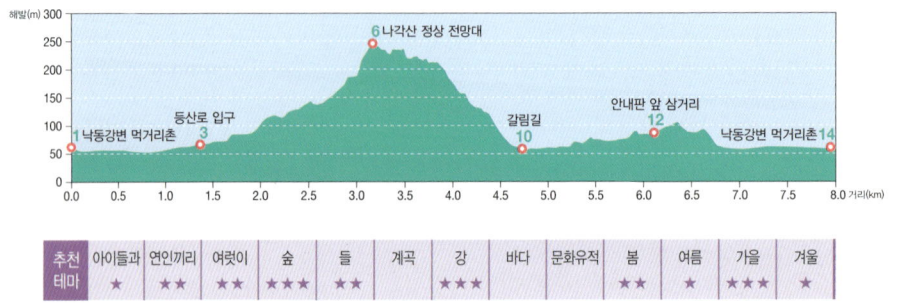

추천 테마	아이들과	연인끼리	여럿이	숲	들	계곡	강	바다	문화유적	봄	여름	가을	겨울
	★	★★	★★	★★★	★★		★★★			★★	★	★★★	★

44　Section 1 숲

서로 이어지거나 겹치는 MRF 이야기길 14개 구간 중 거의 유일하게 홀로 떨어져 있는 것이 바로 4코스 숨소리 길이다. 출발지인 낙동강변 먹거리촌[1]에서 한우 음식을 선택해 먹어본다. 상주 한우는 G20 정상회의 공식 만찬 메뉴이자 전국 한우고기브랜드 품질경연대회 최우수상을 수상한 고품질 특산물이다.

나각산 정상(6지점).

식사 후 낙동강 강둑에 올라서면 4대강 낙단보 건설공사 때문에 강물소리 대신 흙먼지와 중장비 소음이 들린다. 나룻배에 버스를 싣고 건너던 강은 가뭄 때 걸어서 건널 수 있을 만큼 강바닥이 높아졌다. 둑길을 500m쯤 걸어가면 둑 왼쪽으로 길 하나가 걸치듯 이어진 삼거리[2]가 나온다. 민가와 논 사이를 가로질러 산 쪽으로 뻗은 왼쪽 길로 들어서서 논과 축사를 지난다. 축사는 소들이 감 껍질을 먹으며 자라는 보금자리. 이웃 시군의 한우들이 구제역 파동으로 곤욕을 치를 때도 피해를 입지 않은 상주의 우수한 한우들이다.

이정표를 따라 등산로 입구[3]로 접어든다. 솔숲길은 바짝 마른 황토로 덮여 있고 간이 화장실[4]은 물론 이정표들도 눈에 잘 띄게 설치되어 있어 몸도 마음도 편하게 걸을 수 있다. 30분쯤 올라가면 갈림길 지나 야외 체력단련장이 나오고 곧바로 정상 바윗길을 오르는 나무계단[5] 앞에 닿는다. 계단은 두 개의 전망대를 지나 나각산 정상으로 안내한다.

나각산 정상에서 바라본 낙동강. 왼쪽 다리 주변이 낙동강변 먹거리촌이다(6지점).

황토를 밟으며 걷는 길(3~4지점). 　　　　　길은 높낮이나 굴곡이 적어 걷기 편하다(4~5지점).

　　나각은 소라로 만든 악기를 뜻하는 말로, 낙동강에서 보면 산의 형태가 소라를 닮아 나각산이라는 이름이 붙었다. 나각산의 바위는 퍼석퍼석한 역암으로 강돌이 바위에 듬성듬성 박혀 있다. 옛날에 낙동강이 융기했다는 증거다. 해발 240m 정도의 높지 않은 산이지만 나각산 정상 전망대[6]에 오르면 비옥한 들판 사이로 구불구불 흐르는 낙동강을 건너는 낙단교와 낙동리의 평화로운 전경이 한눈에 들어온다.

평화로워야 들릴 숨소리 출렁다리~낙동강변 먹거리촌[7~14]

　　하산길로 접어들면 마지막 봉우리로 이어진 나각산의 명물 출렁다리[7]를 지나게 된다. 산 정상의 출렁다리라면 공포가 느껴질 법하지만 실제 지면에서는 그리 높지 않아 어렵지 않게 건널 수 있다. 기능보다 상징성에 의미를 둔 시설물로 짐작되는데, 모습이 한국적이지 않고 환경친화적인 발상도 아니라는 생각이 든다. 그래도 이 출렁다리와 곳곳의 전망대 때문에 나각산이 더 인기를 끌게 된 것은 맞다.

정상으로 오를 때는 편안했지만 내려가는 길은 잡초가 우거져 있는데다 좁고 가파른 편이다. 조심 조심 정상 바위지대를 한 바퀴 돌아 내려오면 마귀할멈굴[8]이 있다. 아들 낳게 해달라고 기도하던 장소라는데, 안을 들여다보면 이곳에도 역시 둥근 돌이 박혔던 흔적이 보인다. 위쪽에 유성스프레이로 써놓은 MRF 화살표는 미군 작전표시 같다.

잡초와 거미줄이 수시로 발목을 잡지만 무덤 터[9]를 지나 묵묵히 걷다보니 길을 막듯 펼쳐지는 낙동강 앞에서 좌우로 뻗은 갈림길[10]이다. 오른쪽 제방길로 10여 분 걷다가 가지가 뻗듯 오른쪽으로 난 샛길[11]을 따라간다. 오른쪽에 코스 안내판이 서 있는 삼거리[12]에서 직진해 걸어가면 제방길과 만나고, 둑으로 이어지는 삼거리[13]는 여전히 시끄럽고 어지럽게 공사 중이다. 출발지였던 낙동강변 먹거리촌[14]으로 돌아오니 먹은 게 다 소화되어 배가 가볍다.

숨소리길은 3시간 정도 가볍게 걸으면 되는 길이다. 낙동강의 물줄기를 시원하게 조망할 수 있어 좋지만 공사구간의 소음 때문인지 낙동강 물소리를 잘 들을 수 없어 유감이다. 이 길에서 늘 낙동강의 숨소리를 들을 수 있기를, 낙동강이 대지와 함께 영원히 숨 쉴 수 있기를.

길가에 솟대가 늘어서 있다(11~12지점). ▶

어느 연인이 걸어 놓은 사랑의 징표(7지점).

추천음식

강나루참복집 '복매운탕'

숨소리길 초입 낙동강변 먹거리촌에 자리한 강나루참복집은 한우전문점 간판을 단 식당들이 먹거리촌으로 몰려들기 전부터 있던 곳이다. 대부분의 민물매운탕집이 한우식당으로 바뀐 지금까지도 꿋꿋하게 복어요리를 고집하고 있는 건 오랜 세월 단골손님들로부터 인정받은 '내공' 덕분이다. 이 집에서는 생복어가 아닌 저온건조를 통해 숙성시킨 반건조 복어를 쓴다. 숙성 기간과 온도는 주인장만 아는 비밀이다.
알려진 대로 복어는 지방이 적어 맛이 담백할 뿐 아니라 해독 작용을 해주므로 약으로 달여 먹기도 한다. 복어를 잘 손질하고 숙성시켜 무와 미나리, 대파, 콩나물 등 갖은 채소를 곁들여 푹 끓여낸 강나루참복집의 복매운탕은 진하고 얼큰한 맛이 일품이다. 해장은 물론 보양식으로도 손색이 없다.

위치 경북 상주시 낙동면 낙동리 451-8 **전화** (054)532-0199
영업시간 10:30~21:00
가격 복매운탕 2만5천~3만5천 원, 복지리탕 2만5천~3만5천 원, 복불고기 1만5천 원
주차 가능, 무료

교통편

》 찾아가기

대중교통 동서울터미널, 서울남부터미널, 서울고속버스터미널에서 상주종합버스터미널(054-534-9002)로 가는 고속버스가 있다. 상주종합버스터미널 앞에서 안계(낙동) 행 좌석버스를 타면 낙동강 한우직판장까지 간다. 낙동강변 먹거리촌은 낙동강 한우직판장에서 걸어서 2~3분 거리다.

동서울터미널→상주종합버스터미널 06:00~20:30(30분 간격)
서울남부터미널→상주종합버스터미널 06:20~18:20(14회 운행)
서울고속버스터미널→상주종합버스터미널 07:00~19:40(14회 운행)
상주종합버스터미널→낙동강 한우직판장 정류장 07:00~19:00(45분~1시간 간격)

승용차 낙동강변 먹거리촌 주변 공터에 주차, 무료

《 돌아오기

낙동강 한우직판장 정류장에서 상주종합버스터미널로 가는 좌석버스가 있다.

낙동강 한우직판장 정류장→상주종합버스터미널 06:45~18:05(45분~1시간 간격)
상주종합버스터미널→동서울터미널 06:00~20:30(30분 간격)
상주종합버스터미널→서울남부터미널 06:55~18:15(14회 운행)
상주종합버스터미널→서울고속버스터미널 07:00~19:40(14회 운행)

알아두기

숙박 · 식당 · 매점 낙동강변 먹거리촌(1지점) 주변
식수 미리 준비
화장실 간이 화장실(4지점), 생태체험단지 부근(12~13지점)

들를 만한 곳

경천대 국민관광지

낙동강변에 자리 잡은 경천대는 낙동강 1천300리 물길 가운데 최고의 경치를 자랑하는 곳이다. 파란 하늘을 떠받치듯 솟은 바위절벽과 이리저리 구부러진 소나무들, 절벽 아래 금빛 모래밭과 경계를 이루며 유유히 흐르는 낙동강이 장관을 이룬다.

경천대 국민관광지에는 여행객들을 위한 시설도 많이 들어서 있는데, 그중 전망대와 야영장, 출렁다리, 드라마 '상도' 세트장, 수영장과 눈썰매장 등이 인기다.

위치 경북 상주시 사벌면 삼덕리 산 12-3
전화 (054)536-7040
홈페이지 gyeongcheondae.sangju.go.kr
입장료 없음(수영장, 눈썰매장 요금 별도)
주차 가능, 무료

ⓒ상주시청

경북 영주시

고치령 옛길의 슬픈 이야기 거리 11.7km, 소요시간 4시간
하늘과 땅이 맞닿은 고개

영남대로였던 새재나 죽령에 비해 잘 알려지지는 않았지만 고치령에도 옛길이 있다. 산책로를 따라 잘 보존된 숲을 지나고, 단종의 복위를 꿈꾸던 금성대군의 슬픈 운명도 만난다. 고개를 넘어 만나는 마락리는 문명에서 한걸음 물러난 소박한 마을이다.

마락리 지나는 길. 길가의 빈집들이 쓸쓸한 느낌을 더한다(6~7지점).

단종과 금성대군을 모시는 산령각(4지점).

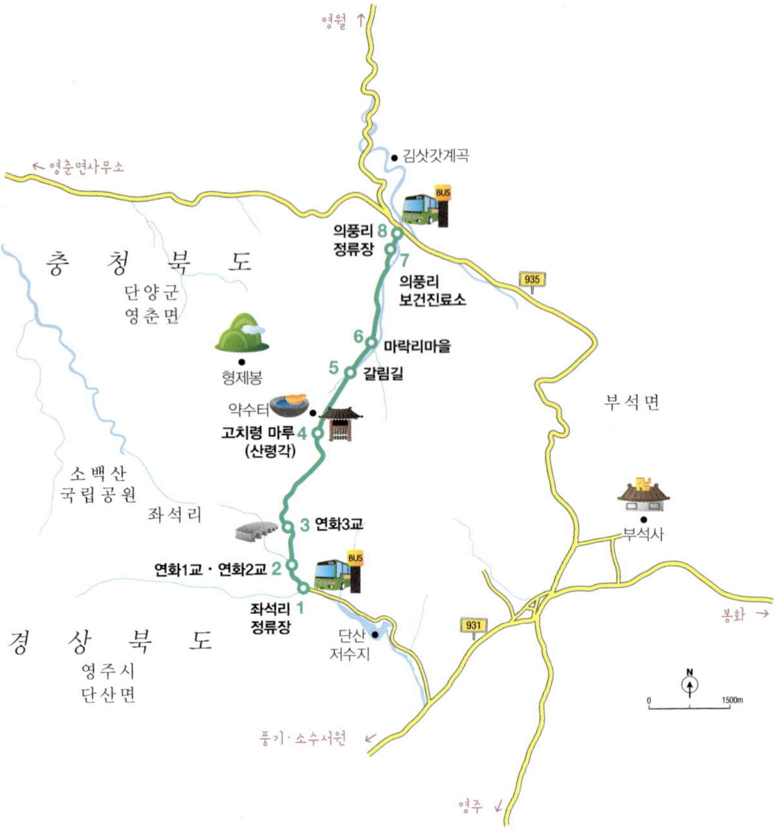

영월
김삿갓계곡
영춘면사무소
BUS
의풍리 8
정류장
7
의풍리
보건진료소
935
충 청 북 도
단양군
영춘면
6 마락리마을
형제봉
5 갈림길
약수터
고치령 마루 4
(산령각)
부석면
소백산
국립공원
좌석리
3 연화3교
부석사
연화1교 · 연화2교 2
BUS
좌석리 1
정류장
봉화
931
경 상 북 도
영주시
단산면
단산
저수지
N
0
1500m
풍기 · 소수서원
영주

- **걷는거리** 11.7km
- **걷는시간** 4시간
- **출발점** 경북 영주시 단산면 좌석리 정류장
- **종착점** 충북 단양군 영춘면 의풍리 정류장
- **난이도** 무난해요

해발(m) 850
700
550
400
250
4 고치령 마루
좌석리
정류장
1
연화3교 3
6 마락리
의풍리
정류장
8
0.0
1.0
2.0
3.0
4.0
5.0
6.0
7.0
8.0
9.0
10.0
11.0
11.7 거리(km)

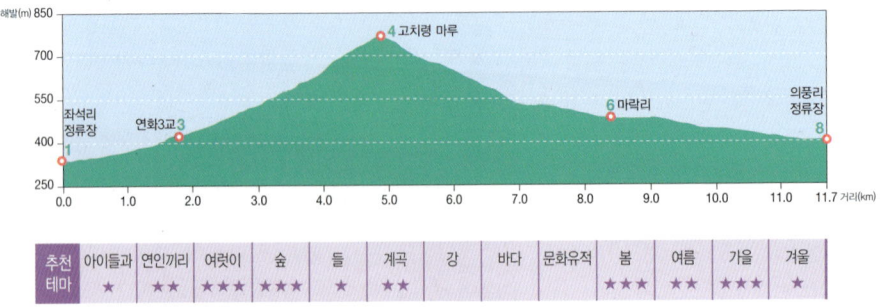

추천 테마	아이들과	연인끼리	여럿이	숲	들	계곡	강	바다	문화유적	봄	여름	가을	겨울
	★	★★	★★★	★★★	★	★★				★★★	★★	★★★	★

소백산에는 '옛길'이 세 개다. 경북 영주시와 충북 단양군을 잇는 죽령과 고치령, 그리고 가장 동쪽에 위치한 마구령이다. 추풍령, 새재와 함께 영남의 관문이었던 죽령은 단양 소재지나 남한강의 물길을 통해 한양으로 가는 이들이 지나던 대로였다. 반면에 고치령과 마구령은 단양군 영춘면이나 강원 영월군의 소재지로 갈 수 있는 지름길이어서 장터를 오가는 봇짐장수와 주민들이 주로 이용했다.

지금은 죽령을 제외한 두 고개 모두 차가 지나다닐 수 있게 포장되었다. 마구령은 영주시 부석면과 단양군 영춘면을 잇는 935번 지방도의 길목이다. 고치령은 지나다니는 차가 거의 없고, 소백산을 오르는 등산객이나 마을을 오가는 주민들을 제외하면 인적도 드물다.

산신으로 남은 단종과 금성대군 좌석리 정류장~의풍교[1~8]

어쩌면 인적 드문 옛길에서 한여름 무더위를 물리칠 숲과 계곡의 맑은 기운을 한 움큼 담아올 수 있을지 모른다. 누군가의 한 많은 이야기를 전해 듣게 될지도 모른다. 가벼운 배낭 하나 짊어지고 고치령으로 간다.

경북 영주시 단산면에 있는 단산저수지를 지나 깊은 산골짜기에 자리한 좌석리로 들어선다. 정류장[1]에 내리면 20여 채의 소박한 가옥들이 눈에 들어온다. 좌석리는 마을에 커다란 '앉은 바위[坐石]'가 있다고 하여 붙은 이름이다. 마귀할멈이 소백산에서 반지를 잃어버려 이를 찾으려 산을 파내려가다 골짜기가 생겼고, 그 속에서 나온 바위가 마을까지 굴러와 멈췄다고 한다. 이후부터 마을 이름이 '좌석'이 되었다는 이야기다.

마을회관을 지나 계곡 옆으로 난 포장길을 오른다. 전날 비를 쏟아낸 하늘은 여전히 무거운 회색빛이다. 차갑게 내려앉은 공기와 촉촉한 길이 여름의 열기를 멀리 밀어내는 것 같다.

맑은 계곡이 흐르는 고치령 옛길 초입(2~3지점). 　　포장도로를 따라 울창한 숲이 이어진다(3~4지점).

　　계곡에 놓인 연화1교와 연화2교를 지나 10분쯤 오르면 연화동 가는 길과 나뉘는 삼거리[2]다. 이곳에서 '고치령 4.0km' 이정표 방향으로 직진하면 잠시 후 연화3교[3]가 나오고, 이후부터 조금 가파른 오르막길이 시작된다. 고갯길을 오를수록 계곡 소리는 멀어지고, 숲은 더 활기를 띤다. 길 주변으로 빼곡하게 자란 잎갈나무와 신갈나무, 참나무와 낙엽송이 시원한 그늘을 드리운다.

　　연화3교부터 1시간 30분쯤 이어지던 오르막길은 고치령 마루[4]에 올라서면서 기운을 다한다. 이후부터는 종착점인 의풍리까지 완만한 내리막길이다. 고갯마루에는 흰 호랑이 형상을 한 고치령 표지석과 커다란 은행나무 옆으로 산령각(산신각)이 세워져 있다. 좌우로 이어지는 등산로는 백두대간의 길목이다. 왼쪽은 소백산 비로봉을 거쳐 죽령으로, 오른쪽은 태백산으로 이어진다. 예로부터 태백을 하늘, 소백을 땅이라 했으니 고치령은 하늘과 땅이 맞닿는 고개인 셈이다.

고갯마루의 고치령 표지석(4지점).

　조선 시대에 민간에 널리 유포되었던 예언서 〈정감록〉과 〈격암유록〉에는 흉년, 전염병, 전쟁이 들어올 수 없는 지역을 십승지라 했다. 특히 소백산과 태백산 사이의 땅은 '양백지간'이라 하여 큰 난리를 피할 수 있고 뛰어난 인재가 많이 나오는 명당으로 여겼다. 이곳에 산령각이 있는 것도 양백지간의 신령스런 기운을 받기 위해서다. 산령각에는 두 산신을 모시고 있다. 단종(1441~1457)과 금성대군(1426~1457)이다. 단종은 하늘을 관장하는 태백산신으로, 금성대군은 땅을 관장하는 소백산신으로 여겨 마을 주민들이 치성을 올린다.
　수많은 사람들이 넘고 역사가 흐른 옛 고개들에는 다양한 이야기가 서려 있다. 고치령도 그렇다. 그 중에서도 단종의 복위를 꾀하다 생을 마감한 금성대군의 이야기는 비통하다. 그는 세종의 여섯째 아들이자 수양대군(세조)의 동생으로 태어났지만, 단종으로부터 뺏다시피 왕위에 오른 수양대군에 맞서다 반역죄로 죽음을 맞이했다.

금성대군은 조카인 단종을 복위시키기 위해 의병을 일으켰다. 당시 단종은 강원도 영월에, 금성대군은 경북 순흥에 유배되어 있었다. 영월과 순흥을 잇는 가장 빠른 길이 고치령이었는데, 둘은 이 고개를 통해 연락을 주고받았다. 그렇게 단종 복위를 꾀하던 중 금성대군의 밀사들이 고개를 넘다 관노의 고발로 발각돼 모두 처형당하고 만다. 이로 인해 복위에 실패한 금성대군 또한 서른둘의 젊은 나이로 처형당한다. 영월에 있던 단종도 사약을 받고 같은 해에 명을 달리한다.

물맛 좋은 약수터(4~5지점).

550여 년 전 어느 삼촌은 조카를 지키려다 명을 달리했지만, 지금은 조카들을 위해 이른바 100만 원짜리 명품도 아끼지 않고 사다 주는 '조카 바보' 삼촌들이 늘고 있다는 기사가 신문을 장식하는 21세기. 역사는 늘 아무도 예상치 못했던 방향으로 무심히 흐르는지도 모른다.

어딘가에 권력 투쟁의 피비린내가 남아 있을 것 같은, 바람 한 점 불지 않는 고갯마루에서 조금 무거워진 발걸음을 옮긴다. 이곳부터는 끝지점인 의풍리까지 울퉁불퉁 자갈과 흙이 깔린 투박한 길이 이어진다. 30분쯤 내려가 블루베리 농장으로 가는 길과 나뉘는 삼거리[5]에서 직진하면 오래된 집들이 몇 채 보이는 마락리에 닿는다.

버스도 오지 않는 산골 마락리는 계곡이 깊고 길이 좁아 짐을 싣고 지나는 말들이 많이 떨어져 죽었다고 한다. 그래서 마을 이름도 '마락(馬落)'이다. 마을을 지나면 충북 단양 땅으로 들어서게 된다. 시간이 거꾸로 흐른 듯 예스런 마

산령각부터 마락리까지 걷기 좋은 흙길이 이어진다(5~6지점). ▶

을 전경을 뒤로 하고 옥수수, 깻잎, 고추 등이 심어져 있는 넓은 밭길로 들어선다. 큰길을 따라 한적한 시골 풍경을 실컷 눈에 담으며 걷다 보면 의풍리보건진료소[7]가 나오고, 이어 고치령 옛길의 종착점인 의풍교 정류장[8]에 닿는다.

온통 푸른 한여름 산골마을 풍경(6~7지점).

길옆으로 옥수수가 익어간다(6~7지점).

교통편

》 찾아가기

대중교통 동서울터미널과 센트럴시티터미널에서 영주로 가는 시외버스가 있다. 영주시외버스터미널에서 단산 방면 시내버스 중 좌석리까지 가는 버스를 이용한다.
동서울터미널→영주시외버스터미널 06:15~21:45(30분 간격)
센트럴시티터미널→영주시외버스터미널 07:10~20:40(10회 운행)
영주시외버스터미널→좌석리 정류장 07:00 12:10 17:30
승용차 좌석리 정류장 옆 도로변 주차, 무료

《 돌아오기

종착점인 의풍리에서 시작점인 좌석리로 바로 가는 버스는 없다. 걸어서 되돌아가거나, 대중교통을 이용할 경우 단양시외버스터미널에서 시외버스를 타고 영주로 간 후 다시 단산면 좌석리로 가는 시내버스를 이용한다.
의풍리→영춘면 소재지 정류장 14:50 18:00
영춘면 소재지→단양시외버스터미널 07:35~19:00(10회 운행)
단양시외버스터미널→동서울터미널 07:30~18:30(12회 운행)
단양시외버스터미널→영주시외버스터미널 09:15~21:30(16회 운행)
영주시외버스터미널→좌석리 정류장 07:00 12:10 17:30
좌석리→영주시외버스터미널 07:50 13:00 18:20

알아두기

숙박·식당 선비촌, 부석사 입구
매점 좌석리마을회관(1지점), 소백산슈퍼(8지점)
식수 고치령 약수터(4~5지점)
화장실 없음

들를 만한 곳

부석사

식당과 숙박시설이 즐비한 부석사 주차장을 지나면 경내까지 내내 은행나무 길이 이어진다. 부석사에서는 현존하는 우리 목조건축물 중 가장 아름다운 작품으로 꼽히는 무량수전(국보 제18호)을 볼 수 있다. 무량수전 뒤편으로 부석사의 유래와 관련이 깊은 부석바위가 있다.

위치 경북 영주시 부석면 북지리 148
전화 (054)633-3464
홈페이지 www.pusoksa.org
입장시간 07:00~18:00(동절기 07:00~16:30)
입장료 성인 1천200원, 청소년 1천 원, 어린이 800원
주차 가능, 1일 3천 원

경북 영주시

소백산자락길 3자락 죽령옛길~장림말길 거리 11.4km, 소요시간 3시간 30분

고개를 넘는 가장 예스러운 방법

소백산자락길은 170km에 걸쳐 12개의 코스(자락)로 나뉜다. 그 중에서 경북 영주와 충북 단양을 잇는 3자락은 선비와 보부상들이 넘던 옛길, 상쾌한 숲과 계곡, 정감어린 산골마을의 풍경을 지녔다. 인적 드문 '과거의 길'을 걸으며 지금의 모습을 되돌아보는 시간이다.

느티정 주막거리 터부터 죽령까지 울창한 숲 터널이 이어진다(4~5지점).

죽령옛길 표석이 있는 수철마을(1지점). ▶

- 걷는거리 11.4km
- 걷는시간 3시간 30분
- 출발점 경북 영주시 풍기읍 수철리 정류장(소백산역 입구)
- 종착점 충북 단양군 대강면 당동리 정류장
- 난이도 무난해요

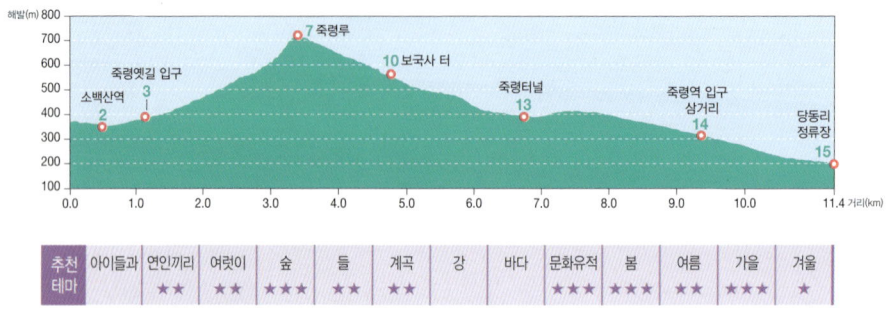

추천테마	아이들과	연인끼리	여럿이	숲	들	계곡	강	바다	문화유적	봄	여름	가을	겨울
	★★	★★	★★★	★★	★★			★★★	★★★	★★	★★★	★

Section 1 숲

옛날 사람들이 걸어 넘던 길 수철리 정류장~죽령루[1~7]

소백산자락길의 3자락을 걷는다. 이 코스 안에는 세 개의 길이 있다. 영남 사람들이 한양으로 가기 위해 넘어야 했던 '죽령옛길', 맑은 계곡과 숲 사이 '용부원길', 그리고 5번 국도를 걷는 '장림말길'이다. 더 빠른 교통수단에 밀려 이제는 인적조차 드물어진 '과거의 길'을 걸어 지금의 모습을 되돌아보는 시간이다.

'죽령옛길' 탐방은 소백산 깊은 골짜기에 자리한 수철리 정류장[1]에서 시작한다. 마을 입구에 세워진 '죽령옛길' 표석을 지나면 조그만 간이역이 나온다. 상·하행 합쳐 하루에 단 4번, 중앙선 기차가 잠시 머물다 가는 소백산역[2]이다. 외관은 새로 칠한 덕에 깔끔하지만 간이역의 소박한 정취가 사라진 것 같아 아쉽다. 역을 지나 기찻길 옆으로 난 넓은 포장길로 들어서자 높다란 교각이 어둑한 그림자를 드리운다. 5번 국도의 역할을 대신하고 있는 중앙고속도로다.

158년에 길이 열린 후 2천 년 가까이 수많은 사람들이 넘었던 죽령은 100년도 안 되는 기간 동안 '넘는 방법'이 세 번이나 바뀌었다. 일제강점기 때인 1930년 대에는 죽령을 넘는 5번 국도가 개통되고, 1940년을 전후하여 소백산을 관통하는 중앙선이 뚫리면서 옛길을 통해 고개를 넘는 이들이 거의 사라졌다. 이 정도로도 부족하여 지금은 영주와 단양을 오가는 많은 사람들이 중앙고속도로를 이용한다. 교각 기둥에 칠해져 있는 소백산자락길의 표식은 빠르게만 살아가려는 현대인들을 향한 잠언 같다.

교각을 지나 10분쯤 오르면 죽령옛길 입구[3]에 도착한다. 이름과 달리 죽령(竹嶺)에는 대나무가 자라지 않는다. 〈삼국사기〉는 신라 아달라왕 5년(158년)에 '죽죽'이란 관리가 죽령 고갯길을 개척했다고 전한다. 그가 이 길을 내다 죽었는데, 그를 추모하기 위해 죽령이라 부르게 됐다는 이야기다.

죽령은 고구려와 신라가 서로 영토를 뺏기 위해 치열한 싸움을 벌이던 접경지이기도 했다. 이후에는 과거시험을 보기 위해 서울로 가는 선비와 공무를 수

1 죽령옛길 초입의 키 작은 장승들(4~5지점). **2** 죽령옛길 입구 옆 과수원은 옛날 주막이 있던 느티정 주막거리 터다(4지점). **3** 죽령 오르는 길의 호젓한 숲(5~6지점).

    행중인 관원, 보부상들이 이 고개를 넘었다. 굽이굽이 고갯길에는 허기를 달래고 잠을 잘 수 있는 술집과 객점 등이 늘어서 있었다.

    죽령옛길 입구에서 이정표 역할을 해주는 키 작은 장승들을 지나면 넓은 사과밭이 내려다보이는 느티정 주막거리 터[4]에 닿는다. 죽령으로 오르는 길에는 크고 작은 주막거리가 4곳 있었는데, 이 일대는 수철리에 있었던 '무쇠다리' 다음으로 번성했던 곳이다.

    역설적으로 철길과 도로에 감사해야겠다. '편리한 길' 때문에 '잊힌 길'이, 오붓하게 걷기 좋은 산책로로 변했다. 느티정 주막거리 터부터는 죽령까지 울창한 숲 터널을 이룬다. 청량한 숲과 계곡 물소리, 청산유곡이 따로 없다.

    느티정 주막거리 터에서 숲길을 잠시 따르면 퇴계 이황(1501~1570)과 그의 형인 온계 이해(1496~1550)의 깊은 우애가 전해지는 잔운대와 총명대 터[5]다. 지금은 안내판만 세워져 있지만, 이곳에서 풍기군수로 지내던 퇴계가 충청감사

주점 주막거리 터를 지나면 쭉쭉 뻗은 낙엽송 숲이 나온대(6~7지점). ▶

1, 2 죽령 표지석(왼쪽)과 죽령루(7지점). 3 보국사 터의 머리 없는 불상(10지점).

였던 형을 마중하며 이별의 정을 나누었다고 한다.

잔운대 터에서 죽령으로 오르기 전에 또 하나의 주막거리와 만난다. '주점'이 있던 터[6]로 아래쪽의 주막거리에 비해 규모는 작았지만, 힘든 고갯길에서 쉴 자리를 마련해주던 고마운 곳이었다. 이곳부터는 수십m씩 자란 낙엽송이 쭉쭉 뻗어 있다. 길섶에는 피나물이 군락을 이루어 화사하게 꽃을 피웠다. 빈틈없는 숲을 20분쯤 오르면 잠시 가파른 오르막이 이어지다 커다란 누각인 죽령루[7]에 올라서게 된다.

길의 역사가 모두 모인 곳 죽령휴게소~당동리 정류장[8~15]

죽령루 앞으로 5번 국도가 지난다. 도로 맞은편에는 간단히 요기를 달랠 수 있는 죽령주막이 있고, 경북 영주시와 충북 단양군의 경계를 알리는 커다란 표지석이 세워져 있다. 이곳을 기점으로 '죽령옛길'은 끝나고, 죽령터널까지 '용부원길'이 시작된다. 한적한 산골마을, 숲과 계곡을 둘러볼 수 있는 구간이다.

표지석을 지나 바로 보이는 죽령휴게소[8]에서 주차장 옆 나무계단을 내려가면 산신당[9]이 있다. 이곳부터는 한동안 용부원리의 마을길을 따라 걷게 된다. 맑은 계곡과 숲이 상쾌한 이 길을 20분쯤 걸어가면 보국사 터[10]다. 창건 시기는 전해지지 않았지만, 이곳에 있는 불상의 양식으로 미루어 통일 신라 시대 사찰로 추정하고 있다. 세월을 이기지 못한 것일까, 아니면 누군가 파손한 것일까. 머리 없는 불상이 쓸쓸히 터를 지키고 있다.

샛골의 계곡물소리가 짙어질 즈음 이정표가 세워져 있는 갈림길 두 곳[11,12]을 지난다. 이정표를 보고 '죽령터널' 방향으로만 가면 숲 사이 오솔길로 들어서게 되는데, 10분 남짓한 짧은 숲길이 아쉽다. 잠시 후 차량 차단막이 놓여 있는 넓은 공터를 지나 5번 국도로 들어서면 '장림말길'로 이어진다.

'장림말길'은 4자락과 3자락을 잇기 위해 불가피하게 넣은 길이 아닌가 싶다. 죽령터널[13]부터 3자락이 끝나는 당동리까지 오로지 국도를 따라 걸어야 한다. 그늘이 없어 무더운 날에는 걷기가 힘들 것이다. 중앙고속도로 덕분에 지나는 차가 적으며 그나마 내리막길이라는 게 위안이다. 고속도로와 국도, 요란한 기적을 울리며 기차가 지나는 철길. 장림말길 주변으로 이 지역 길의 역사가 모두 모여 있다.

죽령터널에서 30분쯤 걸어가면 죽령역 가는 길과 나뉘는 삼거리[14]가 나온다. 다시 국도를 따라 직진해 30분쯤 더 가면 '소백산자락길 4구간' 안내판이 보이고, 3자락이 끝나는 당동리 정류장[15]에 닿는다.

소백산 자락에 봄기운이 물씬하다(10~11지점).

소백산자락길

소백산 둘레를 따라 약 170km, 12개의 자락으로 계획 중인 걷기코스다. (사)영주문화연구회에서 길을 단장·관리해오고 있으며, 2009년 1~3자락 개통을 시작으로 2012년 초 11, 12자락까지 길이 열려 현재 9개 구간을 걸을 수 있다. 미개통 구간인 8, 9, 10자락은 2012년 말까지 완공될 예정이다.

- **1자락** 선비촌~죽계구곡~초암사~삼가주차장 / 12.6km, 5시간 소요
- **2자락** 삼가주차장~금계호~금선정~소백산역 / 15.6km, 4시간 30분 소요
- **3자락** 소백산역~죽령옛길~죽령터널~당동리 / 11.4km, 3시간 30분 소요
- **4자락** 당동리~장현문안골~노동리~기촌리 / 11.7km, 3시간 소요
- **5자락** 기촌리~매남치~구만동~보발재 / 15.8km, 4시간 소요
- **6자락** 보발재~온달산성~온달관광지~영춘면사무소 / 13.8km, 3시간 30분 소요
- **7자락** 영춘면사무소~동대리~의풍옛길~의풍리 / 18.2km, 4시간 30분 소요
- **8자락** 의풍리~삼도접경공원~마흘천~주막거리 / 6.5km, 2시간 소요
- **9자락** 주막거리~늦은목이재~생달마을~오전댐 / 7.2km, 2시간 소요
- **10자락** 오전댐~봉화학예관~죽터~부석사 / 7.0km, 2시간 소요
- **11자락** 부석사~소백산예술촌~단산지~좌석리 / 13.8km, 4시간 소요
- **12자락** 좌석리~자재기재~두레골~성재~점마리 / 8.0km, 2시간 30분 소요

문의전화 (사)영주문화연구회 (054)633-5636 홈페이지 www.sanjarak.or.kr

교통편

〉〉 찾아가기

대중교통 동서울터미널과 센트럴시티터미널에서 영주로 가는 버스가 있다. 영주시외버스터미널에서 희방사 방면 시내버스를 타면 소백산역(희방사역) 입구 수철리 정류장으로 갈 수 있다. 청량리역에서 열차를 타고 갈 경우 소백산역으로 가는 중앙선 무궁화호를 이용한다.

동서울터미널→영주시외버스터미널 06:15~21:45(30분 간격)
센트럴시티터미널→영주시외버스터미널 07:10~20:40(10회 운행)
영주시외버스터미널→소백산역 입구(수철리 정류장) 06:20~18:30(13회 운행)
청량리역(중앙선)→소백산역 06:00 08:25

승용차 소백산역 주차장 이용, 무료

《 돌아오기

3자락 종착점인 당동리 정류장에서 시내버스를 타고 단양시외버스터미널로 갈 수 있다. 당동리에서 죽령을 넘어 시작점인 소백산역 입구(수철리 정류장)로 바로 가는 버스는 없다. 단양시외버스터미널에서 시외버스를 탄 후 영주시외버스터미널에서 내린 다음 소백산역 방면 시내버스를 이용한다.

당동리→단양시외버스터미널 07:25~22:35(12회 운행)
단양시외버스터미널→동서울터미널 07:30~18:30(12회 운행)
영주시외버스터미널→소백산역 입구(수철리 정류장) 06:20~18:30(13회 운행)
영주시외버스터미널→동서울터미널 06:15~21:45(30분 간격)
영주시외버스터미널→센트럴시티터미널 07:00~20:30(10회 운행)
소백산역(중앙선)→청량리역 16:17 18:17

알아두기

숙박 선비촌, 영주·단양 소재지 숙박시설 이용
식당·매점 소백산역 앞(2지점), 죽령주막(7지점), 죽령휴게소(8지점), 당동리(15지점)
식수 죽령주막(7지점), 죽령휴게소(8지점)   **화장실** 소백산역(2지점), 죽령주막(7지점), 죽령휴게소(8지점)

들를 만한 곳

소수서원·선비촌

우리나라 첫 사액서원(임금이 이름을 지어 새긴 편액을 내린 서원)이다. 아름답게 조성된 정원과 후학을 가르치던 강학당, 현자들의 제사를 지내던 사당, 유물과 유적을 전시해 놓은 소수박물관 등을 둘러볼 수 있다. 소수서원과 붙어 있는 선비촌은 조선시대 선비와 상민의 삶을 알아볼 수 있도록 조성한 민속마을이다. 전통문화 및 한옥 체험을 할 수 있고 주변에 식당, 찻집도 많이 들어서 있다. 입장권 하나로 소수서원과 선비촌을 둘러볼 수 있다.

위치 경북 영주시 순흥면 내죽리 151   **전화** (054)634-3310   **홈페이지** www.sunbichon.net
개장시간 09:00~18:00   **입장료** 성인 3천 원, 청소년 2천 원, 어린이 1천 원   **주차** 가능, 무료

희방사

643년 두운조사가 창건한 유서 깊은 사찰이다. 소백산(해발 1천439m) 중턱 해발 830m에 위치해 있어 오르는 길이 만만치 않지만, 빽빽하게 자란 자연림을 감상할 수 있다. 절 아래 계곡에서는 높이 28m에 이르는 희방폭포를 볼 수 있다.

위치 영주시 풍기읍 수철리 1-1
입장료 성인 2천 원, 청소년 1천 원, 어린이 600원
주차 가능, 1일 4천 원

경북 울진군

보부상들이 넘던 금강소나무숲길 1구간 거리 14.2km, 소요시간 6~7시간
숲길의 생명을 보호하는 생태여행

영남지역 백두대간의 금강소나무 숲을 지나는 금강소나무숲길 1구간은 울진 12령, 보부상들이 다니던 길이다. 두천리에서 소광리를 잇는 이 길은 12고개 중 바릿재와 샛재를 넘는다. 예약해야 걸을 수 있고, 숲해설가가 동행해 길의 이야기를 들려준다.

탐방객들이 금강소나무 군락지 사이 임도를 따라 걷고 있다(3~4지점).

■ 걷는거리 14.2km　　■ 출발점 경북 울진군 북면 두천리 정류장
■ 걷는시간 6~7시간　　■ 종착점 경북 울진군 서면 소광리 정류장　　■ 난이도 조금 힘들어요

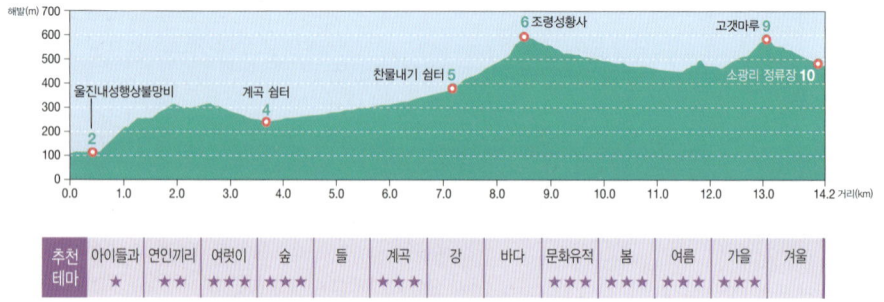

추천 테마	아이들과	연인끼리	여럿이	숲	들	계곡	강	바다	문화유적	봄	여름	가을	겨울
	★	★★	★★★	★★★		★★★			★★★	★★★	★★★	★★★	

Section 1 숲

초겨울부터 다음해 초봄까지는 사람의 출입을 금지하고, 늦은 봄이 되어서야 구간별로 하루 80~100명에게만 문을 열어주는 까다로운 숲. 그래서 한 계절 먼저 예약을 하고 기다려야만 들어갈 수 있는 도도한 길. 그렇게 들어가도 매점이나 상업시설이 전혀 없어 생수 한 병도 구할 수 없는 까칠한 숲길. 그럴수록 더 가고 싶어지는 길이 바로 울진의 '금강소나무숲길'이다.

남부지방산림청이 녹색연합, 지역주민들과 협의해 만들고 있는 금강소나무숲길은 운영하는 목적과 방법이 여느 걷는 길들과 다르다. 이 길은 '산림 자원의 보존적 활용'을 목표로 공정하고 책임 있는 생태관광을 지향한다. 탐방 인원을 제한하고, 상업시설을 만들지 않고, 지역주민인 숲해설가가 동행하고, 지역의 역사·문화유산과 연계해 주민들의 민박과 도시락을 이용하게 함으로써 자연 훼손을 최대한 줄이고, 지역주민에게는 소득 창출 기회를 주며, 여행객에게는 최상의 숲길을 제공하는 것이다.

산양이 사는 보부상의 길 두천리 정류장~계곡 쉼터[1~4]

영남지역의 백두대간을 따라 분포하는 금강소나무림을 지나는 금강소나무숲길 1구간은 울진 12령, 보부상들이 넘던 옛길이다. 울진 보부상들이 봉화, 영주, 안동 등 내륙으로 행상을 갈 때 넘던 고개가 12개여서 이런 이름이 붙었다. 금강소나무숲길은 총 5개 구간으로 구성되어 있고, 그 중 1구간(2010년 7월)과 3구간(2011년 9월)이 우선 개통되어 예약제(www.uljinrrail.or.kr)로 운영 중이다.

탐방 집결지인 두천리 주차상(1지점).

두천리에서 소광리를 잇는 1구간 14.2km(GPS 측정치)는 산허리를 둘러가

1 계곡 건너 울진내성행상불망비가 있다(1~2지점). **2** 금강소나무가 호위하는 숲길(2~3지점). **3** 산양이 물을 마시러 찾아온다는 계곡(4지점).

는 길과 고개를 넘는 길, 비포장도로 등으로 구성되어 있는데, 울진 12고개 중 바릿재와 샛재 2개를 넘는다. 고개라 해도 밋밋한 평지나 마찬가지여서 어린이나 노인도 큰 부담 없이 걸으며 바람처럼 떠다닌 바지게꾼(울진에서 보부상을 이르는 말)의 인생을 만나볼 수 있다.

두천리는 울진 보부상들이 봉화로 가기 전에 잠시 숨을 고르던 장소로, 주막과 마방으로 제법 흥청거렸던 동네다. 보부상들은 이곳에서 무리를 지어 고개를 넘었다. 정류장[1]을 지나 계곡을 건너 만난 울진내성행상불망비((蔚珍乃城行商不忘碑)[2]가 길의 시작을 알린다. 울진 행상들에게 봉화 춘양장을 열어준 접장(보부상 조직의 우두머리) 정한조와 권재민의 은덕을 기리기 위해 1890년에 울진 보부상들이 힘을 모아 세운 철비로, 어구는 '울진과 내성(지금의 봉화)을 오가는 행상들이 그 은혜를 잊지 않겠다.'는 뜻이다. 마을 사람들은 쇠붙이라면 모조리 쓸어갔던 일제강점기 때 이 비를 땅속에 묻어 두었다가 해방 이후 다시 세웠다. 나눔과 감사를 느끼게 하는 민속자료다.

효자각을 지나면 12령의 첫 고개인 바릿재와 만난다. 어린이도 쉽게 걸을 수 있는 야트막한 고개지만, 바지게(무거운 해산물을 지고 좁은 산길을 날렵하게 다니도록 다리를 없앤 지게)에 소금과 미역, 생선을 가득 싣고 걷는 보부상들의 이마엔 땀방울이 송골송골 맺혔을 것이다. 30~80kg의 짐을 진 보부상들은 숲에 매복해 있는 산적들에게 물건을 빼앗기지 않으려고 5~30명이 한데 모여 고개를 넘었다.

고개를 넘어 임도 합류 지점[3]을 지나면 울창한 금강소나무 숲이다. 알싸하고 싱그러운 솔향기가 몸을 감싼다. 잠시 후 나오는 계곡 쉼터[4] 일대는 산양 서식지다. 1급 멸종위기동물인 산양은 200만 년 전에 이 땅에 들어온 화석동물로, 최근 이상기온 등으로 인해 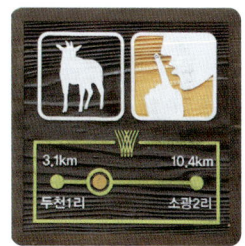 점점 개체수가 줄고 있다. 울진에 70년만의 폭설이 내린 2010년에는 폭설에 고립되거나 먹이활동을 못한 산양 23마리가 이 계곡 일대에서 죽기도 했다. 현재 숲길에는 금강소나무와 산양 이외에도 다래덩굴, 노랑무늬붓꽃, 가재, 긴허리노린재 등 보호해야 할 동식물이 많이 살고 있다.

계곡은 내내 맑고 숲은 푸르다. 탐방로는 완만하게 이어지며 숲의 성수를 보여준다(4~5지점).

울창한 숲이 무더위를 잊게 한다(4~5지점).

인공물 전혀 없는 자연의 길 찬물내기 쉼터~소광리 정류장[5~10]

키 큰 금강소나무들의 호위를 받으며 걷다가 맑은 물이 흐르는 쉼터에 닿는다. 여름에는 차고 겨울에는 따뜻한 계곡수가 흐른다는 찬물내기 쉼터[5]다. 여기서 오른쪽 산기슭으로 들어서면 고로쇠나무, 참나무, 소나무가 바람과 해를 보드랍게 걸러 보내준다. 조금 경사진 오르막이 이어지지만 골을 타고 시원한 바람이 불어와 더없이 상쾌하다. 팍팍한 보부상의 삶이 그래도 행복할 수 있었던 건 오르고 내리는 이 길의 묘미처럼 인생 역시 오르막과 내리막이 번갈아 찾아오기 때문 아니었을까.

숲길에는 자연을 방해하는 인공물이 없다. 휴대전화가 터지지 않고, 전봇대와 전선, 길 안내 리본, 빈 페트병과 아이스크림 봉지 등이 전혀 없다. 심지어 화장실도 처음과 끝 지점에만 있다. 대신 농익어 떨어지는 산복숭아, 부지런히 숲을 오가는 오소리나 꺼병이들을 만날 수 있다.

고개를 넘자 보부상들의 자취를 더듬어볼 수 있는 조령성황사(鳥嶺城隍祠)[6]가 나온다. 1819년 이 일대에서 활동하던 보부상들이 건립한 성황당으로, 제를 지내며 휴식처로 이용했던 장소다. 안에는 중요한 행사가 있을 때마다 기부한 사람들의 이름을 기록해 놓은 현판이 가득하다. 조령성황사 옆에는 400~500년

덕 많은 현령을 기리는 추모비(6~7지점).   보부상들의 자취가 남아 있는 조령성황사(6지점).

된 금강소나무들이 서 있다. 노란 띠를 두르고 번호를 단 소나무들은 국보급 금강소나무로, 문화재를 복원하거나 보수할 때 이 나무들을 가져다 쓴다.

이후부터는 계곡을 끼고 걷는 내리막길이다. 보부상들이 애용했던 주막의 터도 지난다. 한때 봉놋방(여러 나그네가 한데 모여 자는 주막의 큰 방)을 가진 큰 주막이었으나 1968년 울진·삼척 무장공비 사건 이후 화전민마을과 함께 철거되어 터만 남았다. 바위에 구멍을 뚫고 세워놓은 울진 현령 추모비와 마귀할멈의 전설이 전해오는 말무덤 등이 눈길을 끈다. 널찍한 임도 옆으로 시원한 소광천과 대광천이 흐르고, 하늘과 닿으려는 듯 쑥쑥 자란 낙엽송이 길게 늘어서 있다. 관리사무소[7]를 지나 삼거리[8]에서 오른쪽 숲길을 20분쯤 걸으면 고갯마루[9]에 닿고, 종착점인 소광리 정류장[10]까지 계속 울창한 숲길이다.

12령은 이 땅의 금강소나무를 베어가려고 일본인들이 곳곳에 신작로를 놓으며 서서히 뒤안길로 물러났다고 한다. 소금지게가 아무리 무거워도 막걸리 한 사발로 시름을 달래고 발길을 재촉하던 바지게꾼의 길에서, 힘들고 고달파도 바람 한 줄기면 위안이 되는 인생의 소소함을 배운다. 예약하고 기다리기가 번거롭더라도 나머지 구간이 완공되면 다시 와서 나무늘보처럼 느릿느릿 걸어보아야겠다.

교통편

》 찾아가기

대중교통 동서울터미널에서 울진시외버스터미널(054-782-2971)로 가는 시외버스를 탄다. 터미널 앞 정류장에서 하루 4회 운행하는 두천리행 시내버스(울진여객 054-783-4141)를 타면 시작점인 두천리로 갈 수 있다. 단, 오전 9시부터 탐방이 시작되므로 대중교통을 이용할 경우 오전 6시 35분 이전에 출발하는 버스(약 30분 소요)를 타야 시간에 맞춰 갈 수 있다.

동서울터미널→울진시외버스터미널 07:10~20:05(18회 운행)
울진시외버스터미널→두천리 정류장 06:35, 13:20, 16:25, 16:10

승용차 두천리 정류장 옆 주차장 이용, 무료

《 돌아오기

종착점인 소광리에서 울진시외버스터미널로 가는 버스가 하루 2회 있다. 탐방이 끝나는 시간에 맞춰 오후 4시 40분에 출발하는 버스는 탐방객의 편의를 위해 울진시외버스터미널을 경유한 후 시작점인 두천리 정류장까지 간다.

소광리 정류장→울진시외버스터미널 09:05, 16:40
소광리(울진시외버스터미널 경유)→두천리 정류장 16:40
울진시외버스터미널→동서울터미널 06:25~18:40(17회 운행)

알아두기

숙박 울진시외버스터미널 주변, 두천리 민박집, 소광리 금강송펜션(10지점)
식당·매점 십이령주막(10지점)
식수 미리 준비
화장실 두천리 주차장(1지점), 임도 관리사무소(7지점), 십이령주막(10지점)

들를 만한 곳

불영계곡

울진의 드라이브 코스로 유명한 36번 국도를 따라가면 기암과 어우러진 아름다운 계곡을 만난다. 근남면 행곡리부터 서면 하원리까지 약 15km에 걸쳐 흐르는 불영계곡(명승 제6호)이다. 도로 중간 중간에 전망대가 설치돼 있어 계곡 풍경을 감상하기 좋다.

위치 경북 울진군 근남면 행곡리, 서면 하원리 일대
입장료 없음
주차 전망대 주차장 이용, 무료

불영사

651년 의상대사가 창건한 유서 깊은 사찰이다. 사찰 뒤편 능선에 솟아 있는 뾰족한 바위가 연못에 비친 모습이 부처의 그림자처럼 보인다고 해서 불영사(佛影寺)라는 이름을 붙였다고 한다. 매표소부터 사찰까지 길게 이어진 산책로가 아름답기로 유명하며, 경내에서 대웅보전(보물 제1201호), 응진전(보물 제730호) 등 많은 문화유적을 둘러볼 수 있다.
위치 울진군 서면 하원리 120
전화 (054)783-5004
입장료 성인 2천 원, 청소년 1천500원, 어린이 1천 원
주차 가능, 무료

성류굴

천연기념물 제155호로 등록된 석회암동굴로 약 2억5천만 년 전에 형성된 것으로 추정하고 있다. 전체 길이가 800m에 이르고, 다양한 모양의 종유석과 석순, 석주 등이 빼곡하다. 최대 깊이가 8m에 이르는 '마의 심연' 동굴호에서는 대규모의 종유석들이 수면에 닿은 절경을 감상할 수 있다.
위치 울진군 근남면 구산리 산30
전화 (054)789-5409
개장시간 09:00~18:00(동절기 17:00까지)
입장료 성인 3천 원, 청소년 2천 원, 어린이 1천500원
주차 가능, 1일 1천 원

울진엑스포공원

2005년과 2009년 울진세계친환경농업엑스포가 열린 곳을 공원으로 꾸몄다. 1천 그루가 자생하는 금강소나무 숲을 비롯해 야생화정원, 친환경농업관, 자연예술동산, 허브체험관 등 다양한 전시·부대시설이 있다.
위치 울진군 근남면 수산리 346
전화 (054)789-5500
홈페이지 expo.uljin.go.kr
개장시간 08:00~22:00(동절기 20:00까지)
입장료 없음, 전시관 통합관람요금은 성인 8천 원, 청소년 6천 원, 어린이 4천500원
주차 가능, 무료

경남 창원시

무학산 둘레길 봉국사~만날고개 거리 10.0km, 소요시간 3시간~3시간 30분

동네 뒷산 둘레길의 진면목

눈길 끄는 명승지 하나 품지 않았지만 무학산 둘레길은 오랜 친구처럼 편안하다. 계절이 깊게 머무는 숲을 걷다 보면 산 아래 마산만이 또렷하게 보인다. 한 걸음 떨어져서 여유롭게 바라본 마산은 바다와 함께 시가지가 한눈에 들어오는 아늑한 풍경을 지녔다.

무학산 둘레길의 가을. 쉼터와 길에 낙엽이 수북하게 쌓였다(3~4지점).

만날공원으로 내려가는 길에 마산만이 한눈에 보인다(18~19지점).

무학산에서 보는 마산 풍경 봉국사~앵지밭골 위[1~7]

바다와 산 사이에는 도시가 자리했다. 2010년 7월 지자체 통합에 따라 진해와 함께 '창원시'가 되어 더 이상 '시(市)'라는 행정구역 명을 쓸 수 없게 된 마산 이야기다. 남해 마산만과 서쪽 육지를 넓게 덮고 있는 무학산 사이의 좁은 공간을 따라 도시가 들어섰기 때문에 마산의 도심은 무척 복잡하지만, 물러서서 그 모습을 바라보면 바다와 함께 시가지가 한눈에 들어오는 아늑한 풍경을 지녔다.

'무학산 둘레길'을 찾아 걸어보면 마산이 가진 풍경을 여유롭게 즐길 수 있다. 둘레길이라는 이름답게 무학산 둘레길은 봉우리로 향하는 등산로를 벗어나 산허리를 따라 이어진다. 크게 힘들지 않고 걸을 수 있으며 갈림길마다 이정표가 잘 세워져 있어 길 찾기가 쉬운 편. 무학산 남쪽의 밤밭고개와 북쪽 중리역삼거

- 걷는거리 10.0km
- 걷는시간 3시간~3시간 30분
- 출발점 경남 창원시 마산회원구 석전동 봉국사 입구
- 종착점 경남 창원시 마산합포구 월영동 만날고개 정류장
- 난이도 무난해요

추천 테마	아이들과	연인끼리	여럿이	숲	들	계곡	강	바다	문화유적	봄	여름	가을	겨울
	★★	★★	★★★	★★★		★★			★★	★★★	★★★	★★★	★★

리에 걸쳐진 전체 거리는 21km이며 제1구간(밤밭고개~봉국사 / 12.5km)과 제2구간(봉국사~중리역 / 8.5km)으로 나뉘어 있다.

무학산 둘레길 중 숲이 계속되고 산 아래 마산만의 시원한 풍경까지 접할 수 있는 제1구간의 만날고개~봉국사 구간을 선택해 반대 방향으로 걸어봤다. 산 중턱에 있는 봉국사에서부터 시작하면 산을 내려가는 길이기에 걷기 더 수월하다.

봉국사를 기점으로 무학산 둘레길을 걸으려면 마산회원구 석전동 산자락의 주택가를 찾아야 한다. 동네 뒷산 올라가듯 시멘트 계단이 이어진 산자락 입구에 무학산 둘레길 이정표가 서 있다. 허름한 주택가와 어지러운 길이 다소 의외지만 한 걸음 한 걸음 뗄수록 등 뒤로 마산 시가지가 시원하게 펼쳐진다. 계단이 끝나는 곳에 자리한 봉국사[1]를 지나치면 본격적으로 산길이 시작된다. 갈림길[2]

산 중턱 호젓한 오솔길(3~4지점).

앞 이정표에 적힌 '무학농장 산림욕장' 쪽으로 걸어가면 한적한 숲이다. 복잡했던 마산 시가지를 언제 보았냐는 듯이 조용해진 세상. 낙엽 수북하게 쌓인 길이 아주 편안하다.

갈림길마다 이정표가 자주 등장한다. '무학산 둘레길'이니 '무학산 웰빙 산책로'라고 적힌 이정표가 충실하게 길을 알려줘 딱히 헤맬 염려가 없다. 몇 번의 갈림길과 쉼터를 지나 언덕을 내려가는 듯하더니 성진사 입구[4]에 도착한다. 시멘트포장도로가 깔린 이곳에서 '서원곡' 방향으로 가야한다. 계속 이어지는 숲. 깊어가는 가을이 무학산 둘레길을 선명하게 밝혔다. 은행나무가 몰려있

1 무학농장 산림욕장(8지점). **2** 길 주변에 화단을 꾸민 앵지밭골 위(7지점). **3** 성진사 가는 길(4~5지점). **4** 나무계단 위로 낙엽이 수북하다(6~7지점).

는 성진사에서 서원곡으로 가는 숲에는 길과 나무가 모두 노란색이다.

언덕을 내려가면 약수터 밑 교량[6]이다. 산에서 흘러내리는 작은 계곡 위에 작은 다리가 놓였고 정면에는 비탈에 천막을 치고 라면·국수 등을 파는 매점이 보인다. 무학산을 오가는 산책객들에게 쉴 새 없이 인사를 하는 매점 아주머니의 목소리를 들으며 다시 숲으로 향한다. 오른쪽 언덕을 올라 약수터를 지나면 산 중턱 곳곳에 텃밭을 일궈 놓은 앵지밭골 위[7]에 도착한다.

할머니가 말한 멧돼지의 추억 무학농장 산림욕장~보타사 옆[8~16]

앵지밭골 위에서 간이화장실이 있는 삼거리까지 가면 일대가 무학농장 산림욕장[8]이다. 흔한 산길에 흔한 숲으로 둘러싸인 이곳이 무슨 산림욕장인가 싶지만 간이화장실 앞에서 이정표를 따라 서원곡 쪽으로 가는 길에 편백 숲이 펼쳐진다. 규모는 작지만 커다란 편백나무가 빽빽하게 들어서 있어 무척 울창하게 느껴진다.

편백 숲을 통과해서 경사가 조금 있는 언덕길을 오른다. 몇 번의 갈림길[9,10]에서도 서원곡 방향으로만 가면 된다. 숲을 걸으며 만난 한 할머니가 멧돼지 얘기를 한다. "여서(여기서) 혼자 가다가 시커먼 돼지를 봤는데 을매나(얼마나) 무시든지(무섭던지)." 무섭다는 말과 달리 웃고 있는 할머니를 보며 덩달아 웃었지만 아늑하게만 보이던 숲에서 갑자기 뭐라도 튀어나올 것 같은 기분이 든다. 사실 무학산 둘레길은 도심에서 가깝고 오가는 사람이 많아 멧돼지를 만날 일은 거의 없다.

서학사까지 가면 시멘트길 따라 아래로 내려간다. 서학사 돌탑[11]에서 계속 서원곡 방향으로 간다. 꽤 넓은 계곡 위에 놓인 데크 다리를 지나면 이 일대가 무학산 자락에 자리한 계곡 유원지인 서원곡[12]이다. 산중 아스팔트도로까지 가면 반대편 숲으로 계속 걷는다. 곧 시멘트 도로가 깔린 너른마당[13]. 오른쪽으로 몇 걸음 걷다가 산으로 올라가는 오른쪽 계단으로 방향을 돌린다.

1 서학사 돌탑으로 가는 내리막길(10~11지점). 2 쉬어 갈 수 있도록 벤치가 놓여 있다(9~10지점). 3 서학사 시멘트로 옆에 나무계단이 따로 있다(10~11지점). 4 계곡 주변을 정비해 놓았다(11~12지점).

이제부터는 '완월폭포, 만날공원'을 목적지 삼아 걸으면 된다. 데크가 깔려있기도 하고, 울창한 소나무 숲으로 오솔길이 이어지기도 한다. 광명사[15]에 도착하면 완월폭포 방향인 왼쪽으로 가다가 보타사 옆[16]에 도착하면 직진하듯 1시 방향 숲으로 길을 이어간다.

숲에서 바라보는 도심과 바다 수선정사 밑~만날고개 정류장[17~20]

옅은 노란색과 주황색을 길에 뿌려 놓은 것처럼 낙엽이 소복하게 깔린 오솔길을 한동안 걸어가면 숲을 빠져나가 기도원 밑 시멘트포장도로 앞이다. 숲 걷힌 산중턱 도로를 걷자 잠시 산을 벗어난 듯한 기분이다. 길 아래로 내려다보이는 마산 시가지는 산등성이를 병풍처럼 두르고 마산만(灣)을 마당처럼 앞에 두고 있어 그 모습이 아늑하면서도 시원하다.

데크 다리와 이층 정자가 나오면 수선정사 밑[17]. 다리를 건너 민가 주변 텃밭 사이를 잠시 지나면 다시 숲이다. 낙엽이 수북하게 쌓여 갈색 양탄자를 길게 깔아놓은 듯한 길옆으로 초록색 산죽이 무성하다. 편편하고 푹신한 산허리를 따라 걷는 길이 둘레길의 진면목을 보여준다.

관음사 위[18]까지 이르면 오른쪽으로 길이 꺾인다. 점점

관음사 위쪽 오솔길을 산책하고 있는 주민들(18지점).

산 아래로 내려가는 기분이 들면서 산비탈에 자리한 정자를 지날 무렵에는 마산만과 그 가운데 떠 있는 돝섬이 가깝게 보인다. 하늘이 흐려 바다도 푸르지 않지만 시야를 가득 채우는 탁 트인 풍경에 자주 걸음을 멈춘다.

산길이 끝나면 만날공원[19]으로 접어들게 된다. 만날고개 아래 있는 크고 깔끔한 공원으로 대표적인 무학산 등산로 입구인데다 잔디가 깔린 야외공연장, 산책로, 각종 체육시설이 있어 오가는 사람들이 많다. 무학산 둘레길 1구간의 출발 지점인 밤밭고개까지 가려면 공원으로 내려온 길에서 공원 내 도로를 가로질러 반대편 산 쪽으로 접어들면 된다. 밤밭고개까지는 지나온 길에 비하면 힘든 편으로 거리는 2.6km다.

공원 아래로 내려간 뒤 육교로 길을 건너면 만날고개 정류장[20]. 이곳에서 마산 중심가로 돌아가는 버스를 탈 수 있다.

마산만 뒤로 창원시 성신구 쪽 산줄기가 시원하다(16~17지점).

추천음식

마산 '아귀찜'

아귀찜은 불과 50년 전인 1960년대 중반 마산에서 먹기 시작한 것으로 알려져 있다. 예전부터 마산에서는 모양이 흉측해서 다른 지역에서는 먹지 않던 아귀를 겨우내 말렸다가 탕으로 끓여 먹었다.

마산 오동동 '아구찜 거리'로 가면 너도나도 원조라고 주장하는 아귀찜 식당이 몰려있다. 특별히 잘 알려진 식당이 몇 곳 있지만 아귀찜 맛은 어디나 비슷하다. 마산 아귀찜이 특별한 이유는 생아귀로 찜을 만드는 다른 지역과 달리 말린 아귀를 사용한다는 점이다. 건아귀로 찜을 만들면 생선살이 물컹하지 않고 쫄깃해 씹는 맛이 남다르다. 전분을 쓰지 않고 자박하게 졸인 국물이 맛있게 맵다. 취향에 따라 건아귀찜, 생아귀찜을 골라 주문할 수 있다.

아래는 오동동 '아구찜 거리' 내 '고향아구찜' 정보

위치 경남 창원시 마산합포구 오동동 198
전화 (055)242-0500
영업시간 10:00~24:00
가격 건아귀찜 2만2천~4만 원, 생아귀찜 2만~4만 원, 아귀탕 1만 원
주차 가능, 30분 1천 원

교통편

〉〉 찾아가기

대중교통 서울역에서 마산역(1544-7788)으로 가는 기차와 서울고속버스터미널과 동서울터미널에서 마산고속버스터미널(055-255-2576)로 가는 고속버스가 있다.
마산역에서 103번 시내버스를 타고 마산고속버스터미널에서는 홈플러스 앞까지 걸어가 105번 버스를 타면 석전사거리로 갈 수 있다. 석전사거리에서 봉국사 입구까지는 육교로 올라 '경창가고파아파트' 쪽으로 5분 정도 걸어가면 된다.

서울역→마산역 06:10~21:50(1~2시간 간격)
서울고속버스터미널→마산고속버스터미널 06:05~01:00(15~55분 간격)
동서울터미널→마산고속버스터미널 07:30~22:00(1시간~1시간 30분 간격)
마산역→석전사거리 05:00~23:00(10분 간격)
홈플러스 정류장→석전사거리 05:00~22:58(14분 간격)

승용차 봉국사 입구 석전동 이면도로 주차, 무료

《 돌아오기

마산역으로 가려면 만날공원 건너편 정류장에서 262번 버스를 타고, 마산고속버스터미널로 가려면 262번 버스를 타고 가다 석전사거리에서 내려 105번 버스로 갈아탄다.

만날고개 정류장→석전사거리·마산역 05:16~22:43(40분 간격)
석전사거리→홈플러스 정류장 05:00~22:58(14분 간격)
마산역→서울역 06:50~21:20(1시간 간격)
마산고속버스터미널→서울고속버스터미널 06:00~01:00(30분 간격)
마산고속버스터미널→동서울터미널 06:40~22:20(1시간 30분 간격)

알아두기

숙박 마산역 · 마산고속버스터미널 일대
식당 · 매점 약수터 및 교량(6지점)
식수 미리 준비
화장실 앵지밭골 위(7지점), 만날공원(19지점)

들를 만한 곳

돝섬해상유원지

돝섬은 마산만 한 가운데 떠 있는 작은 섬으로, 달빛이 아름답게 비친다고 해서 월영도라고도 부른다. '돝'은 돼지를 뜻하는 옛말인데 이름의 배경에 전설이 있다. 옛 가야국 왕의 후궁이 마산 앞바다의 작은 섬(지금의 돝섬)에서 황금돼지로 변해 지내다가 두척산(지금의 무학산)으로 이동해 백성들을 잡아갔다. 왕이 군사를 동원해 황금돼지를 죽이자 한줄기 빛이 바다의 섬으로 사라졌고 그 이후로는 돝섬이라 불리게 되었다는 얘기다.
마산연안여객터미널에서 배를 타고 10분 정도면 들어갈 수 있다. 돝섬 선착장에는 돝섬을 상징하는 황금돼지 동상이 서 있다. 볼거리가 많은 섬은 아니지만 언덕에 올라보면 잘 꾸며 놓은 화단과 주변 바다가 시원하게 보인다. 해안산책로를 따라 걸어보면 넉넉잡아 1시간이면 될 정도로 작은 섬이다.

위치 경남 창원시 마산합포구 월영동 625
전화 (055)225-7034
개장시간 09:00~18:00
입장료 무료, 도선료: 어른 · 청소년 4천800원, 어린이 3천 원
주차 마산연안여객터미널 주차장 이용, 1일 1천 원

경남 창녕군

화왕산 정상에서 만난 가을의 전령 거리 6.1km, 소요시간 4시간~4시간 30분
지금은 잊힌 그 억새밭에 대하여

산길 좌우 숲이 서서히 걷히고 완만하게 탁 트인 들판이 나타난다. 가을의 전령이자 화왕산의 상징인 억새밭이다. 이제는 축제도 열리지 않고 상기된 행락객도 찾아볼 수 없지만, 억새는 가을마다 어김없이 화왕산 정상을 뒤덮고 환상적인 군무를 춘다.

경남 창녕군 주변에 높은 산이 없어서인지, 동쪽 들판에 있는 화왕산(해발 756m)은 멀찌감치 서서 봤을 때 생각보다 웅장하다. 똑같이 평지 가운데서 솟아 국립공원까지 된 전남 영암의 월출산만큼은 아니지만, 이 일대에서는 단연 손꼽힐 정도로 잘생겼다.

화왕산의 동쪽 능선은 근처 관룡산(해발 740m)으로 이어지는데, 관룡산과 구현산처럼 화왕산과 지맥을 공유하고 있는 주변의 산들을 아울러 화왕산이라 통칭하기도 한다. 그래서 관룡산에 자리한 '관룡사'를 '화왕산 관룡사'라고도 부른다.

계곡과 능선 지나 억새밭으로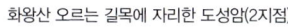

화왕산 오르는 길목에 자리한 도성암(2지점).

화왕산 서쪽 왼편 능선을 따라 정상 부근을 둘러본 후 자하골로 내려가기로 한다. 급경사를 이루고 있는 화왕산 동쪽이나 북쪽과 달리 서쪽 자하골 주변은 대체로 완만해 등산을 즐기는 이들뿐 아니라 걷기 여행자들도 즐겨 찾는다.

화왕산 들머리 중 하나인 자하골 입구[1]에서 포장길을 따라 오르막을 걷는다. 비가 오지 않았는데 화왕산 골짜기로 이어진 포장길은 물기로 젖었다. 일교차가 큰 가을, 지난밤의 찬 공기가 만든 이슬 때문인 듯하다.

5~6분쯤 지나 왼쪽 도성암[2] 앞 삼거리에서 오른쪽으로 접어든다. 포장길이 끝나고 얼마 안 가 본격적인 산길이 시작된다. 다른 코스에 비해 완만하다고는 하지만 역시 오르막은 오르막. 산을 다니는 이들은 이 정도 계곡길을 '편안하다'

◀ 화왕산 억새밭을 걷고 있는 사람들(4~5지점).

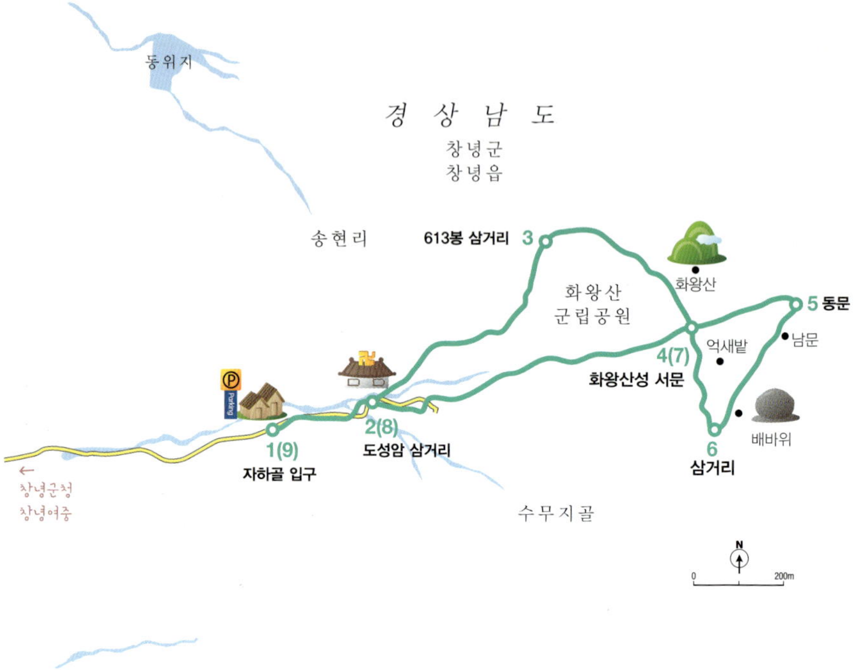

동위지
경 상 남 도
창녕군
창녕읍
송현리
613봉 삼거리 3
화왕산
군립공원
화왕산
5 동문
남문
억새밭
4(7)
화왕산성 서문
배바위
6
삼거리
Parking
1(9)
자하골 입구
2(8)
도성암 삼거리
←
창녕군청
창녕여중
수무지골
N
0
200m

■ **걷는거리** 6.1km
■ **걷는시간** 4시간~4시간 30분
■ **출발점** 경남 창녕군 창녕읍 송현리 자하골 입구
■ **종착점** 경남 창녕군 창녕읍 송현리 자하골 입구
■ **난이도** 힘들어요

해발(m)
850
750
650
550
450
350
250
150
자하골 입구 1
도성암 삼거리 2
613봉 삼거리 3
4 화왕산성 서문
6 삼거리
자하골 입구 9
0.0
0.5
1.0
1.5
2.0
2.5
3.0
3.5
4.0
4.5
5.0
5.5
6.1
거리(km)

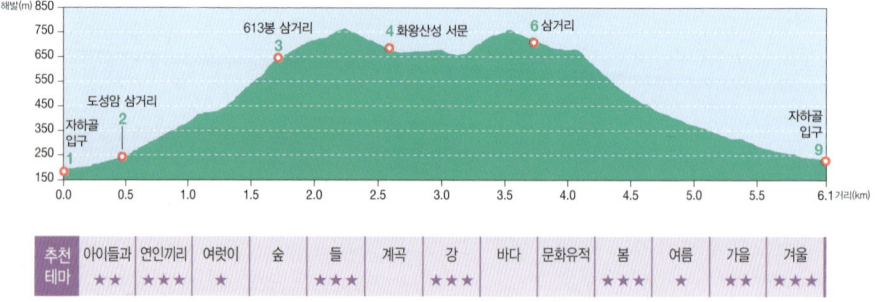

추천 테마	아이들과	연인끼리	여럿이	숲	들	계곡	강	바다	문화유적	봄	여름	가을	겨울
	★★	★★★	★		★★★		★★★			★★★	★	★★	★★★

고 하나 본데, 평지에 익숙한 사람에게 녹록한 길은 아니다. 하지만 일상에서 쉽게 접할 수 없는 짙은 솔숲 계곡길은 흐르는 땀만큼 몸과 마음의 무거운 스트레스도 날려준다.

정상으로 이어진 계곡길에는 가을 한철 소나무들이 털어낸 마른 솔잎이 수북하다. 예전 시골에서는 이것을 긁어 겨울철 불쏘시개로 많이 썼다. 흔히 '솔가리'라고 부르지만, 경상도 지역에서는 '솔갈비', 창녕이 속한 경남에서는 이를 줄여 '깔비'라고 했다. 코흘리개 시절 시골 외가에 갔을 때 저녁 무렵 지게에 솔가리를 한 짐 지고 뒷산을 내려오던 외할아버지 모습이 지금도 눈에 선하다. 30여 년 전 외할아버지도, 시골 외가도 모두 세월 너머 추억으로 남아서일까. 누구 하나 걸어갈 줄 모르는 솔가리가 수북이 쌓여 자꾸 밟힌다.

두 번 정도 짧게 휴식하며 한 시간쯤 걷자 계곡길도 끝이 보인다. 613봉 삼거리[3]에서 오른편 능선이 정상 방향이다. 능선의 경사는 계곡길과 큰 차이가 없지만, 그리 길게 이어지진 않는다. 산길 좌우로 드리웠던 숲이 서서히 걷히더니 정상 표지석을 지나자 완만하게 경사진 탁 트인 들판이 나타난다. 가을의 전령이자 화왕산의 상징인 억새밭이다.

정상에 오르자마자 거짓말처럼 펼쳐지는 꿈결 같은 억새밭은 작은 군립공원을 전국적인 명소로 만들었다. 그야말로 화왕산 하면 억새, 억새 하면 화왕산일 정도로 명성이 자자했다. 하지만 2009년 초 '화왕산 억새 태우기 축제' 때 일어

정상에서 바라본 화왕산 북쪽 자락. 멀리 박월산 능선이 보인다(3~4지점).

난 사고가 이 같은 명성에 치명상을 입혔다. 행사 중 불어 닥친 돌풍으로 억새밭 불길이 관람객들을 덮치면서 70여 명에 가까운 사상자가 발생한 것. 이날 이후 창녕군은 6회를 이어온 축제를 폐지했다. 지금도 인터넷에서 화왕산이나 화왕산 억새밭을 검색하면 '참사'라는 꼬리표가 연관검색어로 따라붙는다.

가을이 무르익었건만 아름다운 화왕산 억새밭은 예전 이맘때보다 훨씬 조용하다. 산을 찾는 이들도 소리 없이 들렀다가 조용히 돌아갈 뿐이다.

바람결 따라 춤추는 억새밭 화왕산성 서문~자하골 입구[4~9]

내리막을 따라 화왕산성(사적 제64호) 서문[4]까지 다다른 후 억새밭 가장자리로 뻗은 왼편 길로 들어선다. 억새밭이 있는 화왕산 정상의 넓은 평지는 바깥쪽에 성을 쌓고 진을 치기 좋아 삼국시대부터 중요한 군사적 요충지였다. 임진왜란 때는 '홍의장군' 곽재우(1552~1617)가 의병을 이끌고 왜적에 맞서 큰 승리를 거두기도 했다.

화왕산은 오래 전 활화산이었고 억새밭은 분화구가 있던 자리라는 이야기가

늦가을 억새 군락(4~5지점).

운치 있는 산 정상 억새밭 길(4~5지점).

있다. 화산활동이 활발하던 때는 '불뫼', '큰불뫼'라 불렸고 지금의 화왕산(火旺山)이라는 이름도 같은 맥락에서 붙은 것이라고 한다.

백두산 천지와 한라산 백록담처럼 과거 화산이었던 산들은 대개 정상 분화구에 물이 고이면서 호수를 이루기 마련인데, 화왕산은 물 대신 억새로 채워져 있다. 지질학자들에 따르면 화왕산 정상의 넓은 평지는 분화구의 흔적이 아니라 노후한 산악지대에서 가끔 볼 수 있는 현상으로, 실제 지질도 한라산 같은 화산암이 아닌 화강암이라고 한다. 과거야 어찌 되었건 산 정상에서 만나는 넓은 억새밭은 볼수록 신기하다.

억새밭 사이로 난 길을 따라 들판 맞은편 동문[5]에 도착하니 화왕산성 유적 주변으로 탐방객이 삼삼오오 모여 있다. 동문에서 왼편 성벽을 따라 남쪽으로 뻗은 억새밭 샛길로 걸어간다. 낮은 오르막을 지나 길 끝 언덕 위에 솟은 바위무더기가 '배바위'다. 전설에 의하면 화왕산이 바다에 솟은 작은 섬이던 시절 바로 이 바위에 사람들이 배를 묶었다고 한다. 혹자는 천지개벽 때 하느님이 타고 내려온 배를 묶었던 자리라고도 하고, 간절한 심정으로 바위 둘레를 한 바퀴 돌면 아들을 낳을 수 있다는 속설도 전해진다.

기단만 복원해 놓은 성벽(5~6지점). 화왕산 배바위(5~6지점).

배바위 언덕에 오르니 억새밭이 한눈에 들어온다. 바람이 부는 대로 억새의 군무가 쉬지 않고 이어진다. 셀 수 없는 바람들이 억새를 어루만지며 연주하는 것 같기도 하고, 억새와 바람이 긴밀하게 교감하는 것 같기도 하다.

바람이 잦은 가장자리의 억새는 '이방의 수염'처럼 솜털이 다 날아갔지만, 분지 아래쪽에는 늦가을 억새가 아직 한창이어서 대조를 이룬다. 억새밭에는 농가와 다랑논이 있었다는데 어렴풋이 흔적만 남아있다.

배바위 앞 오른쪽 내리막에 위치한 삼거리[6]에서 우측으로 가야 하산길의 시작점인 화왕산성 서문[7]에 닿을 수 있다. 왼쪽길은 몇 개의 능선을 넘어 구현산으로 이어진다. 서문에서 왼쪽 내리막길이 환장고개 아래 자하골로 내려가는 길이다.

억새밭에 한시적인 작별을 고한 후 하산길로 접어든다. 제 아무리 환장고개라지만, 중력에 이끌려 내려가는 사람에게는 조금 가파른 내리막일 뿐이다. 계곡길로 들어서자 솔숲 그늘이 열려있던 하늘을 닫는다. 반쯤 누군가에 의지해 걷는 것처럼 수월하게 계곡길을 통과하니, 먼 길 떠난 자식을 기다리고 선 어미처럼 도성암[8]이 반갑게 맞는다. 도성암 앞 삼거리에서 처음 올라왔던 포장길을 따라 내려가면 출발점인 자하골 입구[9]다.

1 환장고개를 지나면 가파르지 않은 하산길이 시작된다(7~8지점). **2** 자하골 뒤로 창녕읍이 보인다(7지점). **3** 자하골에 가까워질수록 길이 넓어진다(8지점). ▶

🍴 추천음식

화왕산장마을 '청국장비빔밥'

화왕산 자락에는 산기슭 맑은 물로 빚은 메주와 된장으로 소박한 밥상을 차려내는 식당들이 즐비하다. 산채비빔밥이니 보리밥 정식이니 메뉴는 거기서 거기지만, 화왕산장마을식당의 청국장비빔밥만큼은 별미다.

국산콩으로 숙성시킨 끈적끈적한 청국장은 찌개를 끓여도 맛있지만, 그냥 먹어도 될 정도로 냄새가 약하고 간이 적당하다. 여기에 보리밥과 각종 신선한 산채를 넣어 함께 비벼 먹으면 고추장 맛으로 먹는 여느 비빔밥과 달리 담백하면서도 구수한 맛을 느낄 수 있다. 화왕산장마을에서는 직접 담근 전통 장류도 판매하고 있다.

위치 경남 창녕군 창녕읍 말흘리 45-9
전화 (055)533-0066
영업시간 10:00~22:00
가격 청국장비빔밥 6천 원, 자연송이된장찌개 7천 원, 된장해물전골 1만 원
주차 가능, 무료

교통편

》 찾아가기

대중교통 서울남부터미널에서 창녕시외버스터미널(055-533-4000)로 가는 고속버스가 있다. 터미널에서 코스 출발점인 화왕산 자하골 입구까지는 걸어서 15분 거리다. 터미널 앞에서 택시를 타면 5분쯤 걸리고 요금은 2천500원 정도다.
서울남부터미널→창녕시외버스터미널 09:45 11:20 14:45 16:00 17:05
창녕콜택시 (055)533-7655
스마일택시 (055)533-5119
승용차 자하골 입구 주변 주차장 이용, 무료

《 돌아오기

화왕산 자하골 입구에서 창녕시외버스터미널까지 걸어간다.
창녕시외버스터미널→서울남부터미널 09:30 10:30 11:30 14:30 17:00

ℹ️ 알아두기

숙박 창녕시외버스터미널 주변
식당·매점 창녕시외버스터미널, 자하골 입구(1지점) 주변
식수 미리 준비, 도성암(2~3지점)
화장실 도성암(2~3지점)

들를 만한 곳

관룡사

394년(내물왕 39년)에 창건된 것으로 알려진 관룡사는 신라 8대 사찰 중 한 곳이다. 삼국통일 후 원효대사(616~686)가 중국 승려 1천 명을 모아놓고 화엄경을 설법한 대도량으로 명성을 떨쳤다. 임진왜란 때 절 대부분이 소실되었다가 1617년 영운 스님이 재건하였다.

관룡사에는 보물 제146호로 지정된 약사전을 비롯해 대웅전(보물 제212호)과 용선대 석조여래좌상(보물 제295호), 석조여래좌상(보물 제519호) 등 4점의 보물급 문화재가 있다. 이 가운데 용선대 석조여래좌상은 통일 신라 시대 형식을 따른 석불로, 보기 드물게 산 정상에 안치되어 있다.

위치 경남 창녕군 창녕읍 옥천리 292
전화 (055)521-1747
입장료 성인 1천 원, 청소년 600원, 어린이 200원
주차 가능, 1일 2천 원

ⓒ관룡사

창녕교동고분군

창녕읍에서 20번 국도를 따라 북쪽으로 올라가다 보면 길 왼편으로 커다란 고분들이 보인다. 마치 경주에 있는 듯한 착각을 불러일으키는 이 고분군은 신라 시대 왕족이나 귀족의 무덤들로 짐작되지만, 누구의 것인지 아직 밝혀지지 않았다. 사적 제80호로 지정되어 관리중이며, 고분을 중심으로 잔디가 곱게 깔려 있어 휴일에는 나들이 나온 가족이나 연인들로 붐빈다.

고분군 맞은편에 자리한 창녕박물관도 함께 들러볼 만하다. 이곳은 창녕 지역에서 출토된 선사~가야 시대 유물들을 주로 전시하고 있다.

위치 창녕군 창녕읍 교리 87-1
전화 (055)530-2246
관람시간 09:00~17:00(11~2월 16:00까지, 매주 월요일 휴관)
입장료 성인 500원, 청소년·어린이 300원
주차 가능, 무료

> 경남 합천군

가야산 백련암~해인사 거리 5.6km, 소요시간 2시간
산은 산이요 물은 물이로다

합천의 가야산은 우리나라 12대 명산의 하나다. 팔만대장경이 있는 해인사는 물론 성철 스님이 수행하던 백련암도 꼭 들러봐야 할 곳이다. 백련암에서는 남쪽의 매화산 일대를 비롯해 환적대와 신선대 등 백련암 주위를 병풍처럼 두른 기암절벽을 볼 수 있다.

해인사의 암자 중 가장 높은 곳에 자리한 백련암(11지점).

가야산 제일의 경치 백련암 가야산휴게실~백련암[1~11]

'합천 해인사'라고 하면 보통 팔만대장경을 떠올리지만, 해인사와 팔만대장경이 어느 산에 있는지 아는 사람은 생각보다 많지 않다. 가야산(해발 1천430m)이라고 말해줘도 처음 듣는 얘기처럼 "가야산?" 하고 되묻는 이가 많다.

가야산이라는 이름은 삼한 시대 낙동강 하류 지역을 중심으로 세력을 뻗었던 옛 가야국에서 유래했다. 가야산은 경북 성주군과 거창군, 경남 합천군에 걸쳐 있으며, 우리나라 12대 명산의 하나로 꼽힌다. 1972년 아홉 번째 국립공원으로 지정되었다.

굵은 모래가 깔린 산책로(4~5지점). **위** 해인사 성보박물관(2지점). **아래** 백련암으로 오르는 계단(10지점).

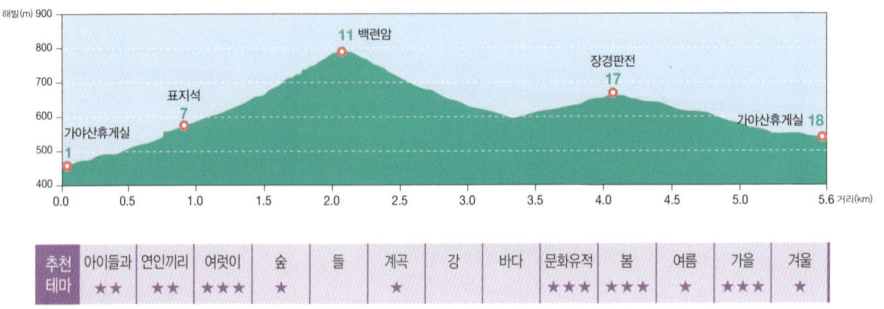

걷는거리 5.6km	출발점 경남 합천군 가야면 치인리 가야산휴게실	
걷는시간 2시간	종착점 경남 합천군 가야면 치인리 가야산휴게실	난이도 조금 힘들어요

추천 테마	아이들과 ★★	연인끼리 ★★	여럿이 ★★★	숲 ★	들	계곡 ★	강	바다	문화유적 ★★★	봄 ★★★	여름	가을 ★★★	겨울 ★

가야산 제일의 명승지로 꼽히는 백련암. 성철 스님이 수행했던 암자다(11지점).

　성주군에 속한 서쪽 산세는 가파르고 험하지만, 경남 합천군에 있는 남쪽은 상대적으로 완만하다. 이 남쪽 자락에 해인사와 백련암이 자리하고 있다.
　오랜만에 다시 찾은 가야산에서 백련암을 거쳐 해인사까지 걷는다. 가야산휴게실[1] 뒤편 주차장 너머에 있는 해인사 성보박물관[2] 앞에서 왼쪽 보행자 코스를 따라간다. 중간에 매점[3] 옆길('해인사 가는 길' 표지판 있음)로 접어든 후 차도를 건너 조금만 가면 '김영환 장군 팔만대장경 수호공적비'가 서 있고 나무의자 몇 개가 놓인 삼거리[5]가 나온다. 여기서 오른쪽 길을 따라 오르막을 걷다 보면 커다란 표지석[7]에 해인사며 백련암 가는 약도가 그려져 있고 백련암 방향 표지판도 보인다.
　화살표를 따라 오른쪽 길로 들어서자 본격적인 오르막이 나타난다. 부도 몇 기가 서 있는 곳을 지나 100m쯤 가면 정면에 국일암 입구[8]다. 입구 앞 삼거리에서 왼쪽 길로 좌회전 후 15분 정도 가파른 오르막길과 계단[10]을 오르면 백련암[11]이 나온다.
　백련암 현판이 걸린 아담한 입구를 통과해 왼쪽 계단 위 좁은 문으로 들어선다. 굵은 모래가 깔린 넓은 마당 뒤로 웬만한 사찰 규모와 맞먹는 기와 건물이 몇 채 늘어서 있다. 예상보다 큰 백련암의 규모에 한 번 놀라고 암자 한쪽에 놓인 수십 개의 장독대에 또 한 번 놀란다.

백련암에 올라보니 과연 가야산에서 으뜸가는 경치라고 하는 이유를 알겠다. 해인사의 여러 암자 중 가장 하늘에 가까운 백련암 앞으로, 저 멀리 남쪽의 매화산 일대를 비롯해 환적대, 신선대 등 기암절벽들이 병풍처럼 늘어서 있다.

백련암은 성철(1912~1993) 큰스님이 수행하던 곳이다. '산은 산이요 물은 물이로다.'(깨달음을 얻으면 만물을 객관적으로 볼 수 있는 지혜를 갖게 된다는 의미)라는 유명한 법어를 남겨 불자는 물론 일반 대중들에게도 알려졌지만, 정작 세속에 그가 모습을 드러내는 일은 거의 없었다. 백련암에는 성철 스님이 진정한 구도자였음을 말해주는 일화가 많이 남아 있다. 10년 동안 바깥출입을 스스로 금하고, 8년간 눕지 않고 앉은 자세로만 수행했다는 이야기는 그 일부일 뿐이다.

백련암을 나오는데 마음도 걸음도 가볍다. 오를 때는 힘겨웠지만 가야산의 정수를 보고 내려가는 길, 다리만 뻗어도 계단이 알아서 척척 디딜 곳을 내미는 것 같다.

'창고'가 바로 세계문화유산 표지석~가야산휴게실[12~18]

표지석[12]이 있는 삼거리까지 돌아 나오면 오른쪽 오르막길(차도)이 해인사 방향이다. 3분쯤 걸으면 오른쪽에 비석과 석물을 모아놓은 부도원[13]이 나온다. 전통적인 석탑 모양의 다른 부도들과 달리 현대 조각 작품 같은 성철 스님의 부도는 단연 눈에 띈다. 공과 반구 형태의 돌을 쌓은 모양으로, 일본에서 활동 중인 세계적인 설치미술가 최재은 씨의 작품이다.

부도원에서 조금만 더 올라가면 해인사다. 해인사는 신라 애장왕 3년(802년)에 창건된 고찰로, 우리나라 화엄종의 근본도량이다. 대한불교 조계종 제12교

1 해인사 길목에 있는 부도원(13지점). 2 성철 스님의 부도(13지점). 3 해인사에 세계문화유산이 있음을 알리는 기념비 (14지점).

구 본사로 150여 개의 말사를 거느리고 있다. 세계문화유산 및 국보, 보물 등 70여 점의 유물이 있다. 이 가운데 해인사 대장경판(국보 제32호)을 보려면 정중삼층석탑[16]을 지나 몇 차례 계단을 올라야 한다.

해인사 뒤쪽 가장 높은 곳에 있는 건물이 해인사 장경판전(국보 제52호)[17]이다. 고려 현종 때 새긴 초조대장경이 고려 고종 19년(1232년) 몽고의 침입으로 불타 없어지자 고종 24~35년(1237~1248년)에 다시 제작한 대장경판을 보관하고 있는 곳이다. 창고라는 뜻으로 '장경판고'라고도 불리는 장경판전은 모두 네 동으로 나뉜다. 앞과 뒤의 기다란 건물에는 경판, 건물 양 끝의 작은 건물에는 경전과 책이 보관되어 있다.

　대장경판은 모두 8만 1천258판으로 되어 있어 '팔만대장경'이라고도 부른다. 헷갈려 하는 이가 많은데, 유네스코 세계문화유산은 팔만대장경이 아닌 장경판전이다. 팔만대장경은 2007년 '세계기록유산'에 이름을 올렸다.

　볼 것 많고 배울 것 많은 해인사에 계속 머물다 보니 이른 봄의 짧은 해가 서쪽으로 기울기 시작한다. 아쉬운 마음 남겨둔 채 출발했던 가야산휴게실[18]로 발길을 옮긴다.

1 통일 신라 유물인 해인사 정중삼층석탑(16지점). 2 탑 주변을 돌며 소원을 비는 사람들(15~16지점). 3, 4 유네스코 세계문화유산인 장경판전(17지점).

해인사 뒤쪽 소나무 숲(17지점).

🍴 추천음식

가야산식당 '산채돌솥비빔밥'

해인사로 향하는 길 초입에 있는 가야산휴게실에는 여러 식당이 들어서 있는데, 비빔밥부터 백숙과 육개장에 이르기까지 다양한 음식을 판다. 그 중 휴게실 2층에 자리한 가야산식당은 산채돌솥비빔밥을 잘한다. 불가에서 금하고 있는 육류와 오신채를 일절 쓰지 않고 오곡밥에 취나물과 고사리, 버섯, 도라지, 숙주나물 등을 곁들여 내놓아 불자는 물론 일반인도 부담 없이 즐길 수 있다. 여러 가지 산채를 데치고 버무린 담백한 반찬 또한 입맛을 돋운다.

위치 경남 합천군 가야면 치인리 10
전화 (055)913-8992
영업시간 10:00~20:30
가격 산채돌솥비빔밥 8천 원, 산채한정식 1만 원, 파전 8천 원
주차 가능, 무료

🚗 교통편

≫ 찾아가기

대중교통 서울남부터미널에서 합천시외버스터미널(055-931-0142)로 가는 고속버스가 있다. 합천시외버스터미널에서 군내버스를 타고 해인사시외버스터미널까지 간 다음 내려서 7~8분 걸으면 가야산휴게실이다.

서울남부터미널→합천시외버스터미널 10:08 12:00 13:20 14:00 15:00 16:45 19:00
합천시외버스터미널→해인사시외버스터미널 06:40 11:00 15:30
승용차 가야산휴게실 주차장 이용, 1일 4천 원

≪ 돌아오기

해인사시외버스터미널(055-932-7362)에서 합천시외버스터미널로 가는 군내버스가 있다.
해인사시외버스터미널→합천시외버스터미널 07:40 13:00 18:00
합천시외버스터미널→서울남부터미널 07:00~20:00(1시간 30분~3시간 간격)

ℹ️ 알아두기

숙박 해인사시외버스터미널 주변, 캠핑시에는 가야산 백운야영장(054-932-3999)
식당·매점 해인사시외버스터미널, 가야산휴게실(1지점)
식수 백련암(11지점), 해인사 내(16지점)
화장실 코스 내 다수

🏠 들를 만한 곳

가야산야생화식물원

가야산 자생식물 보호와 연구 등을 위해 경북 성주군에서 만든 식물원이다. 야외전시관과 1층 온실, 지하 전시관에 630여 종의 나무와 식물을 전시하고 있다. 드라이플라워와 다양한 화석, 곤충도 볼 수 있다.

위치 경북 성주군 수륜면 가야산식물원길 49
전화 (054)931-1264
홈페이지 www.gayasan.go.kr
개장시간 10:00~17:00(매주 월요일 휴무)
입장료 성인 1천 원, 청소년 700원, 어린이 500원
주차 가능, 무료

홍류동계곡

가야산에 있는 길이 4km의 계곡으로, 합천8경의 하나다. 해인사 오른쪽 위의 계곡 부근에서 발원해 가야산 자락을 따라 흘러내리다, 가야산휴게실 부근에서 동쪽과 서쪽 갈래로 나뉜다. 홍류(紅流)란 흐르는 계곡물이 붉은 단풍 빛에 물든다는 뜻. 그만큼 계곡 주변 단풍이 아름답기로 유명하다.

위치 경남 합천군 가야면 황산리 일대
입장료 없음
주차 가능, 무료

ⓒ합천군청

Section 2

바다

경북 영덕군

7번 국도 옆 블루로드 B코스 거리 11.8km, 소요시간 4시간

해안선이라도 된 것처럼 걸어볼까

강구항에서 출발해 고래불해수욕장까지, 동해안을 옆구리에 끼고 걷는 블루로드는 3개 코스로 구성되어 있다. 그중 블루로드의 백미로 꼽히는 B코스는 한적한 어촌과 군인들이 이용하던 해안초소 길, 드넓은 백사장과 멋진 갯바위 해안가를 지난다.

주도산에서 본 축산항 진경(11~12지점).

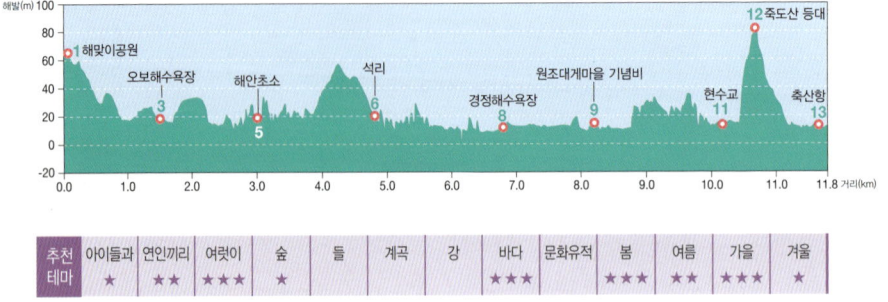

- 걷는거리 11.8km
- 걷는시간 4시간
- 출발점 경북 영덕군 영덕읍 대탄리 해맞이공원
- 종착점 경북 영덕군 축산면 축산리 축산항
- 난이도 무난해요

추천 테마	아이들과	연인끼리	여럿이	숲	들	계곡	강	바다	문화유적	봄	여름	가을	겨울
	★	★★	★★★	★				★★★		★★★	★★	★★★	★

Section 2 바다

경북 영덕군 강구항에서 출발해 축산항을 거쳐 고래불해수욕장에 이르는 약 50km의 해안길인 '블루로드'는 7번 국도와 나란히 바다에 딱 붙어 있는 걷기코스다. 부산에서 강원도 고성에 이르는 해파랑길(688km)의 일부이기도 하다. 도별, 시별, 지자체별 경쟁적으로 길을 만들어 이름을 붙이다 보니 따로 또 같이 만났다 헤어지기를 반복하는 것도 새로 조성된 걷기코스들의 특징 가운데 하나다.

민간인 통제로 잘 보존된 자연환경 해맞이공원~해안초소[1~5]

동해안을 옆구리에 끼고 갈매기를 벗 삼아 걷는 블루로드는 A, B, C코스 세 구간으로 나뉘고, 구간별로 5~6시간이 걸린다. 영덕군은 '재정이 넉넉하지 않아 돈이 많이 들어가는 시설을 설치하지 않고 자연 그대로의 흙길에 안전시설만 보강했다.'고 밝혔는데, '자연 그대로의 흙길'이 바로 이 길의 강점일지 모른다.

'블루로드의 백미'로 꼽히는 B코스 약 12km를 걷기로 한다. 한적한 어촌과 군인들이 이용하던 해안초소, 드넓은 백사장과 다양한 갯바위들을 볼 수 있는 이 코스는 연간 100만 명이 넘는 관광객들이 찾는 해맞이공원[1]에서 출발한다. 공원 위쪽, 사계절 내내 바람이 끊이지 않는 해안 언덕에는 2005년 3월 가동을 시작한 영덕풍력발전단지가 있다. 넓은 단지 안에 산책로가 조성되어 있고, 발 아래로 굽

대게 모양의 전등 장식을 달아놓은 산책로(1지점).

어보는 바다풍경이 시원하다. A코스에서도 만나볼 수 있는 곳으로 꼭 들러볼 만한 명소다.

　귀가 멍멍할 정도로 세찬 바람에 등을 떠밀리다시피 걸으며 야트막한 언덕을 넘으니 아담한 어촌마을인 대탄리[2]에 이른다. 그물을 점검하는 주민 몇이 정지된 그림 속을 움직이는 듯한 마을을 지나 오보해수욕장[3]으로 들어선다. 해안선을 따라 걷는 길, 부드러운 모래밭에 찍은 발자국을 부지런한 파도가 잽싸게 쓸어간다.

　노물리[4]를 지나고 바다색과 선명한 대비를 이루는 빨간 등대도 지나 방파제 옆길로 가면 B코스에서 가장 아름다운 해안 산책로로 들어선다. 산책로를

블루로드는 걷는 내내 푸른 바다와 함께 한다(1~2지점).

따라 해안초소[5]가 간간히 서 있다. 해양경비를 위해 군인들이 다니던 길로, 민간인 출입을 통제하다가 지금은 주요 경비지역만 남겨놓고 개방했다. 위험 구간마다 울타리와 데크를 설치해 안전하게 걸을 수 있도록 했는데, 오랜 세월 통제되었던 지역이라 자연환경이 잘 보존되어 말 그대로 '옥빛바다'를 감상하며 거닐 수 있다.

해안 산책로에서 만나는 갯바위들은 제주도의 현무암처럼 검고 저마다 이름 하나씩 붙여도 그럴싸해 보일 만큼 독특한 모양이다. 걷는 재미와 보는 재미, 여기에 더해 마을을 지날 때마다 대게나 활어 식당이 있으니 오감이 쉴 틈이 없다.

블루로드 B코스의 백미로 꼽히는 해안 산책로 구간(4~6지점).

원조대게마을에서 미각여행을 석리~축산항[6~13]

해안 산책로를 벗어나 출입통제구역인 군시설물을 끼고 돌면 석리[6]다. 조심조심 갯바위길에서 벗어나 경정3리마을회관[7], 경정해수욕장[8]을 차례로 지난다. 경정해수욕장은 여름철 인기 피서지답게 해변을 따라 깨끗한 민박집과 식당들이 죽 들어서 있다.

간간히 보이는 해안초소(5지점).

해수욕장에서 도로 갓길을 걷다가 바닷가로 들어서자 또 다른 해안풍경이 펼쳐진다. 일대의 갯바위들이 벽돌처럼 붉다. 갯바위길을 지나 원조대게마을(차유마을)로 들어서면 '대게 원조마을'임을 알리는 기념비[9]가 세워져 있다. 고려 29대 충목왕 때 정방필 영해부사가 수레를 타고 언덕을 넘어왔다고 하여 차유(車踰)마을이라 불리게 되었다는 이 마을은 앞바다의 수심이 깊고 바닥이 깨끗해 대게가 서식하기 좋은 조건을 갖추었다고 한다. 여기서 잡은 대게는 살이 꽉 차고 맛도 좋아 옛날 임금에게 올리는 진상품이었다는데, 설날 직후 잡히는 것이 가장 맛있다고 알려져 이맘때 사람들이 몰린다.

차유마을을 지나면 B코스의 마지막 해안길이다. 울창한 해송 숲길을 걷다 보면 모래 해변[10]이 나오면서 시야가 탁 트인다. 축산천을 가로지르는 현수교[11]를 지나면 죽도산 산책로 입구. 죽도산을 오르지 않아도 축산항으로 갈 수 있지만, 색다른 풍경을 보고 싶어 산길을 오른다. 검푸른 바다와 옹기종기 모인 집들, 축산항의 풍경이 한눈에 들어온다. 죽도산 등대[12]에서 나무계단을 따라 내려가면 축산항[13]이다. 뱃사람들로 북적이는 항구의 활기, 7번 국도에서는 체감하기 어려웠던 동해의 힘을 본다. 전 구간에서 일출을 감상할 수 있다는 점도 블루로드 B코스의 경쟁력이다.

갯바위 어우러진 바닷가 풍경이 끝나면 곧 축산항이다(9~10지점). ▶

고운 모래 해변 너머로 죽도산이 보인다(10~11지점).

블루로드

블루로드는 부산에서 동해안을 따라 고성에 이르는 약 700km의 '해파랑길(2014년 전 구간 개통 예정)' 중 영덕 구간이다. 2010년 3월에 개통됐으며, 강구항을 기점으로 '명사이십리'로 유명한 고래불해수욕장까지 약 50km 뻗어 있다. 마을 사람들과 영덕군이 기존의 샛길과 해안길을 새롭게 다듬어 만든 블루로드는 세 개의 코스로 나뉜다. 이중 가장 인기 좋은 길은 B코스다. A코스와 C코스도 전체적으로 걷기 편하며 볼거리가 많다. 마을마다 민박집 등 숙박시설이 많아 1박2일쯤 일정을 잡으면 다 걸을 수 있다.

A코스 강구항~고불봉~풍력발전단지~해맞이공원 / 17.5km, 6시간 소요
B코스 해맞이공원~석리~대게원조마을~죽도산~축산항 / 11.8km, 4시간 소요
C코스 축산항~봉수대~괴시리전통마을~고래불해수욕장 / 17.5km, 6시간 소요

문의전화 영덕군청 (054)730-6514   홈페이지 blueroad.yd.go.kr

추천음식

축산대게활어타운 '대게 요리'

대게 집산지인 강구항을 비롯해 영덕에는 수많은 대게 식당이 들어서 있다. B코스의 종착점인 축산항에도 꽤 식당이 많은데, 군의 지원을 받아 운영하고 있는 축산대게활어타운의 규모가 가장 크다. 대게가 제일 맛있을 때는 속살이 꽉 차는 3~4월. 가격이 조금 부담되지만 한번쯤 맛볼 만한 겨울 별미다.

위치 경북 영덕군 축산면 축산리 87-2 축산항 내
전화 (054)732-4019
영업시간 11:00~20:00
가격 대게 1마리 1만5천~3만 원
주차 가능, 무료

교통편

》》 찾아가기

대중교통 서울 동서울터미널에서 경북 영덕군 영덕시외버스터미널(054-732-7673)로 가는 시외버스가 있다. 영덕시외버스터미널 앞 버스 정류장에서 하루 6회 운행하는 축산항 방면 군내버스(054-733-9907)를 타면 B코스 시작점인 해맞이공원으로 갈 수 있다.

동서울터미널→영덕시외버스터미널 07:00~18:30(9회 운행)
영덕시외버스터미널→해맞이공원 09:30 11:00 13:10 14:30 16:30 18:20
승용차 해맞이공원 주차장 이용, 무료

《《 돌아오기

축산항 버스 정류장에서 하루 6회 운행하는 영덕읍내 방면 군내버스를 타고 영덕시외버스터미널에서 내린다. 중간에 해맞이공원을 경유해서 간다.

축산항(해맞이공원 경유)→영덕시외버스터미널 11:00 13:00 15:00 16:00 17:20 19:00
영덕시외버스터미널→동서울터미널 06:40~18:40(9회 운행)

알아두기

숙박·식당·매점 코스 내 다수   **식수** 미리 준비   **화장실** 코스 내 다수

들를 만한 곳

영덕풍력발전단지

해맞이공원 맞은편에 위치한 영덕풍력발전단지는 대관령의 그것 못지않게 큰 규모를 자랑한다. 전망대에 올라 보면 풍력발전기와 어우러진 바다 풍경이 특히 아름답다. 해맞이공원과 함께 일출 명소로도 잘 알려져 있다. 풍력발전단지의 이곳저곳을 둘러볼 수 있는 산책로가 나 있고, 전시관, 오토캠핑장 등 부대시설도 잘 갖추었다.

위치 경북 영덕군 영덕읍 해맞이길 254
입장료 없음
주차 가능, 무료

부산 해운대구

갈맷길의 인기 구간 동백섬~구덕포 거리 8.2km, 소요시간 3시간~3시간 30분

폼 나게 걸어보는 한국의 골드코스트

9개 코스 20개 노선으로 정비된 갈맷길 중 인기가 높은 동백섬~구덕포 구간은 편한 운동화만 있으면 반나절쯤 짬을 내서 들러볼 수 있는 쾌적한 길이다. 동백섬 산책로에서 마천루 도시 해운대해수욕장과 월출 감상의 명소 문탠로드를 지나면 포근한 숲길이 이어진다.

갈맷길 해운대 구간에는 걷기 편하도록 나무를 깔아 길을 정비했나(3~4지점).

- **걷는거리** 8.2km
- **걷는시간** 3시간~3시간 30분
- **출발점** 부산 해운대구 우동 동백섬 입구
- **종착점** 부산 해운대구 송정동 구덕포 입구
- **난이도** 무난해요

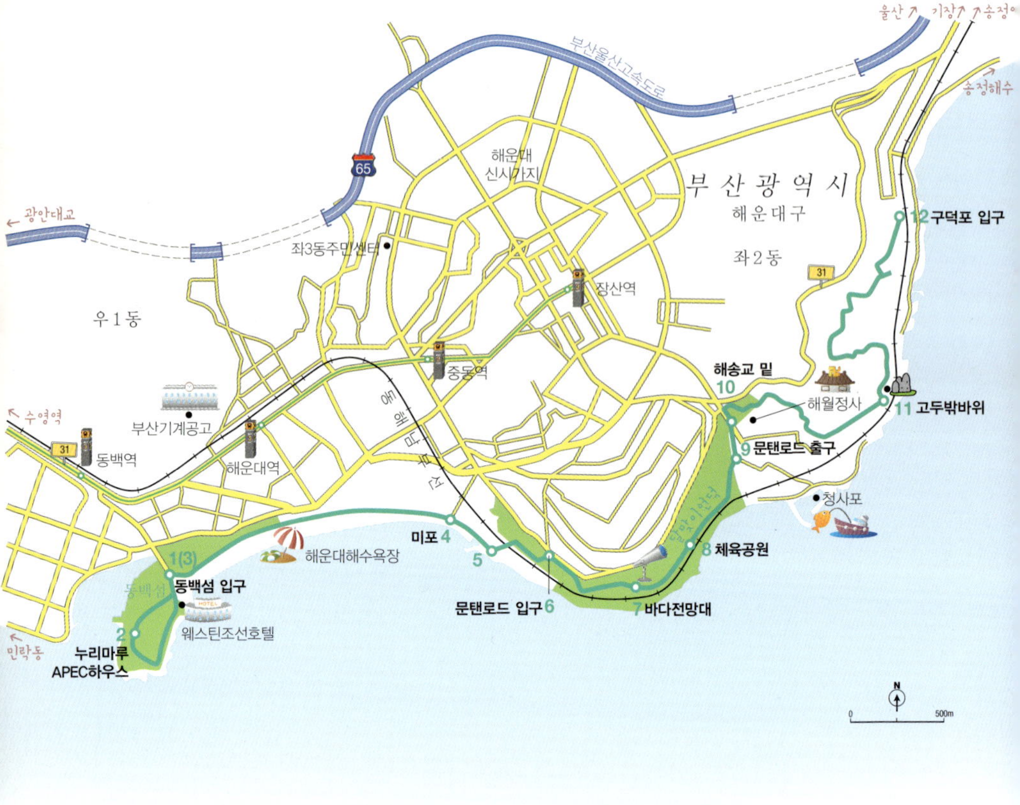

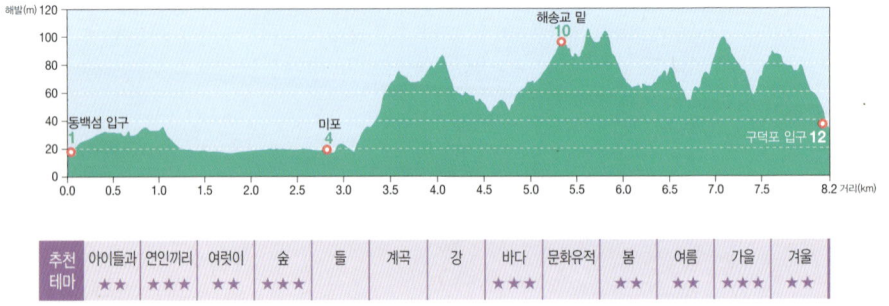

추천 테마	아이들과	연인끼리	여럿이	숲	들	계곡	강	바다	문화유적	봄	여름	가을	겨울
	★★	★★★	★★	★★★				★★★		★★	★★	★★★	★★

수영복 차림으로 해운대해수욕장 백사장을 뛰었거나, 술에 취해 달맞이언덕에서 비틀거렸거나, 동백섬에서 이른 아침 조깅을 했거나. 부산 사람이 아니어도 '갈맷길'에 머물러 본 경험은 한 번쯤 있을 것이다. 그 길이 갈맷길이었음을 아직까지 모르고 있다 해도.

갈맷길은 부산의 새인 '갈매기'와 짙은 초록색이라는 뜻의 '갈맷빛'에서 차용해 만든 조어로, '부산 갈매기(부산 사람)가 짙은 바다를 끼고 걷는 길'이라는 뜻이다. 해안과 산, 도심 등 부산의 정취를 느낄 수 있는 길 21개를 선정해 2010년 처음 소개했는데, 코스와 코스 사이가 끊어진 구간이 많아 연결성이 없던 것을 재정비해 이어 걸을 수 있도록 했다. 안전하지 못하거나 접근성이 떨어지는 구간을 빼서 연장거리는 줄었지만 부산 지리를 알지 못하는 외지인도 쉽게 걸어볼 수 있게 되었다.

섬이었으나 육지가 된 동백섬 동백섬 입구~영빈횟집[1~5]

새로 단장한 갈맷길 중 반나절쯤 가볍게 걸어볼 수 있는 구간, 편하고 아름다운 동백섬(2코스 중간)~구덕포(1코스 끝부분)를 걸었다. 작정하고 나선 걷기여행이 아니더라도 편한 운동화만 있으면 부산 간 김에 짬 내어 들러볼 수 있는, 혼자 떠난 출장길의 무료함을 달래기에도 적당한 길이다.

이후 지어진 어떤 호화 호텔도 이 호텔의 해운대 조망은 따라잡지 못한다는, 웨스틴조선호텔 뒤 동백섬 입구[1]에서 걷기 시작한다. 그 복잡한 부산국제영화제 때 그 예약 어려운 조선호텔을 잡아놓고 밤새 해운대 백사장에서 술 마시다 아침에 잠시

동백섬 입구에 있는 웨스틴조선호텔(1지점).

동해남부선의 철길. 해운대~송정 구간은 풍경이 아름다워 2014년 폐선 이후에도 관광열차가 계속 다닐 예정이다(7~8지점).

걸었던 동백섬. 조선호텔의 자랑인 해운대 조망 및 사우나는 즐기지 못했지만 싱그러운 바다 향기가 숙취 해소에 더없이 좋았던 추억도 함께 걷는다.

원래는 섬이었으나 하천의 퇴적작용으로 육지와 연결된 동백섬은 동백나무가 많아 이름도 동백이 되었지만 지금은 동백나무보다 소나무가 더 많다. 산책로 따라 섬을 한 바퀴 도는 데는 15분 정도 걸린다. 바다를 낀 숲길이 청량하고, 동백꽃이 필 때면 한 발 먼저 봄을 맞는 설렘도 맛볼 수 있다. 날씨 좋은 오전이라면 길 중간의 '누리마루 APEC하우스'[2] 맞은편 언덕으로 올라 티끌 하나 없는 바다가 햇살을 머금고 있는 감동적인 장면을 꼭 만나봐야 한다.

산책로만 따라서 돌면 동백섬 입구[3]로 되돌아오게 된다. 웨스틴조선호텔 옆길을 따라 바다 쪽으로 나서면 바로 해운대해수욕장이다. 한적하고 여유로운 휴양지에서 최고급 주택가로 변신한 모습이 호주 골드코스트를 닮아 있어 옛 시절의 추억을 반추하기에는 어색하지만, 스카이라인을 바꾼 마천루 도시

전원 풍경과 도심 풍경이 뒤섞인 청사포(9지점).

가 세계인의 주목을 받으며 성장하는 모습은 대견스럽다. 좀 더 많은 외국인들이 영화제나 모터쇼 참가를 위해서가 아니라 순수한 휴양을 위해 이곳을 찾으면 좋겠다는 생각을 하며 폼 나게 걸어본다.

1.5km의 해수욕장 산책로가 끝나면 횟집들이 늘어선 미포[4]다. 나비호텔(어빈횟집) 앞 사거리에서 해안도로를 따라 걷다가 영빈횟집[5] 간판이 나오면 왼쪽 언덕으로 올라가 횟집 주차장 뒤 철문을 통과해 철길을 건넌다. 실제 열차가 다니는 이 철길은 부산과 포항을 잇는 동해남부선. 2014년 이후 폐선될 운명이지만 바닷가 바로 옆으로 철도가 놓인 해운대역~송정역 구간은 레일바이크나 관광열차를 통해 아름다운 풍경을 계속 볼 수 있을 것이다.

철길 건너 텃밭 사이를 가로지르면 뜻밖의 풍경이 기다린다. 이곳만 시간이 멈추었는지, 좀 전에 지나온 해운대만 시간이 앞서갔는지 헷갈리는 대도시의 이면. 판잣집 사이로 어지러운 골목길을 지나는 동안 화려한 해운대해수욕장은 기억에서 아득히 멀어진다.

조명과 달빛이 하나 되는 저녁 산책 문탠로드~구덕포 입구[6~12]

미포와 청사포 사이, 카페와 갤러리가 들어찬 달맞이언덕(와우산) 일부 구간, 바다 편으로 차도를 비켜 조성된 문탠로드로 들어선다. 월출을 감상하기 좋은 장소여서 '선탠'처럼 '문탠'이라고 했다는데, 대한팔경의 하나로 꼽혀온 명승지에 국적 불명의 외래어를 이름으로 붙여야 했나 싶어 마음이 불편하다. 2.2km의 순환형 코스에는 저녁에 달맞이하며 걸을 수 있도록 조명(일몰 ~23:00, 05:00~일출)을 설치해 놓았다. 입구[6]로 들어서면 평탄하고 조용한 소나무길이 이어진다. 바다 쪽에서 밀려온 오후 햇살이 은은하고 아늑하다. 문탠로드는 꽃잠길, 가온길, 바투길, 함께길, 만남길 순으로 연결되지만 갈맷길에서는 직선으로 숲을 빠져나간다. 바다 쪽으로 데크와 정자가 놓인 바다 전망대[7], 배드민턴장이 있는 체육공원[8]을 차례로 지나 출구[9]로 나오면 끝난다.

문탠로드 입구에 펼쳐지는 조용한 소나무 길(6지점).

구덕포 가는 길에 지나는 숲(10~11지점).

문탠로드 출구에서 왼편으로 주택가 이면도로를 걸어 올라가면 큰길이다. 횡단보도 건너편의 이정표를 따라 '구덕포' 방향으로 가면 해송교 밑[10]에서 다시 숲길이 시작된다. 겨울에도 추위에 큰 부담 없이 걸을 수 있는 따뜻한 숲길로, 보드라운 흙의 감촉을 찬찬히 음미하며 나긋하게 걷기 좋다. 연결성이 떨어지는 청사포가 재정비 때 코스에서 빠져 포구의 매력을 체험하지 못하는 게 아쉽기는 하지만 코스 전반에서 절제된 일관성이 느껴지기도 한다. 갈림길이 나오면 나뭇가지 등에 걸려 있는 리본으로 방향을 잡으며 아무 것에도 방해받지 않는 나만의 산책을 즐긴다.

그렇게 한참 걸으면 언덕 아래로 송정 앞바다가 시원하게 펼쳐지는 고두밤바위[11]다. 여러 갈래 길이 보이지만 맨 왼쪽 길로 가면 된다. 한국의 골드코스트에서 동백꽃 향기와 함께 시작한 길은 어느새 시골 어촌 같은 구덕포를 코앞에 두고 있다. 능선에서 구덕포로 이어지는 내리막길 시작 지점에 있는 체육공원에서는 송정해수욕장과 그 일대 풍경이 장쾌하게 펼쳐진다. 숲이 끝나면 철길(동해남부선)이 바로 옆에 있는 구덕포 입구[12]. 기억의 창고에 묻혀 있던 부산의 추억들을 갈맷길에 차곡차곡 쌓아두고 다시 일상으로 돌아간다.

늦가을 텅 빈 송정해수욕장. 부산의 바닷가 중에서도 물빛이 맑기로 유명하다(12지점).

🍴 추천음식

신흥관 '사천짜장면'

해운대에서 가장 처음으로 '식당 등록'을 했다는 중국 음식점 신흥관. 개업이 1954년이니, 지금과 같은 자리인 해운대시장 입구에서 영업한 역사가 근 60년에 달한다.

역사를 앞세워 요란하게 실내를 치장한 것도 아니고 '차이니즈레스토랑'식의 이름을 내세워 값비싼 메뉴를 파는 것도 아니다. 오래전부터 지금까지 '중국집'답게 사람들이 즐겨 찾는 짜장면, 짬뽕, 탕수육과 같은 평범한 메뉴들을 '맛있게' 만들어 판다. 좀 특별한 메뉴를 맛보려면 사천짜장면이 있다. 단순히 매운 맛을 내는 검은색 짜장면이 아니라 실제 색도 붉다. 밝은 주황빛을 내는 짜장은 매콤하면서도 살짝 단맛이 난다.

위치 부산시 해운대구 중1동 1394-32
전화 (051)746-0062
영업시간 09:30~21:30
가격 사천짜장 6천 원, 짜장면 4천 원, 탕수육 2만~3만 원
주차 불가능

교통편

》 찾아가기

대중교통 서울역에서 부산역(1544-7788)으로 가는 열차, 서울고속버스터미널과 동서울터미널에서 부산종합버스터미널(1577-9956)로 가는 고속버스를 이용할 수 있다. 부산역에서는 해운대 방면 버스(1003번, 139번 등)를 이용하면 편리하고, 부산종합버스터미널에서는 지하철(노포역-연산역-수영역-해운대역)을 타는 것이 낫다.

서울역→부산역 05:30~23:00(수시 운행)
서울고속버스터미널→부산종합버스터미널 06:00~02:00(20~40분 간격)
동서울터미널→부산종합버스터미널 06:30~23:50(1시간 30분 간격)
부산역→동백섬 04:20~22:20(7분 간격)
부산종합버스터미널→동백섬 05:10~23:33(4~8분 간격)

승용차 동백공원 주차장 이용, 무료

《 돌아오기

송정해수욕장에서 부산역으로 갈 때는 버스(1003번)를 이용하고 부산종합버스터미널로 갈 때는 버스(100번)를 타고 장전역에서 내린 후 지하철로 환승해 노포역까지 간다.

부산역→서울역 04:45~22:50(수시 운행)
부산종합버스터미널→서울고속버스터미널 06:00~02:00(30분 간격)
부산종합버스터미널→동서울터미널 06:30~23:50(1시간 30분 간격)

알아두기

숙박 해운대 일대 숙박업소
식당·매점 해운대 일대, 송정해수욕장 일대
식수 미리 준비
화장실 동백섬(1지점), 해운대(3~4지점)

들를 만한 곳

해동용궁사

부산에서는 오래전부터 '아들 낳게 해준다'는 효험(?)으로 잘 알려진 사찰. 절이 보통 산자락에 있는 것과 달리 해동용궁사는 송정해수욕장에서 기장군 사이 해안가에 있다. 고려 공민왕시절 혜건스님이 보문사라는 이름으로 창건한 것으로 알려진다. 해동용궁사라는 지금의 이름은 1970년대 들어서 개칭한 것.
높은 곳에서 보면 마치 바다 안에 사찰이 들어선 것처럼 보일 정도로 주변 풍경이 아름답다. 사찰 내에는 기도하는 사람의 소원 한 가지는 꼭 들어준다고 하는 해수관음상과, 배를 만지면 아들을 낳을 수 있다는 득남불이 있다.

위치 부산 기장군 기장읍 시랑리 416-3
전화 (051)722-7744
개장시간 04:00~일몰
입장료 없음
주차 가능, 1일 2천 원

자갈치시장 · 용두산공원

부산에 가본 적 없어도 이름은 다 들어봤을 부산의 명소가 자갈치시장과 영화 〈친구〉 촬영지인 국제시장이다. 이 일대는 부산의 대표적 번화가인 남포동으로, 그 중심에는 멋진 광안대교 야경을 볼 수 있는 용두산공원과 부산타워가 있다.
자갈치시장은 일제강점기인 1930년에 현재 위치인 부산항 서쪽 남항에 터를 잡은 후로 한국 어시장의 대명사처럼 발전했다. 얼핏 생선이름을 연상케 하는 '자갈치'는 시장 주변의 도로에 깔았던 '자갈'에서 유래된 것이다. 시장 내 회센터에 가면 1층에서 횟감을 구입해 2층에서 자리 값을 내고 회를 먹을 수 있다. 광어나 우럭 같은 횟감은 2인 기준 3만 원선. 용두산공원은 높이 50m가 채 되지 않는 낮은 언덕에 조성한 것으로 일제강점기 때 일본인들이 본격적으로 공원화했다. 지금은 명성이 예전 같지 않지만 한때는 부산과 남포동 상권을 상징하는 장소였다. 부산타워로 향하는 길에는 은행나무가 많이 있어 가을이면 온통 노랗게 물든다.

자갈치시장
위치 부산 중구 남포동4가 37-1
전화 (051)245-2594
주차 가능, 10분 300원, 1일 2만 원

용두산공원
위치 부산 중구 광복동2가 1-2
전화 (051)860-7820
개장시간 08:30~22:00(여름), 09:00~22:00(겨울)
입장료 (부산타워)성인 2천 원, 청소년 1천500원, 어린이 800원
주차 가능, 1시간 2천 원

경남 남해군

남해 바래길 1코스 다랭이 지겟길 거리 14.4km, 소요시간 6~7시간

질박한 섬과 길의 오랜 여운

작은 포구에서 출발해 산비탈에 일군 다랑논을 지나 긴 해안을 따라 길이 이어진다. 남해 아낙들이 가족을 위해 갯벌로 해산물을 채취하러 나가던 '바래'에서 이름을 가져온 남해 바래길, 그 첫 코스인 다랭이 지겟길에는 질박한 섬 풍경과 섬 사람의 삶이 녹아있다.

평산항에서 평산2항으로 가는 길. 산비탈은 모두 다랑논으로 개간되어 있다(2~3지점).

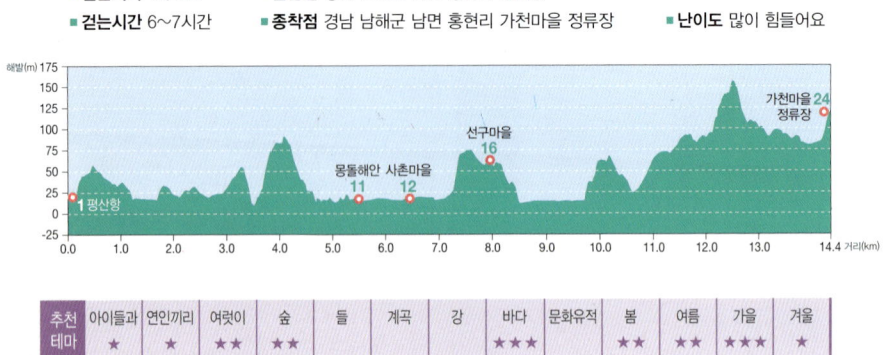

- 걷는거리 14.4km
- 걷는시간 6~7시간
- 출발점 경남 남해군 남면 평산리 평산항
- 종착점 경남 남해군 남면 홍현리 가천마을 정류장
- 난이도 많이 힘들어요

추천 테마	아이들과	연인끼리	여럿이	숲	들	계곡	강	바다	문화유적	봄	여름	가을	겨울
	★	★	★★	★★				★★★		★★	★★	★★★	★

1973년 남해대교를 통해 육지와 연결되었지만 여전히 섬의 정취를 간직한 경남 남해군. 소백산맥이 남해안까지 이어져 육지와 가까운 바다에 솟아난 이 섬은 제주, 거제, 진도, 강화에 이어 국내에서 다섯 번째로 크다.

농사짓기 좋은 평야가 부족해 남해 사람들은 산비탈마다 다랑논과 조그만 밭을 일궜다. 그래도 양식이 부족했던 바닷가 아낙들은 갯벌로도 나서야 했다. 역설적이게도 이런 고된 일상의 흔적이 남해의 독특한 풍경이 되었고 지금의 남해 바래길을 만들었다.

평산항이 있는 남쪽 해안을 시작으로 남해와 연결된 또 다른 섬인 창선도의 북쪽까지 약 120km, 8개 코스(3코스 구운몽길, 8코스 진지리길은 2012년 말 개통)로 구성한 남해 바래길을 걸으면 남해의 여러 표정을 볼 수 있다. 알 수 없는 쓸쓸함이 가득하던 작은 포구, 골목길의 색 바랜 담벼락, 포구에서 혼자 장난치며 놀던 횟집 고양이, 심드렁하게 농작물을 다듬던 마을 할머니, 어김없이 텃밭을 일군 고개, 언제나 시야를 가득 채우는 바다. 1코스 다랭이 지겟길을 걸으며 접한 남해의 여운이 길고 길다.

저를 데려가지 마세요 평산항~몽돌해안[1~11]

남해 바래길 1코스 '다랭이 지겟길'의 시작은 남해 남면의 작은 항구 평산항[1]이다. 보건소, 숙박시설, 바래길을 상호로 쓴 횟집이 있는 바닷가 마을의 작은 포구로, 거창하게 붙인 '항'이라는 이름이 어울리지 않은 옷처럼 느껴진다.

포구에서 큰 도로로 나가는 길목에는 '남해 바래길 1코스 다랭이 지겟길' 안내판이 있다. 골목길을 따라 원색지붕을 얹은 낡은 집들을 지나서 언덕으로 오른다. 마을을 지나면 고추, 고구마를 심은 텃밭이 가득하고 온 사방이 바다로

평산항에서 언덕을 오르면 남해의 바다와 산이 한눈에 들어온다(1~2지점).

둘러진 고갯마루. 길바닥에 화살표가 그려진 삼거리[2]를 지나 언덕을 넘어가면 평산항보다 더 작은 포구인 평산2항[3]에 도착한다.

 짧은 해변을 지나면 길이 막혀, 숲[4]으로 우회해 유구마을로 향한다. 집이 스무 채도 되지 않을 것 같은 이 작은 마을은 집보다 넓은 다랑논이 곳곳에 자리했다. 마을을 통과하면 시멘트길 삼거리[5]에서 바다가 보이는 오른쪽으로 간다. 헷갈리기 쉬운 길목에 이정표가 제대로 설치되어 있지 않은 점은 꽤 아쉽다. 바다 쪽으로 갈 것 같던 길은 또 언덕을 향하고 바다와 절벽으로 주변이 막힌 곳에 도착한다. 최근에 지은 듯 번듯한 민가 한 채만 있는 이곳에서 포장도로가 아닌 민가 맞은편 숲[8]으로 발걸음을 돌린다.

 인적 드문 숲은 길이 좁고 어른 키 높이로 나뭇가지가 어지럽게 자라 걷기 불편하다. 한동안 숲을 지나자 주변이 밝아지면서 산중에 닦은 시멘트포장도로[9]로 이어진다. 여기서 왼쪽으로 방향을 돌렸다가 반사경 뒤로 난 숲으로 들어가면 된다. 지나온 숲과 달리 깔끔한 길이 고맙다. 곧 바다. 컨테이너 건물 옆으로 나온 해안과 대숲[10]을 잠시 거치면 몽돌해안[11]이 기다린다. 모래 대신 검고 반질반질한 돌멩이가 해안을 덮은 곳으로 '저를 데려가지 마세요'라는 안내문이 군데군데 서 있다. 유출을 막기 위해 애교 섞인 문구까지 동원하는 소중한 몽돌이지만 정작 몽돌해안은 걷는 것으로만 치면 힘이 배로 드는 '난코스'다.

바다에 그린 돌산도 수묵화 사촌마을~가천마을 정류장[12-24]

몽돌해안이 끝나면 사촌마을[12]이다. 반달처럼 둥그렇게 휘어진 해수욕장이 넓고 슈퍼마켓, 민박집, 화장실 등 편의시설도 곳곳에 있는 사촌마을은 다랭이지겟길에서 가장 큰 마을이다. 바닷가 평상에 앉아 잠시 쉬는 시간이 무척 여유롭다. 이 한적한 곳도 여름 휴가철이면 사람들로 붐빌까.

마을을 지나 잠시 포장도로[13]를 거치기도 하고 숲, 바닷가 그리고 다시 어느 마을로. 다랭이 지겟길은 같은 패턴으로 계속된다. 달라진 것이 있다면 선구마을[16]에서 항촌마을[19]로 가는 동안 전망 좋은 고개를 점령한 펜션들뿐으로, 바다를 한눈에 내려다볼 수 있는 산중턱 집들은 펜션으로 완전히 변했거나 바뀌는 중이다. 항촌마을에서 큰길[20]로 나와서는 남해 바래길 깃발이 보이는 길 건너편으로 넘어간다. 산허리의 시멘트도로를 걷는 길에서 보는 바다는 아련할 정도로 넓고 그 끝에는 수평선과 여수 돌산도의 실루엣이 수묵화처럼 그려져 있다.

남해 바래길 화살표(9~10지점).

다랭이 지겟길에서 가장 번화한 사촌마을과 앞바다(12~13지점).

　시멘트도로는 이내 가파른 숲길로 바뀌고 느닷없이 나타난 펜션 옆을 통해 아스팔트포장도로[21]로 나간다. 다랭이 지겟길이 끝나는 가천마을이 멀지 않다. 도로를 따라 왼쪽으로 조금 가면 나오는 가천마을 입구[22]로 들어서면 다랑논 사이에 마을이 들어앉은 것인지 마을 주위로 다랑논이 개간된 것인지 구분이 안 될 정도로 독특한 모습의 가천마을이 한눈에 들어온다. 아득한 바다를 앞마당처럼 둔 산비탈의 작은 동네 가천마을은 전체가 '동화 속 나라'다. 담벼락과 지붕마다 그림이 그려져 있고 골목길 입구마다 예쁜 이정표가 서 있다. 가천마을의 독특한 풍경은 로케이션 매니저의 눈에 띄어 〈인디안 썸머〉, 〈맨발의 기봉이〉와 같은 영화의 촬영지로 쓰였다.

붉은색 포장도로가 깔린 사거리[23]에서 가천슈퍼 방향으로 가면 마을을 구경할 수 있다. 마을에서 다시 차도 쪽으로 오르면 코스의 종착지인 가천마을 정류장[24]. 텅 빈 바다를 등 뒤에 두고 텅 빈 정류장에서 언제 올지 모르는 버스를 기다리고 있자니 시간이 그대로 멈춘 것만 같다.

가천마을(다랭이마을)의 이정표. 개성 넘치는 집 이름들이 재미있다 (23~24지점).

가천마을로 가는 산중 포장도로에서 본 풍경. 할아버지 혼자 책임지기에는 논과 밭이 너무 넓어 보인다(20~21지점).

남해 바래길　**139**

추천음식

만영식당 '멸치쌈밥'

멸치볶음이나 육수용으로 쓰이는 멸치는 1년생 이하의 작은 것이지만 남해안에서는 어른 손가락만한 멸치로 음식을 만들어 먹는다. 남해군 삼동면으로 가면 우리가 알던 멸치와는 다른 멸치로 만든 음식을 맛볼 수 있다. 최근에 남해를 대표하는 음식으로 자리 잡은 멸치쌈밥. 고춧가루와 고추를 넣어 얼큰하게 양념한 국물에 통멸치를 넣고 조린 후 상추나 깻잎에 싸서 먹는데, 비리지 않고 두툼하게 씹히는 멸치가 구수하다. 막걸리 곁들여 멸치회무침 한 접시 비워도 배부른 여행이 된다.

어느 식당이든 맛은 대동소이. 삼동면 지족리 어촌체험마을 주변에 있는 만영식당이 깔끔한 편이다.

위치 경남 남해군 삼동면 지족리 543-1
전화 (055)867-4767
영업시간 11:00~21:00
가격 멸치쌈밥 1인분 8천 원(2인 이상), 멸치회무침 2만~3만 원
주차 가능, 무료

교통편

》 찾아가기

대중교통 서울남부터미널, 동서울터미널에서 남해공용터미널(055-864-7102)로 가는 고속버스가 있다. 남해공용터미널에서 평산항을 경유하는 군내버스를 이용한다.
서울남부터미널→남해공용터미널 07:10~21:50(수시 운행)
동서울터미널→남해공용터미널 09:00
남해공용터미널→ 평산항 07:00 07:45 09:30 10:40 12:25 14:55 16:35 18:35 20:15
승용차 평산항 공터에 주차, 무료

《 돌아오기

가천마을에서 남해공용터미널로 가는 군내버스를 이용한다.
가천마을→남해공용터미널 08:10 08:50 10:30 11:40 13:40 14:40 17:45 19:30
남해공용터미널→서울남부터미널 07:00~19:00(1시간 간격)
남해공용터미널→동서울터미널 16:20

알아두기

숙박 독일마을, 평산항, 남해공용터미널 일대
식당·매점 평산항(1지점), 사촌마을(12지점), 가천마을(24지점)
식수 미리 준비
화장실 평산2항(3지점), 가천마을(22~23지점)

들를 만한 곳

독일마을

독일마을은 1960년대 독일로 파견되었던 한국인 광부·간호사 교포들이 귀국해 정착할 목적으로 만들어진 뒤 남해 관광의 대표적인 명소가 되었다. 29개 동의 집들은 모두 독일에서 자재를 수입해 지었다. 바다를 앞마당 삼은 예쁜 집들이 아름답고 이국적인 풍경을 그려낸다. 마을 내에는 바다를 바라보는 테라스에서 커피와 맥주를 마실 수 있는 카페도 있다. 가족 단위 관광객을 대상으로 민박도 운영한다. 독일마을 홈페이지에서 예약 가능하며 13평, 15평, 20평의 객실 중 선택할 수 있다.

위치 경남 남해군 삼동면 물건리 독일마을 1133
전화 (055)867-1337
홈페이지 www.germanvillage.co.kr
숙박요금 14만3천~22만 원(성수기 주말 기준)
주차 가능, 무료

경남 사천시

이순신 바닷길 4코스 실안노을길 거리 8.1km, 소요시간 3시간~3시간 30분
눈이 멀 만큼 황홀한 노을이 지네

실안노을길에서는 전국 9대 일몰로 선정된 아름다운 노을을 만나야 한다. 죽방렴에서 펄떡이는 삶의 현장을 둘러보며 해 질 무렵을 기다려도 좋다. 실안 해변을 지나 삼천포대교를 걸어서 건너 작고 평화로운 바닷가 마을, 늑도에서 여정을 마무리한다.

ⓒ사천시청

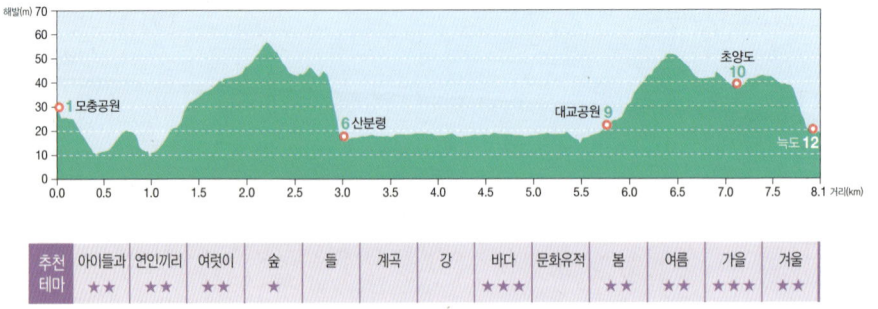

- 걷는거리 8.1km
- 걷는시간 3시간~3시간 30분
- 출발점 경남 사천시 송포동 모충공원
- 종착점 경남 사천시 늑도동 늑도
- 난이도 무난해요

추천 테마	아이들과	연인끼리	여럿이	숲	들	계곡	강	바다	문화유적	봄	여름	가을	겨울
	★★	★★	★★	★				★★★		★★	★★	★★★	★★

죽방으로 잡은 고기, 개불처럼 잘 알려진 특산품도 이 마을의 자랑거리지만, 경남 사천시 실안마을이 내세우는 또 하나의 명물은 '낙조'다. 저녁 무렵 바닷가에서 바라본 바다 풍경이 워낙 아름다워 2000년 한국관광공사가 '전국 9대 일몰'의 하나로 꼽았을 정도다.

새벽 조깅코스에서도, 저녁 퇴근길에도, 일상에서 무심히 만나는 것이 노을이고, 바다나 산을 휘감아 내리면 도심의 탁한 노을보다 청명한 건 당연지사일 터인데, 실안마을의 노을에는 어떤 특별함이 숨어 있을까.

해안 따라 걷다가 만나는 노을 모충공원~산분령[1~6]

코스의 시작은 바다가 내려다보이는 모충공원[1]이다. 충무공 이순신의 공덕을 기리기 위해 조성한 작은 공원으로, 지형이 거북이 등을 닮았다고 하여 '거북등'이라고도 부른다. 공원을 덮은 소나무 숲이 울창해 분위기가 아늑하다.

모충공원을 둘러보고 해안도로를 따라 걷기 시작하면 사천만이 한눈에 들어

해안도로에서 본 작은 포구(1~2지점).

산분령까지는 해안도로를 따라 걸어야 한다(1~2지점).

오고, 오른쪽으로 멀리 사천대교가 보인다. 드문드문 만나는 식당들을 지나다 보면 아담한 포구에 자리 잡은 삼천포 마리나[2]에 도착한다. 파도가 거의 없는 내만이라 해양스포츠를 즐기기에 알맞은 곳. 바다 건너로는 사천의 숨은 비경인 비토섬이 펼쳐져 있다.

오르막 도로를 조금 더 걸으면 영복마을[3]이고, 해안도로를 따라 10분 정도 더 가면 영복마을 쉼터[4]다. 마도, 저도, 초양도, 늑도 등 작은 섬들이 바람에 흔들리듯 유유자적하는 한려해상의 풍광으로 두 눈을 닦아내고 운동화 끈도 바짝 조여 본다. 실안해안로로 들어설 준비를 도와주는 고마운 쉼터다.

모충공원에서 출발해 계속 걸었던 도로를 벗어나면 바닷가 마을의 입구, 해안관광로 쉼터[5]와 만난다. 좁은 골목길을 따라 바다 쪽으로 100m쯤 내려가면 산분령[6] 마을. 작은 포구에는 손질한 생선이 빨랫줄에 정갈하게 널려있다. 도시가 고향인 사람에게도 근거 없는 향수를 불러일으키는 풍경이다.

마을을 지나면 해안로가 바다와의 간격을 좁혀 바다 바로 옆으로 나란히 이어진다. 바다처럼 푸르른 자유를 만끽하며 활기차게 걸을 수 있는 해안로지만,

여기서부터 죽방렴을 지나 삼천포대교 입구에 이르기까지 길 어디쯤에서 일몰을 만나야만 한다. 그래야 이름까지 노을길로 붙여진 실안마을 노을의 진수를 느낄 수 있다. 아직 해가 중천이라면 죽방렴에서 펄떡이는 삶의 현장을 체험하며 저녁을 기다려도 좋다.

실안의 저녁 해는 대장간의 불꽃처럼 노랗게 타오르며 바다와 섬, 길과 사람을 물들이고, 절정에 이르면 붉은 열정을 태우며 사라진다. 시인 강정이는 '아! 일몰이다. 저 장관에 실안(失眼)된다 하던가'라며 눈이 멀 만큼 황홀한 실안의 노을을 노래했고, 남해에서는 보기 힘든 일몰 풍경에 여행객들은 생전 처음 보는 해인 양 빛깔인 양 감흥에 젖어들다가 그 뜨거운 열정을 고스란히 넘겨받아 삶의 의지를 다지게 된다.

실안노을길의 또 다른 명소인 죽방렴에서는 길이 10m 정도의 나무를 갯벌에 박은 뒤 주렴처럼 엮어 만든 그물을 조류가 흘러오는 방향으로 벌려 놓고 물이 들 때 들어오는 고기를 가두어 잡는다. 힘찬 장어와 싱싱한 멸치, 멸치비늘 냄새를 맡고 몰려든 반짝이는 감성돔 등 다양한 해산물을 최고의 상태로 선물해주는, 펄떡이는 정기가 전달되는 삶의 현장이다. 특히 죽방렴 멸치는 최고의 지역 특산품으로 인기가 높아 비싼 값에 팔린다.

작은 섬 초양도를 징검다리 삼아 바다를 가른 삼천포대교(7~8지점).

삼천포대교 야경(9지점). ⓒ사천시청

삼천포대교를 걸어서 건너 늑도로 선창마을~늑도[7~12]

짧은 정 떼지 않으려고 따라붙는 노을을 등 뒤에 남기고 발길을 옮기면, 섬도 바다도 마을도 어둠에 잠겨 시야에서 희미해질 무렵 비로소 삼천포대교가 깨어난다. 선창마을[7]에 들어서면 대교가 성큼 가까워지고, 대교공원 입구[8]까지 가면 카메라 앵글에 다 담을 수 없을 만큼 커진다. 해안도로 위쪽, 정자 옆의 포토존으로 가면 한려해상국립공원과 삼천포대교를 가장 멋지게 조망할 수 있다.

　까만 밤에 리듬을 타며 빛나는 삼천포대교의 조명은 '한국에서 가장 아름다운 길 100선'에서 대상을 차지한 창선·삼천포대교에 낮과 다른 새 얼굴을 만들어 주는 마술과도 같다.
　대교공원[9]에 다다르면 삼천포대교 바로 앞에서 해안도로가 끝난다. 대교공원에는 특산물판매장, 야외무대, 관광안내소, 유람선 선착장 등이 들어서 있고, 해맞이축제와 세계타악축제가 열려 인근에 조성된 위락시설과 함께 관광객들을 맞이한다. 대교 밑에는 임진왜란 때 군인들의 훈련장과 휴식처로 이용되었던 대방 군영숲이 있어 팽나무와 느티나무가 군락을 이루고 있다.

삼천포대교를 걸어서 건너는 경험은 하늘과 바다가 서로 이어진 한가운데를 가르는 듯 특별하지만, 거센 바닷바람과 빠른 속도로 달리는 자동차 때문에 위험이 따르므로 주의가 필요하다. 주황색 아치 아래를 지나면 삼천포대교의 징검다리 역할을 하는 초양도[10]에 다다르고, 여기서 5분 정도 더 걸으면 늑도 입구[11]다. 도로를 벗어나 포구 쪽으로 내려가면 작고 평화로운 바닷가 마을, 늑도[12]가 모습을 보인다.

길이 970m, 너비 720m, 면적 46㏊의 작은 섬, 늑도는 철기시대 해상 국제무역의 흔적이 남아있는 유적지로, 사적 제450호인 대형 패총이 형성되어 있다. 출토된 유물을 전시할 전시관 건립을 추진 중이다. 하지만 작은 섬의 유구한 역사에는 무심한 듯, 흰색과 빨간색 두 등대가 마주보는 방파제에서는 낚시꾼들이 한가로이 찌를 드리우고 있고, 동네 강아지들만 무언가에 신이 난 듯 포구를 이리저리 뛰어다니고 있다.

오던 길을 더 걸어 늑도를 지나면 남해군 창선면으로 연결되는 창선교가 이어지지만, 이번 코스는 창선·삼천포대교라는 그림엽서의 반만 걷고 뒤돌아가듯 여기서 끝난다.

삼천포대교를 걷다가 늑도로 들어선다. 늑도는 작고 평화로운 바닷가마을이다(12지점).

🍴 추천음식

파도한정식 '정식'

삼천포항 서부도매시장 뒤편 골목길에 자리한 작은 식당. 이곳에서 파는 정식은 해산물 여러 종류가 포함된 것으로 양과 맛, 그리고 싼 가격 덕분에 '알찬' 식당으로 알려졌다.
정식을 주문하면 계절별로 많이 잡히는 6종류의 해산물, 8종류의 밑반찬, 밥과 국이 나온다. 해산물은 무침회, 뼈회, 조림 등으로 다양하게 조리해 나오며 혼자 먹기에는 양이 많은 편이다. 처음 알려질 무렵에는 정식 1인분이 8천 원이었는데 손님들이 많이 몰리고 해산물 가격이 올라 1만 원으로 올랐다.

위치 경남 사천시 서동 308-5
전화 (055)833-4500
영업시간 08:00~21:00
가격 정식 1만 원, 생선구이 1만~2만 원
주차 식당 앞 유료주차장, 2시간 1천 원

🚗 교통편

》 찾아가기

대중교통 서울남부터미널에서 사천시외버스터미널(1688-4003), 삼천포시외버스터미널(1688-3006)로 가는 고속버스를 이용할 수 있다. 삼천포시외버스터미널에서 광포 정류장(삼천포 마리나)를 경유하는 시내버스가 있다. 광포 정류장에서 모충공원까지는 걸어서 10분 거리.
서울남부터미널→사천시외버스터미널·삼천포시외버스터미널 07:00~23:30(수시 운행)
삼천포시외버스터미널→광포 정류장 05:32~21:18(20분 간격)
사천콜택시 (055)852-7000
승용차 모충공원 주차장 이용, 무료

《 돌아오기

초양도 휴게소 정류장에서 삼천포로 가는 시내버스를 이용한다.
초양도 휴게소 정류장→삼천포 06:00~21:00(20분 간격)
삼천포시외버스터미널→서울남부터미널 05:30~20:00(1시간 간격)
사천시외버스터미널→동서울터미널 05:50~23:10(1시간 간격)
도산콜택시 (054)856-1031

ℹ️ 알아두기

숙박 삼천포, 사천읍 일대
식당·매점 대교공원(9지점), 초양도(10지점)
식수 미리 준비
화장실 모충공원(1지점), 대교공원 입구(8지점), 초양도(10지점)

경남 창원시

거리 14.6km, 소요시간 4시간~4시간 30분

진해드림로드 장복 하늘마루 산길~천자봉 해오름길
꽃 피는 봄날 꿈길 밟아 오세요

> 진해드림로드는 군사용으로 쓰던 임도를 걷기코스로 정비한 것이다. 진해 시가지와 진해 앞바다가 한눈에 들어오고 오르내림이 심하지 않아 어느 때나 유쾌하게 걸을 수 있다. 특히 4월 왕벚꽃나무가 꽃망울을 터뜨리면 꿈꾸듯 걸을 수 있는 진짜 드림로드가 된다.

원래는 시였다가 2007년 지자체 통합으로 신분이 바뀐 경남 창원시 진해구는 벚꽃으로 유명한 곳이다. 이 지역의 성수기는 벚꽃이 피었다 지는 기간과 같다. 도시 전체가 분홍색으로 물들고 꽃비가 내리는 4월이 되면 전국에서 사람들이 몰려든다. 몽환적이라는 표현이 어색하지 않을 만큼, 1년 중 가장 아름다운 모습으로 도시가 변한다. 정작 진해 사람들은 진저리나는 교통체증 때문에 빨리 꽃이 지기를 바랄지 모르지만.

꽃구경이 아니라 사람구경, 자동차구경이라고 해도, 해마다 4월 전국에서 진해를 찾아오는 인파가 줄지 않는 것을 보면 정작 관광객들은 그런 불편을 아랑곳하지 않는 눈치다. 벚꽃이 그려내는 가장 아름다운 항구도시를 볼 수 있는 시기는 바로 이때뿐이기 때문이다.

대발령 내려가는 길을 환하게 밝힌 벚꽃(14~15지점). ▶

- 걷는거리 14.6km
- 걷는시간 4시간~4시간 30분
- 출발점 경남 창원시 진해구 태백동 진해구민회관
- 종착점 경남 창원시 진해구 장천동 대발령 만남의 광장
- 난이도 조금 힘들어요

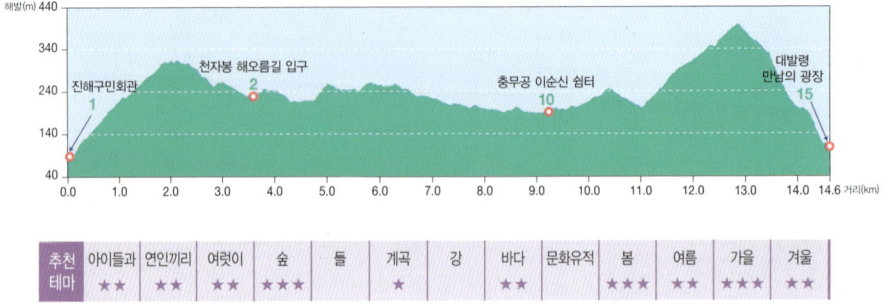

추천 테마	아이들과	연인끼리	여럿이	숲	들	계곡	강	바다	문화유적	봄	여름	가을	겨울
	★★	★★	★★	★★★	★			★★		★★★	★★	★★★	★★

154 Section 2 바다

도시와 바다가 한눈에 진해구민회관~장복 하늘마루 산길 종점[1~5]

진해에는 도시를 품고 있는 장복산, 천자봉, 봉동산의 산등성이를 따라 걷기 좋은 길이 이어져 있다. 원래는 군사용으로 쓰던 임도를 걷기코스로 정비해 만든 '진해드림로드'다. 진해 시가지와 진해 앞바다가 한눈에 들어오고 오르내림이 심하지 않아 '걷는 것'으로만 치면 1년 내내 좋지만 아름다움이 절정에 달하는 때는 4월이다. 임도에 있는 수많은 왕벚꽃나무가 꽃망울을 터트려 드림로드라는 이름처럼 꿈꾸듯 걸을 수 있을 정도로 눈부신 길이 된다.

진해드림로드는 장복 하늘마루 산길 · 천자봉 해오름길 · 백일 아침고요 산길 · 소사 생태길 4개 코스로 구성되어 있고 총 거리는 24.3km에 이른다. 곳곳에 쉼터, 화장실 등의 편의시설이 있고 갈림길마다 비교적 충실하게 이정표가 설치되어 있다. 다만 1~2코스인 장복 하늘마루 산길이나 천자봉 해오름길은 도심 내에 있어 쉽게 찾아갈 수 있는 반면 3~4코스 백일 아침고요 산길과 소사 생태길은 시 외곽에 있어 상대적으로 오가기가 불편하고 이전의 코스와 연결되지 않아 아쉬움을 남긴다. 드림로드 중에서 풍경이 아름답고 사람들이 많이 찾는 1코스 장복 하늘마루 산길과 2코스 천자봉 해오름길을 소개한다.

장복산 허리를 따라 뻗은 1코스 장복 하늘마루 산길(4~5지점).

드림로드 1코스 장복 하늘마루 산길이 시작 되는 장소는 '장복로 사거리'에서 걸어서 10분 거리에 있는 장복산 공원이다. 대중교통으로 찾아가기 불편하고 주차장이 따로 없어 승용차를 이용하기도 여의치 않은 편. 그래서 장복 하늘마루 산길 중간으로 합류할 수 있고 대중교통·주차 문제가 깔끔하게 해결되는 진해구민회관[1]을 출발장소로 삼는다.

'진해시민회관'이라고 말하는 이들도 많고 간혹 그렇게 적힌 자동차 표지판도 보이는데, 이는 진해시가 창원시의 한 구(區)가 된 지 그리 오래지 않아 남아 있는 문제다.

구민회관 주차장에 있는 '장복산 공원 안내도'에서부터 걷기 시작하면 산길이 이어진다. 울창한 편백나무 숲을 지나서 드림로드로 향하는 등산로는 경사가 제법 있어 힘든 편. 편백나무 숲에서 이정표가 없는 T자 삼거리[2]가 나오면 왼쪽 길을 택해 한동안 걷는다. '안민도로 2.5km'라는 이정표가 서 있는 임도 삼거리[3]에 도착하면 이제부터는 드림로드, 그중에서도 1코스 장복 하늘마루 산길이다. 오른쪽으로 방향을 잡아 드림로드 1코스와 2코스가 교차하는 안민고개로 향한다. 탁 트인 하늘, 널찍하고 편편한 길, 길 아래로 내려다보이는 시원한 풍경, 전형적인 임도다.

넓은 공터에 도착하면 정상에 정자가 있는 장복산 봉우리, '하늘마루'의 입구[4]다. 가던 길에서 잠시 벗어나 10분 정도 올라가면 나오는 하늘마루에서는 특히 청명한 날이라면 진해만과 그 뒤 거제도까지 볼 수 있다.

하늘마루 입구를 지나면 완만한 내리막이 계속된다. 임도 아래로 시원하게 펼쳐진 바다에서는 상쾌한 바람이 불어오고 그 속에서 알듯 모를 듯한, 봄과 벚꽃을 재촉하는 달콤한 기운이 느껴진다. 2km에 가까운 임도가 산간도로와 만나면 장복 하늘마루 산길의 종점[5]이다. 왼쪽으로 방향을 잡아 데크를 따라 '진해드림로드' 표석이 나올 때까지 걸어간다.

길 양옆 빽빽한 벚나무 천자봉 해오름길 입구~대발령 만남의 광장[6~15]

우거진 숲에서는 산새소리가 간간이 들리고 맑고 찬 공기가 가득한 산간도로의 데크 산책로는 상쾌하다. 몇 분 동안 걸어 터널 하나를 지나면 커피·라면·과자 등을 파는 안민고개 휴게소와 커다란 진해드림로드 표석이 나온다. 안민고개이자 천자봉 해오름길이 시작되는 입구[6]다.

평일 낮에도 진해사람들의 10분의 1은 여기에 있는 것이 아닐까 싶을 정도로 이 장소가 북적이는 가장 큰 이유는 고개 아래 아파트단지가 몰려 있기 때문이지만 또 다른 이유도 있다. 안민고개 일대는 진해 내에서도 유명한 벚꽃 명소다. 안민고개를 등지고 천자봉 해오름길을 걷기 시작하면 길 양쪽을 빽빽하게 채운 벚나무의 규모가 놀랍다.

바다를 바라보는 정자 모양의 전망대[7]를 지나고 임도를 따라 계속 걷는다. 2km 넘게 일직선으로 계속되던 임도가 잠시 끊어진 곳은 청룡사 입구[8]다. 산

진해와 창원을 연결하는 안민고개. 진해에서도 벚꽃이 아름다운 곳으로 손꼽힌다(5~6지점).

아래로 내려가는 길과 청룡사로 올라가는 길이 만나는 사거리로, '천자봉 해오름길 샘터'라는 이름의 약수터도 있어 목을 축이고 가도 좋겠다.

정면의 임도로 걸음을 이어간다. 비슷한 길과 풍경이 계속되는 임도이지만 걷다보면 산에서 내려오는 계곡에 작은 댐을 쌓고 그 주변을 작은 공원처럼 꾸민 '사방댐'[9], 시루봉 등산로 입구에 조성한 '충무공 이순신 쉼터'[10], 해병대 훈련장처럼 만든 '해병훈련체험 테마쉼터' 등 드림로드를 지나는 사람들을 위한 장소가 연달아 나온다. 특히 충무공 이순신 쉼터 주변의 산비탈에는 방화선(산불이 번지는 것을 막기 위한 공간) 역할을 하는 차밭이 있는데 안내문에 따르면 '시민 누구나 찻잎을 채취해서 사용할 수 있다.'

천자암 입구[12]까지 가면 지난 청룡사 입구처럼 임도가 잠시 끊어지는 사거리로, 전방으로 보이는 임도로 계속 걸어가면 된다.

드림로드는 점점 산 아래로 내려간다. 넓고 시원하게 내려다보이던 시가지가 한결 가까워지고 이정표에는 천자봉 해오름길의 후반부를 알려주는 지명 '만장대'가 등장하기 시작한다. 만장대는 천자봉 남쪽에 있는 넓은 마당처럼 생긴 봉우리로 천자봉 해오름길에서 등산로를 통해 연결된다.

2코스 천자봉 해오름길에 봄 냄새가 물씬하다(6~7지점).

길 양쪽에 벚나무가 가득하다. 걷기 좋은 임도는 코스 끝까지 이어진다(6~7지점).

    만장대 등산로 입구[13]를 지나치면 곧바로 Y자를 뒤집어 놓은 모양의 삼거리[14]가 나온다. 여기까지 오면 진해드림로드 2코스 천자봉 해오름길 종점인 대발령 만남의 광장이 지척이다. 이정표에 적힌 '대발령' 쪽으로 직진하면 임도 아래 2번 국도에서 들려오는 자동차 소음이 커지고, 진해만에서 바쁘게 돌아가는 STX 조선소가 선명하게 보인다.

    외길로 이어지던 임도에서 천자봉 해오름길 종점을 알리는 이정표가 보이고, 그 옆 안내문에는 진해드림로드라는 명칭이 2008년 4월 진해 시민을 대상으로 공모하여 선정한 것이라고 적혀 있다.

    내리막을 따라가다 2번 국도에 도착하면 15km에 가까운 진해드림로드 1~2코스가 끝난다. 대발령 만남의 광장[15]은 길 건너편으로 뻔히 보이는데 횡단보도가 없어 건너가 볼 수는 없다. 오른쪽으로 보이는 버스 정류장에서 진해시내로 돌아가는 버스를 탈 수 있다.

추천음식

국수향 '국수'

관광지라고 해서 꼭 '2인 이상 몇 만 원' 하는 음식을 먹을 필요는 없다. 그 지역이 아니면 맛볼 수 없는 특별한 음식이 있다면 얘기가 달라지지만, 전국 어디서나 먹을 수 있는 흔한 메뉴를 관광지라는 이유만으로 비싼 값 치르며 먹는 일이 유쾌할 리 없다.

관광지 진해에서 밥값이 부담될 때는 북원로터리 근방 깔끔한 국수집, 국수향을 찾아가 보자. 목조로 꾸민 실내는 깔끔한 분위기의 일본풍 선술집 같다. 저렴한 가격과 달리 국수와 김치, 깍두기 같은 반찬 모두 두툼한 놋그릇에 정갈하게 담아 전혀 '한 끼 때운다.'는 느낌을 주지 않는다. 국수 맛은 특별하다고 할 것까지는 없지만 딱히 흠잡을 데도 없다. 멸치로 육수를 낸 국물이 깔끔하고 잘 삶은 면이 부드럽게 넘어간다. 양배추를 넣고 매콤하게 무친 비빔국수는 입맛을 돋운다. 국수로 양이 부족하면 만두를 곁들여도 좋다.

위치 경남 창원시 진해구 도천동 8-19
전화 (055)547-9392
영업시간 11:00~20:00
가격 국수 4천 원, 비빔국수 4천500원, 비빔밥 5천 원, 만두 4천 원
주차 가능, 무료

교통편

》 찾아가기

대중교통 서울역에서 출발한 다음 창원중앙역에서 환승해 진해역(1544-7788)으로 가는 기차와 서울남부터미널에서 진해시외버스터미널(055-547-8424)로 가는 고속버스가 있다. 진해역과 진해시외버스터미널 앞 안의동 종점 정류장에서 150번, 160번 시내버스를 타면 진해구민회관으로 갈 수 있다.

서울역→창원중앙역→진해역 10:40 13:45
서울남부터미널→진해시외버스터미널 07:00~23:10(1시간~1시간 30분 간격)
진해역 · 안의동 종점 정류장(진해시외버스터미널)→진해구민회관 05:30~22:35(30분 간격)

승용차 진해구민회관 주차, 무료

《 돌아오기

만남의 광장 정류장에서 305번 시내버스를 타면 진해 시내를 거쳐 진해시외버스터미널로 갈 수 있다. 진해역으로 가려면 중앙동사무소 정류장에서 내려 10분 정도 걸어야 한다. 진해구민회관으로 가려면 만남의 광장 정류장에서 159번 시내버스를 탄다.

만남의 광장 정류장→진해역 · 진해시외버스터미널 06:01~23:25(20분 간격)
만남의 광장 정류장→진해구민회관 08:40~18:00(10분 간격)
진해역→동대구역 · 창원중앙역 · 창원역 · 밀양역→서울역 07:25 09:25 15:00 18:10
진해시외버스터미널→서울남부터미널 06:00~23:00(1시간 30분 간격)

알아두기

숙박 진해역 · 중원로터리 일대
식당 · 매점 진해구민회관(1지점), 안민고개 휴게소(6지점)
식수 청룡사 입구(8지점)
화장실 진해구민회관(1지점), 드림로드 내(4~5, 6~7, 9, 14지점)

들를 만한 곳

로망스 다리 · 경화역
군항제 때 인기 있는 장소. 여좌천 로망스 다리 주변은 왕벚나무가 많아 최고의 벚꽃 사진 포인트로 꼽힌다. 조명이 켜지는 밤 풍경도 황홀하다. 여좌천(진해구 여좌동)은 진해역에서 진해여고 방향 도보로 3분 거리에 있다.

오래되고 큰 벚나무가 많은 경화역의 봄도 아름답다. 벚꽃이 바람에 날리고 기차가 역을 통과할 때가 최고의 순간이다. 경화역(진해구 경화동)은 성주사역과 진해역 사이에 있는 간이역으로 경화시장 근방에 있다. 진해역에서 307번 시내버스를 타고 경화역 정류장에서 내리면 된다.

ⓒ창원시청

진해내수면환경생태공원
진해에서 사진 찍기 좋은 장소의 하나. 입구에서 가까운 저수지 안에는 인공 섬이 떠 있고 물가에 커다란 왕버들이 자라, 해질 무렵이면 신비로운 풍경으로 바뀐다. 저수지 둘레를 따라 산책할 수 있고 저수지에 사는 잉어 떼와 다양한 습지식물을 볼 수 있다.

위치 경남 창원시 진해구 여좌동 577-1　**전화** (055)548-2766
개장시간 06:00~18:00(3~10월), 07:00~17:00(11~2월)
입장료 없음　**주차** 여좌천 건너편 주차장 이용, 무료

경남 통영시

삼칭이해안길 거리 8.6km, 소요시간 2시간~2시간 30분
편하게 만나는 아름다운 통영 바다

삼칭이해안길은 통영 바다를 벗 삼아 걷는 길이다. 자동차 출입을 차단하고 산책로로 정비한 해안도로에서는 바다 저 멀리 떠 있는 한산도, 수천 년 동안 파도가 조각한 해안절벽을 구경할 수 있다. 걷는 내내 함께하는 통영의 바다가 평화롭고 싱그럽다.

하늘과 같은 색의 바다에 잔잔한 파도가 규칙적으로 밀려오고 요트 몇 척이 한가로이 떠 있다. 해안으로는 산책로가 이어진다. 도남동 금호충무마리나리조트에서 출발해 산양읍 영운리에 있는 조개양식장 부근까지 약 4.3km 거리의 삼칭이해안길이다. '삼칭이'는 길이 끝나는 영운리의 포구, 삼진포의 옛 지명이다.

미륵산을 등에 두고 양옆으로도 산봉우리가 자리한 삼진포는 천연요새 역할을 해 고려시대부터 왜구를 막기 위한 군사시설을 설치했다고 한다. 영운리라는 현재 지명은 일제강점기 때 바뀐 것. 삼칭이해안길을 걸으면 항구도시 통영의 해안 풍경을 안전하고 편하게 즐길 수 있다. 왕복 10km가 넘지 않을 만큼 거리가 짧은 것도 빼놓을 수 없는 장점이다.

- 걷는거리 8.6km
- 걷는시간 2시간~2시간 30분
- 출발점 경남 통영시 도남동 금호충무마리나리조트
- 종착점 경남 통영시 도남동 금호충무마리나리조트
- 난이도 쉬워요

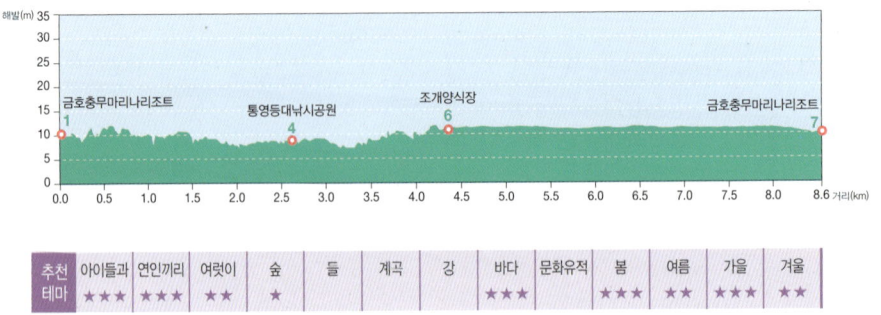

추천 테마	아이들과	연인끼리	여럿이	숲	들	계곡	강	바다	문화유적	봄	여름	가을	겨울
	★★★	★★★	★★★	★				★★★		★★★	★★	★★★	★★

깨끗한 바다에 요트가 한가로이
금호충무마리나리조트~통영공설해수욕장 1~3

바닷가 길이라고 해도 늘 낭만적인 것은 아니다. 어지럽게 어구가 널려 있거나 생활하수가 앞바다로 바로 쏟아져 악취를 풍기는 곳도 많다. 그러나 삼칭이 해안길에는 바닷가를 걷는 낭만을 방해하는 요소가 거의 없다. 미항 통영의 아름답고 깨끗한 바다를 만끽할 수 있다. 흰 요트와 푸른 바다가 어우러진 풍경은 뮤직비디오의 한 장면처럼 이국적이고, 아담한 해변은 깨끗하다.

한가롭게 떠 있는 요트 뒤로 커다란 화물선이 바삐 지난다(2~3지점).

통영공설해수욕장. 바다 너머 한산도가 또 다른 육지처럼 거대하다(3지점).

금호충무마리나리조트[1] 건물 뒤쪽으로 가면 오른쪽 해안을 따라 데크 산책로가 이어져 있고 '삼칭이해안길'이라고 적힌 도로 이정표[2]가 보인다. 물씬 풍기는 바다 냄새에 마음이 설렌다. 하늘은 비질이라도 한 듯 구름이 가지런하고, 바다 위에는 리조트 스포츠센터의 요트들이 잔물결에 일렁이고 있다.

데크를 따라 걷기 시작하자 파도 소리가 낮게 깔린다. 꽤 많은 통영 주민들과 리조트 이용객들이 산책을 즐기고 있다. 얼마 안 가 만나는 흰색 건물은 장비를 대여하고 윈드서핑 강습을 해주는 곳이다. 바닷가 앞 펜션단지를 지나면 아담하고 깨끗한 해변이 펼쳐진다. 도남해수욕장으로도 불리는 통영공설해수욕장[3]이다. 수심이 얕고 파도가 잔잔하며 조그만 자갈과 모래로 덮인 해변이 깨끗해 여름이면 많은 인파가 몰린다.

파도가 조각한 해안가 기암괴석

통영등대낚시공원~금호충무마리나리조트[4-7]

산책로 곳곳에 있는 벤치에 앉아 한동안 멍하니 바다를 바라보고, 방파제 둑으로 올라서서 괜히 걸어보기도 한다. 바다는 늘 가깝고 길은 어디까지일지 모르지만 선명하게 앞으로만 이어져 있다.

통영공설해수욕장을 지나 20분 정도 걸으면 특이한 조형물이 눈에 들어온다. 해안에서 바다 쪽으로 아치 모양의 데크가 길게 이어져 있는데, 꼭 짓다 만 구름다리처럼 바다 한가운데 떠 있는 초록색 등대 바로 앞에서 끝이 나 있다. 이 다리(?)의 정체는 경상남도가 짓고 마을어촌계에서 임차해 운영하는 통영등대낚시공원[4]이다. 감성돔 같은 고급어종을 비롯해 노래미, 참돔, 우럭 등이 잡힌다고 한다. 여름철에는 오전 8시부터 오후 7시까지 운영하며 이용료(성인 1만 원, 청소년 5천 원)를 내고 낚시를 즐길 수 있다. 낚싯대를 대여(5천 원)해 주므로 빈손으로 찾아도 된다. 낚시를 하지 않고 둘러보려면 입장료(성인 1천 원, 청소년 500원)만 내면 된다.

삼칭이해안길의 볼거리인 통영등대낚시공원(4지점).

동굴이 있는 해안절벽(5지점).

통영등대낚시공원을 지나면 해안산책로에 독특한 모양을 한 바위가 조각상처럼 드문드문 서 있다. 해안도로를 만들면서 해안절벽에 있던 바위를 버리지 않고 전시한 것이다. 아름다운 바다를 벗 삼아 계속 걷는다. 해안산책로가 조금 넓어진다 싶더니 오른쪽으로 거대한 해안절벽[5]이 나오고 절벽 안에 동굴도 보인다. 해안절벽 주변을 새로 단장하려는 듯 절벽 앞에 가로등, 안내문을 설치하는 공사가 진행 중이다.

삼칭이해안길을 걷다보면 기이한 모양을 한 크고 작은 돌섬도 꽤 보인다. 수천 년 동안 파도가 바위를 깎아 만든 천연의 작품들이다. 그러나 두 발로 딛고

바다에 크고 작은 바위섬이 떠 있다(5~6지점).

선 길은 네모반듯한 콘크리트. 이 아름다운 풍경들은 개발이나 변형이 없으면 접근할 수 없는 진실 같은 걸까. 삼칭이해안길 덕분에 바다와 기암괴석을 편안하게 감상할 수 있게 된 건 고마운 일이지만, 자연이 그려 놓은 해변 풍경에 이 길이 흉터처럼 자리 잡고 있는 것은 아닌지 자꾸만 생각하게 된다.

곳곳에 자연석을 전시해 놓았다(4~5지점).

　남쪽으로 계속되던 해안도로는 해안절벽을 지나면 자연스럽게 서쪽으로 방향을 꺾으며 '삼칭이였던' 삼진포로 향한다. 정비된 해안산책로는 삼진포가 빤히 보이는 조개양식장[6]에서 끝난다. 이곳에서 발길을 돌린다. 하늘, 바다, 기암괴석은 그대로인 듯하지만 금호충무마리나리조트[7]로 돌아가는 기분은 조금 더 따뜻해진 햇살과 조금 더 부드러워진 바닷바람만큼 말랑말랑 가볍다.

조개양식장에서 바라본 삼진포. 이 포구의 옛 이름이 '삼칭이'였다(6지점).

추천음식

통영 '멍게비빔밥'

국내 멍게 생산의 70%를 차지한다는 통영에는 멍게를 이용한 음식이 많다. 봄이 제철인 멍게는 '바다에 피는 꽃'이라는 별칭처럼 향이 좋아 주로 생으로 먹지만 최근에는 젓갈로 만들거나 비빔밥 재료로 쓰는 등 먹는 방식이 다양해졌다.

멍게비빔밥은 2000년 후반에 모습을 보인 신 메뉴다. 잘게 다진 멍게를 소금에 절이거나 냉동상태로 보관했다가 뜨거운 밥에 얹고 참기름, 초고추장, 깨, 김가루와 비벼먹는다. 입안에서 꼭꼭 씹히는 멍게의 살과 멍게 향이 감칠맛을 낸다. 술안주가 아닌 식사로 멍게를 먹을 수 있어 통영을 여행하는 외지인들에게 인기 메뉴로 자리 잡았다. 통영항 주변에 멍게비빔밥을 파는 식당이 많다.

아래 정보는 통영항 중앙전통시장 정문 맞은편에 있는 영성횟집

위치 경남 통영시 동호동 156 **전화** (055)643-7956 **영업시간** 10:00~22:00
가격 멍게비빔밥 1만 원, 물회 1만 원, 모둠회 5만~7만 원 **주차** 가능, 무료

통영 '충무김밥'

김만 두른 맨밥에 오징어·꼴뚜기 같은 해산물 무침, 무김치 등을 곁들여 먹는 충무김밥이 충무(통영의 옛 이름)에 생겨난 유래에는 여러 가지 설이 있는데, 그 얘기들의 공통점 하나는 통영의 기온이 높아서 여러 가지 속을 넣은 김밥은 쉽게 상하기 때문이라는 것이다.

'밥만 넣은' 김밥은 일반 김밥보다 훨씬 작다. 곁들이는 오징어·꼴뚜기는 맵게 양념한 뒤 젓갈처럼 숙성한다. 최근에는 호래기, 홍합 등 예전보다 다양한 재료를 쓴다. 한입 크기로 먹는 김밥, 매콤한 해산물 무침, 시원한 무김치, 개운한 된장국의 궁합이 좋다.

아래 정보는 통영항 문화마당 앞에 있는 원조 엄마손 충무김밥

위치 통영시 항남동 79-4 **전화** (055)641-9144 **영업시간** 24시간
가격 충무김밥 4천 원, 특미김밥(홍합·호래기 무침) 6천 원 **주차** 가능, 무료

교통편

》 찾아가기

대중교통 서울고속버스터미널과 서울남부터미널에서 통영종합버스터미널(055-644-0018)로 가는 고속버스가 있다. 금호충무마리나리조트로 가려면 통영종합버스터미널에서 101번 시내버스를 타고 도남동 종점 정류장에서 내려 3분 정도 걸으면 된다.

서울고속버스터미널→통영종합버스터미널 07:10~00:30(40분 간격)
서울남부터미널→통영종합버스터미널 06:40~23:30(30분~1시간 간격)
통영종합버스터미널→금호충무마리나리조트 05:48~23:15(10~20분 간격)

승용차 금호충무마리나리조트 주차장 이용. 무료

《 돌아오기

금호충무마리나리조트에서 도남동 종점 정류장까지 걸어가 101번 시내버스를 타고 통영종합버스터미널로 간다.

금호충무마리나리조트→통영종합버스터미널 07:10~00:30(40분 간격)
통영종합버스터미널→서울고속버스터미널 07:00~00:30(50분 간격)
통영종합버스터미널→서울남부터미널 06:00~22:10(1시간 간격)

🛈 알아두기

숙박 통영항 일대
식당 · 매점 통영항 일대, 금호충무마리나리조트(1지점)
식수 미리 준비
화장실 금호충무마리나리조트(1지점), 통영공설해수욕장(3지점)

🏠 들를 만한 곳

동피랑마을

영화 〈하하하〉에는 조문경(김상경 분)이 매일 찾아가던 왕성옥(문소리 분)의 집이 나온다. 이제는 사용하지도 않을 것 같은 알루미늄 대문이 달렸고 마음만 먹으면 넘을 수 있는 낮은 시멘트 담벼락을 둘러 허름하지만 통영 바다가 훤히 내려다보이는 무척 아름다운 집이었다. 이 집이 있는 곳은 동쪽 벼랑(피랑)에 있는 마을, 영화 촬영지 얘기를 꺼내지 않아도 집집마다 그려진 벽화로 유명한 통영의 동피랑마을이다.

마을은 철거될 뻔했다. 통영시가 동피랑마을 꼭대기에 있던 동포루(이순신이 한산도 일대에 설치한 군영인 통제영 중 한 초소)를 복원하기 위해 마을 전체를 철거하고 공원으로 바꾸려고 했던 것. 그러나 한 시민단체가 나서서 마을을 지켰다.

통영항 뒤편에 있는 좁은 골목을 따라 오르면 형형색색의 예쁘고 익살스런 담벼락 그림들을 볼 수 있다. 골목을 따라 마을을 둘러보는 데 1시간이면 충분하다. 마을 꼭대기에서 한눈에 보는 통영항 일대가 장관이다.

위치 경남 통영시 동호동 통영항 뒤 **입장료** 없음 **주차** 불가능

경남 통영시

소매물도에서 등대섬까지 거리 3.2km, 소요시간 1시간 30분

다시 숨겨놓고 싶은 나의 섬

소매물도는 망태봉 정상을 조금 비껴난 전망대에서 바라보는 풍경이 '통영8경'으로 꼽힌다. 썰물 때만 열리는 50m 몽돌길을 걸어 등대섬으로 들어갈 수 있다. 바다에서 용솟음친 듯한 공룡바위와 병풍바위, 곳곳에 동동 떠 있는 무인도들은 현실감 없이 아름답다.

소매물도와 등대섬을 잇는 몽돌길은 하루 두 번 썰물 때만 열린다(7~8시섬).

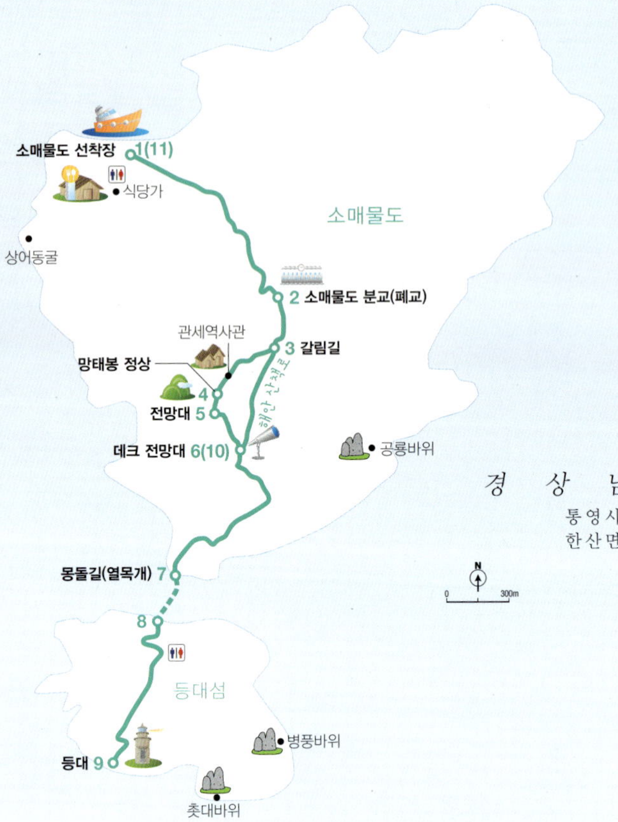

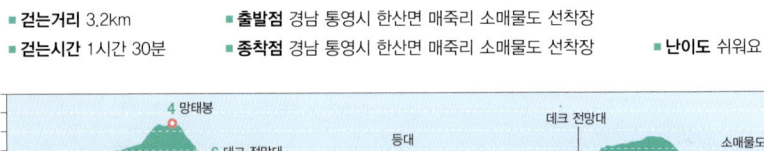

- **걷는거리** 3.2km
- **걷는시간** 1시간 30분
- **출발점** 경남 통영시 한산면 매죽리 소매물도 선착장
- **종착점** 경남 통영시 한산면 매죽리 소매물도 선착장
- **난이도** 쉬워요

추천 테마	아이들과	연인끼리	여럿이	숲	들	계곡	강	바다	문화유적	봄	여름	가을	겨울
	★★★	★★★	★★★	★				★★★		★★★	★★★	★★★	★★

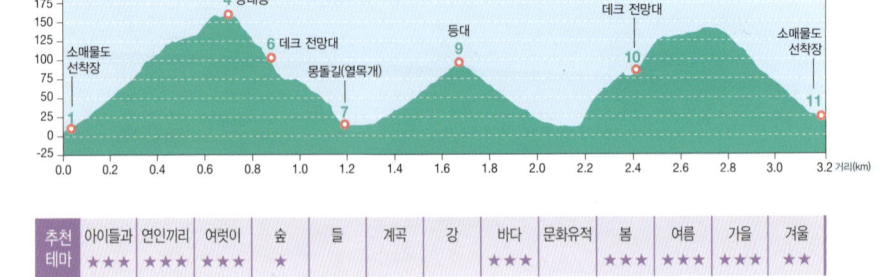

가끔은, 숨겨 놓고 아껴가며 먹고 싶은 맛이 있다. 식탐이 강하다거나 자린고비여서가 아니라 양은 충분치 않은데 내 입에 너무 달아 하나 삼키기도 아까운 음식일 때 그렇다. 몸과 마음이 힘들고 지쳐 땅속으로 꺼져들 것만 같을 때 그 음식을 살짝 꺼내먹으면, 산삼이나 우황청심환이 따로 없을 것만 같다.

그렇게 숨겨 놓은 '나만의 맛' 중 하나가 소매물도다. 서로 비밀을 털어놓고 보면 상당히 많은 사람들이 숨겨 놓았을 수도 있다. 1년에 세 번이나 그걸 꺼내 먹는 사람을 본 적도 있다.

한 시간이면 돌 수 있는 작은 섬 소매물도 선착장~갈림길1~3

2007년 문화체육관광부가 '가고 싶은 섬'으로 선정하고, 한 인기 TV 프로그램에 소개된 뒤 소매물도에는 수용 가능한 관광객보다 4배나 많은 사람들이 몰렸고 2011년 말, 섬은 쓰레기와 악취의 도가니가 되었다.

소매물도를 나만의 여행지로 아껴두었던 입장에서야 화가 나고 마음도 아프지만 그렇다고 이 섬을 버릴 수는 없는 일. 쓰레기 하나라도 줍자 하는 마음으로 통영여객선터미널에서 하루 세 번 떠나는 배를 탄다. 내륙의 걷는 길 중에는 편한 운동화만 신어도 충분한 코스가 많지만 소매물도는 가파른 언덕과 계단을 오르내려야 하므로 발과 안전을 위해 등산화가 필수다.

바위를 쌓아 올린 듯한 모양의 해안 절벽(1지점).

마을 담장 앞에 서 있는 이정표(1~2지점).

뱃길로 1시간 20분을 달리면 경남 통영시 한산면 매죽리 소매물도 선착장[1]에 도착한다(거제 저구항에서 배를 타면 소요시간이 40분으로 줄어든다).

그런데! 10여 가구 40여 명 주민이 사는 예쁘고 정겨운 섬이, 아니다. 선착장 주변부터 고급 펜션, 테라스를 갖춘 식당, 화려한 복장의 관광객들로 바글댄다. 천천히 걸어도 1시간이면 돌아볼 수 있는 작은 섬이 터져버릴 것만 같다.

선착장에서부터 꽤 가파른 오르막이 이어진다. 마을 주민들이 다시마와 김 등을 펼쳐 놓은 노점을 지나면 언덕바지에 폐교된 소매물도 분교[2]가 있다. 굳게 닫힌 철문 앞에 '1961년 4월 29일 개교하여 졸업생 131명을 배출하고 1996년 3월 1일 폐교되었음'이라 적힌 교적비가 서 있다. 35년의 짧은 생이었다. 폐교를 지나면 갈림길[3]이 나온다. 왼쪽으로 가면 해안 산책길이고, 직진하면 망태봉. 소매물도 여행의 백미인 등대섬 감상을 위해 망태봉으로 향한다. 붉은 꽃잎이 벌어진 동백나무들이 줄지어 있고, 걷기 좋게 닦아 놓은 길이 이어진다.

정상 부근에 다다르면 버섯 모양을 한 이색 건물과 만난다. 1978~1987년 남해안 일대의 밀수를 감시하던 감시초소가 오랫동안 방치되어 있다가 2011년 10월 '관세역사관'으로 탈바꿈한 것이다. 1층에는 레이더와 해도 등을 전시하고, 2층 옥상에는 망원경을 설치해 감시초소 당시 모습을 재현했다. 일본 쓰시마 섬에서 들어오는 '특공대 밀수'를 적발하며 실적을 쌓던 감시초소가 첨단 시스템을 갖춘 감시정에게 자리를 내주고 물러났다니, 역사관 또한 세월 따라 어떤 변신을 거듭할지 모를 일이다.

등대섬에서 풍경 속 일부가 되다
망태봉 정상~소매물도 선착장[4~11]

망태봉 정상(해발 152m)[4]에 섰으나 주변에 나무가 우거져 조망이 좋지 않은 편이다. 정상을 살짝 비켜 내려가는 길의 전망대[5]가 조망 포인트다. 매물도는 소매물도, 대매물도, 등대도(일명 글썽이섬) 등 3개 섬으로 이루어져 있고, 소매물도에서 바라보는 등대도 풍경이 '통영8경'으로 꼽힐 만큼 멋지다. 오랜 세월 바람과 맞서온 장대한 기암절벽, 바람소리 같은 아우성을 치며 부서져 내리는 파도, 하루 두 번 열리는 열목개 자갈 물길 앞에 두 다리는 얼어붙고, 두 눈은 부시기만 하다.

해안 산책로와 만나는 데크 전망대[6]에서 바라보는 등대섬도 아름답다. 전망대 왼쪽 공룡바위 너머로 조그만 바위섬도 보인다. 큰 바위 몇 개가 나란히 서 있는데, 흐린 날에는 5개, 맑은 날에는 6개로 보인다는 오륙도다. 산책길을 내려가면 동글동글한 자갈이 깔린 몽돌해변이다.

해변 옆에는 등대섬으로 이어지는 50m 몽돌길(열목개)[7]이 있다. 하루 두 번, 썰물 때만 열리는 길이다. 관광객들이 물때를 맞춰 한꺼번에 몰려오기 때문에

망태봉 아래 전망대에서 본 등대섬(5지점).

긴 순서를 기다리는 날도 많지만, 기다림의 지루함은 모세의 기적을 체험하는 짜릿함, 우리나라 최고의 풍경 속 일부가 되어보는 설렘에 비할 바 아니다.

등대섬에 들어서면 산책길[8]이 이어진다. 바다에서 용솟음친 듯한 공룡바위와 병풍바위, 곳곳에 동동 떠 있는 무인도들은 현실감 없이 아름답다. '등대섬'(명승 제18호)이라는 이름은 꼭대기에 서 있는 등대[9] 때문에 붙여진 것이다.

모진 바람 속에 우뚝 서서 뱃사람들의 안전을 지켜온 섬의 상징, 등대가 해양문화공간으로 조성된다고 한다. 등대 가는 길을 정비하고 편의시설을 갖춰 공연과 전시를 열며 인터넷 카페도 들인다니, 쓰레기로 아픈 가슴에 모래를 퍼붓는 것만 같다.

소매물도로 돌아가는 길, 데크 전망대[10]를 지나면서 다시 한 번 등대섬을 바라본다. 해무가 걷혀 깨끗한 시야 속에 선명하게 찍힌 전경이 소매물도 선착장[11]으로 걸어가는 내내 잊히지 않는다. 다시 숨겨 놓고 싶은 나의 매물도!

크고 동글동글한 자갈이 깔려 있는 몽돌길(7지점).

등대섬의 멋진 해안 풍경(8~9지점).

등대섬의 등대와 해안 산책로(8~9지점).

등대섬에서 바라본 소매물도(8~9지점).

🍴 추천음식

백만석 '멍게비빔밥'

'멍게비빔밥'은 거제와 통영의 대표적인 향토 음식이다. 살아있는 멍게를 바로 잡아 밥에 비빈 것도 별미지만, 살짝 양념과 간을 한 멍게를 1~2일 정도 저온 숙성한 다음 참기름, 깨소금, 김 가루 등과 함께 비벼먹으면 훨씬 향긋한 맛이 난다. 거제나 통영에는 멍게비빔밥 음식점이 많다. 거제에서는 포로수용소유적공원 옆에 위치한 백만석 식당이 유명하다. 멍게비빔밥을 시키면 우럭을 넣어 끓인 지리와 간고등어 등이 함께 나온다.

위치 경남 거제시 상동동 960
전화 (055)638-3300
영업시간 10:00~22:00
가격 멍게비빔밥 1만2천 원, 도다리쑥국 1만5천 원, 나물비빔밥 8천 원
주차 가능, 무료

🚗 교통편

》 찾아가기

대중교통 소매물도는 거제시의 저구항(매물도해운, 055-633-0051)이나 통영시의 통영여객선터미널(한솔해운, 055-645-3717)을 이용해 갈 수 있다. 저구항까지는 고현시외버스터미널(거제시외버스터미널)에서 홍포 방면 시내버스를 탄다. 소매물도의 본섬에서 등대섬으로 건너가려면 물때를 잘 맞춰야 한다. 수시로 바뀌기 때문에 섬에 들어가기 전 물때표 확인은 필수다. 주말 및 성수기에는 정기선 외에 비정기선이 3~4회 추가 운항한다.

고현시외버스터미널→거제시 저구항 53번(07:35), 53-1번(13:55, 17:35)
거제시 저구항→소매물도 08:30 11:00 13:30 15:30
통영여객선터미널→소매물도 07:00 11:00 14:00
승용차 저구항 무료 주차장 이용, 통영여객선터미널 주차장(1일 5천 원) 이용

《 돌아오기

소매물도→거제시 저구항 09:20 11:50 14:20 16:20
거제시 저구항→고현시외버스터미널 53번(16:00), 53-1번(09:25, 19:35)
소매물도→통영여객선터미널 08:15 12:20 16:15

ℹ️ 알아두기

숙박 소매물도 선착장(1지점) 주변, 거제시나 통영시 숙박시설 이용
식당·매점 소매물도 선착장(1지점) 주변
식수 미리 준비
화장실 소매물도 선착장(1지점), 등대 밑(8~9지점)
물때표 확인 국립해양조사원 www.khoa.go.kr

들를 만한 곳

해금강

명승 제2호인 '바다의 금강산' 해금강은 거제도 여행에서 빼놓을 수 없는 명소다. 해안에서 바라보는 경관도 멋있지만, 유람선을 타고 가까이 다가가야 진면목을 볼 수 있다.

위치 경남 거제시 남부면 갈곶리 앞바다
전화 해금강유람선 (055)633-1352
입장료 없음
주차 해금강유람선선착장, 무료

포로수용소유적공원

한국전쟁의 참상을 알리기 위해 1983년 설립한 공원이다. 한국전쟁 당시 거제도 포로수용소에는 섬의 주민보다 훨씬 많은 15만 명의 포로들이 감금되었다고 한다. 포로수용소유적공원에는 당시 포로수용소의 실상을 알려주는 전시관을 비롯해 탱크전시관, 철모광장, 무기전시장 등 다양한 전시공간이 마련돼 있다.

위치 거제시 시청로 302　**전화** (055)639-8125
개장시간 09:00~18:00
입장료 성인 3천 원, 청소년 2천 원, 어린이 1천 원
주차 가능, 1일 1천 원

바람의 언덕 · 신선대

제주도의 섭지코지 같은 비경을 품은 곳들이다. 바람의 언덕은 풍차와 바다, 넓은 잔디밭이 시원하고, 신선대는 꼭대기에 자라고 있는 노송과 기암절벽이 눈길을 붙잡는다. 두 곳의 거리가 가깝고 산책로가 잘 나 있어 함께 둘러보기 좋다.

위치 거제시 남부면 갈곶리 223　**입장료** 없음　**주차** 가능, 무료

경남 통영시

한려해상 한산도~추봉도 거리 22.3km, 소요시간 6시간
인생 혹은 청춘을 시름하는 시간

한산도에는 이순신 장군 관련 유적이 산재해 있다. 제승당을 지나 꽃잎처럼 흩뿌려진 섬들을 보며 해안길을 걷는다. 암석 해안과 절벽 덕분에 경관이 무척 아름답다. 추봉도로 들어서면 한결 여유로운 산책로에 정겨운 섬마을 풍광이 펼쳐진다.

추봉도의 마을 풍경(11~12지점).

제승당 내부에 한산대첩도가 그려져 있다(3지점).

　걷기 위해 비행기 타고 제주도에 가고 산티아고에 가는 게 자연스러운 시대지만, 걷기 위해 배 타고 20여 분 들어가는 한산도를 찾는 여행객은 많지 않다. 통영이나 거제를 목적지로 떠난 여행에 색다른 분위기를 더하는 의미로 배를 타는 사람들도, 배에 차를 싣고 가 제승당과 추봉도를 한 바퀴 돌고 나오는 정도가 대부분. 그것도 한려해상국립공원의 시발점이자 한산도대첩이 벌어졌던 곳이라는 유명세에 힘입은 바가 크다.

　그렇게 '들르는' 여행에서는 찾기 힘들었던 한산도의 참 매력은 천천히 걸으며 '머무는' 여행에서 제대로 보인다. 한산도는 한산도대첩이 펼쳐지고 삼도수군통제영이 주둔했던 곳인 만큼 이순신 장군과 관련된 유적이 산재해 있다. 명장의 흔적을 쫓아 학익진의 지혜와 수루의 고뇌, 한산도가(閑山島歌)의 문학과 난중일기의 가족애 등을 짚어보고, 그의 삶을 반추해 자신의 인생 혹은 청춘을 시름해본다면, 섬에 머무는 시간을 관광객의 시간이 아닌 장군의 시간으로 만들 수 있을 것이다. 차를 놓고 통영이나 거제보다 한산도로 먼저 들어가 충분한 시간을 머물고 나와야 하는 이유가 바로 그것이다.

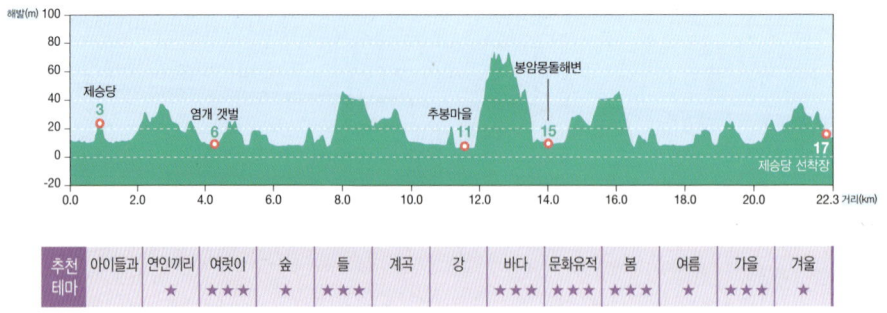

■ 걷는거리 22.3km		■ 출발점 경남 통영시 한산면 두억리 제승당 선착장								
■ 걷는시간 6시간		■ 종착점 경남 통영시 한산면 두억리 제승당 선착장					■ 난이도 조금 힘들어요			
추천 테마	아이들과	연인끼리	여럿이	숲	들	계곡	강	바다	문화유적	봄	여름	가을	겨울
	★	★★★	★★★	★	★★★			★★★	★★★	★★★	★	★★★	★

유적지에서 반추하는 이순신의 삶
제승당 선착장~창동마을[1~8]

통영에서 배를 타면 이순신이 화살을 만들기 위해 조성한 대밭이 있었다는 죽도, 한산대첩에서 승리한 후 최초로 올라 갑옷을 벗고 땀을 씻었다는 해갑도, 한산대첩을 기리는 거북등대 등을 지나 제승당 선착장[1]에 도착한다. 제승당 매표소[2]를 통과하면 제승당과 충무공의 영정을 모신 '충무사', 활쏘기 연습장이었던 '한산정', '한산도가'가 걸려 있는 '수루' 등이 모여 있는 '통영한산도이충무공유적'(사적 제113호)이 펼쳐진다.

'승리를 만든다'는 뜻이 담긴 제승당[3] 내부는 한산대첩도 등 이순신의 활약과 충절을 담은 그림들이 벽면을 채우고 있다. 휘하 참모들과 작전계획을 협의하던 곳이며 장군의 집무실이기도 했던 이곳은 원래 운주당(이순신이 가는 곳마다 기거하던 장소) 터였는데, 영조 때 건물을 짓고 제승당이라는 이름을 붙였다. 수루

이순신의 '한산도가'에 나오는 수루를 1976년 고증을 통해 재현해 놓았다(3지점).

에 올라서면 지난날 숱한 전투가 치러졌을, 그러나 지금은 꽃잎처럼 어여쁜 작은 섬들이 무심히 흩뿌려져 있는, 한려해상국립공원의 수려한 경관이 한눈에 잡힌다.

다시 선착장[4]으로 돌아가 해안길을 걷기 시작한다. 한산면 29개 유·무인도 가운데 가장 큰 본섬인 한산도는 섬 전체가 해발 200m 안팎의 산들로 이루어졌고, 크고 작은 골짜기를 따라 마을이 자리 잡고 있다. 암석 해안의 굴곡이 심하고 절벽이 발달하여 해안 경관이 아름답다. 한산도의 해안길은 모두 아스팔트 포장이고 그늘이 별로 없어 여름에는 걷기 힘든 편이다. 대신 한겨울에도 영하로 내려가는 날이 드물 만큼 포근한 기후를 보이며, 이른 봄이나 가을에 걷는 것이 가장 좋다.

오르막을 올라 한산어업인후계자기념비[5]를 지나면 대고포마을에 닿는다. 해안길에서 처음 만나는 마을로, 이순신 장군이 염전을 만들어 소금을 생산했다는 염개 갯벌[6]이 있다. 여름에는 이 갯벌에서 축제가 열려 장어 잡기, 바지락 캐기 등의 행사가 벌어진다. 소고포마을[7]을 지날 때는 유자도라는 작은 무인도가 보인다. 유자가 많이 나고 지형도 유자처럼 둥글어 이런 이름이 붙었다는데 유자보다 귀엽고 앙증맞은 섬이다.

창동마을[8]에 들어서니 주민들이 삼삼오오 모여 있다. 슬쩍 고개를 디밀었더니 막 채취한 조개의 무게를 다는 중이다. 무게를 확인할 때마다 주민들의 얼굴에 환한 웃음이 번진다.

달콤한 바닷바람과 함께 추봉도를 걷다
생이섬 전망대~제승당 선착장[9~17]

창동마을을 지나면 전망대[9]에서 바다 건너로 과녁을 맞추는 충무공 유적지의 한산정을 흉내 낸 듯 커다란 과녁판이 놓여있는 생이섬이 바라보인다. 뭍 쪽

▲ 한산도 앞바다에 떠 있는 무인도(3~4지점). ▼ 오목하게 휘어진 추봉도 해안(13~14지점).

해안 산책로에서 본 추봉도 앞바다(13~14지점).

에 국궁장으로 쓸 만한 자리가 없는 걸로 보아 과녁판은 섬의 장식임이 분명하다. 장례 때 시신을 넣어 메고 가는 상여(생이)를 닮았다고 하여 그런 이름이 붙은 무인도다.

올망졸망한 섬들을 헤아리며 걷다보면 한산도와 추봉도를 연결하는 추봉교[10]다. 한산도의 해안길이 단조롭고 밋밋해 인생에 관해 시름할 여유를 주었다면, 추봉도는 시원스러운 바다 전경이 내려다보이는 해안 산책로와 몽돌해변 등 아름다운 지역이 많아 흥겹게 걸을 수 있다. 섬의 북쪽을 휘감아 걸어가면 고즈넉한 풍경의 추봉마을[11]이다. 커다란 교회 주변으로 40~50채의 건물이 옹기종기 모여 있는 전형적인 섬마을 풍경에 저절로 미소가 지어진다.

짙푸른 바다를 바라보며 걷다가 삼거리[12]가 나오면 오른쪽 언덕길로 접어들어 포로수용소 터로 올라간다. 한국

작고 둥근 자갈들이 깔려 있는 봉암몽돌해변(15지점). 　걷기 좋은 흙길로 이루어진 추봉도 해안 산책로(13~14지점).

전쟁 때 1만여 명의 포로가 수용되었던 장소로, 지금은 야트막한 돌담 등 시설의 잔해가 군데군데 남아 있다.

  포로수용소 터에서 내려오면 한산도와 추봉도를 통틀어 가장 걷기 좋은 구간인 해안 산책로[13]로 들어서게 된다. 딱딱한 포장길에서 벗어나 흙을 밟으니 발이 금세 편안해진다. 달콤한 바닷바람이 뺨을 간질이면 경쟁이라도 하듯 코끝으로는 짭조름한 바다냄새가 몰려든다. 저 아래 바다를 가르며 지나는 낚싯배들을 감상하며 임진왜란도 한국전쟁도 잠시 내려놓는다. 지금이야말로 행복한 장군의 시간, 아니 왕의 시간이다.

  꿈에서 깨어나듯 숲길이 끝나면 다시 시멘트 포장길[14]이다. 계속 걸으면 봉암몽돌해변[15]에 닿는다. 모래 대신 동그란 몽돌이 깔린 해변에서는 바람의 연주에 따라 파도와 화음을 맞추는 몽돌의 합창이 들려온다. 봉암마을의 정겨운 풍경을 마음에 담고 다시 추봉교[16]를 건너 제승당 선착장[17]으로 되돌아간다.

한산도~추봉도　189

추천음식

분소식당 '도다리쑥국'

봄 냄새 가득한 쑥과 토실하게 살이 오른 도다리의 조합은 말 그대로 환상 궁합. 통영에서 도다리쑥국은 흔한 음식인데, 그 중 서호시장에 있는 분소식당이 유명하다. 당일 들어온 도다리만 사용하며, 맑은 국물이 시원하고 담백하다. 오후 2~3시면 도다리가 떨어져 맛볼 수 없으니 서둘러야 한다.

위치 경남 통영시 서호동 177-430
전화 (055)644-0495
영업시간 07:00~18:00
가격 도다리쑥국 1만2천 원, 졸복국 1만 원, 생선매운탕 1만2천 원
주차 가능, 무료

교통편

》 찾아가기

대중교통 서울고속버스터미널과 서울남부터미널에서 통영종합버스터미널(055-644-0018)로 가는 고속버스가 있다. 통영종합버스터미널에서 도천동 방면 시내버스를 타고 서호시장 정류장에서 내린다. 서호시장 맞은편에 통영여객선터미널이 있다.

서울고속버스터미널→통영종합버스터미널 07:10~00:30(40분 간격)
서울남부터미널→통영종합버스터미널 06:40~23:30(30분~1시간 간격)
통영종합버스터미널→통영여객선터미널 101번, 104번, 121번, 231번(수시 운행)
통영여객선터미널→한산도 07:00~18:00(1시간 간격, 동절기 17:00까지 운항)

승용차 통영여객선터미널 주차장 이용, 1일 5천 원

《 돌아오기

봉암몽돌해변이 있는 봉암마을까지만 걸을 경우, 마을 내 정류장에서 장작지~제승당 순환버스를 타고 제승당 선착장으로 돌아간다. 07:30~18:30(1시간 간격).

한산도→통영여객선터미널 07:30~18:30(1시간 간격, 동절기 17:00까지 운항)
통영여객선터미널→통영종합버스터미널 101번, 104번, 121번, 231번(수시 운행)
통영종합버스터미널→서울고속버스터미널 07:00~00:30(50분 간격)
통영종합버스터미널→서울남부터미널 06:00~22:10(1시간 간격)

알아두기

숙박·식당 통영여객선터미널, 한산면 소재지(10지점)
매점 제승당 선착장(1지점), 제승당 휴게소(2~3지점), 창동 마을(8지점), 한산면사무소 옆(10지점)
식수 미리 준비
화장실 제승당 선착장(1지점), 제승당(3지점)
입장료 제승당 : 성인 1천 원, 청소년 500원, 어린이 300원

🏠 들를 만한 곳

달아공원

미륵도를 일주할 수 있는 산양관광도로(1021번 지방도)를 달리다 보면 낭만적인 일몰 명소인 달아공원과 만난다. 바다와 섬이 한눈에 들어오는 경관과 낙조가 유명해 저녁 무렵이면 관광객과 사진가들로 꽉 찬다. 코끼리의 어금니를 닮은 지형 때문에 달아라는 이름을 갖게 되었으나 지금은 달 보기가 좋은 곳이라는 뜻으로 해석하기도 한다.

위치 경남 통영시 산양읍 연화리 114
입장료 없음   **주차** 가능, 무료

박경리기념관 · 공원

한국 문학사에 큰 획을 그은 소설가 박경리(1926~2008) 선생을 기념하기 위해 세운 전시관으로, 그의 문학작품과 생애를 살펴볼 수 있다. 박경리공원에는 박경리 선생의 묘소가 있다. 공원 내 묘소로 이어진 산책로를 걷다 보면 그의 작품을 담은 시비와 어록비 등을 볼 수 있다.

위치 통영시 산양읍 신전리 1429-9   **전화** (055)650-2540
개장시간 09:00~18:00(매주 월요일 휴관)   **입장료** 없음   **주차** 가능, 무료

충렬사

충렬사(사적 제236호)는 1606년 통제사 이운룡이 왕명을 받아 이순신 장군의 업적을 기리기 위해 세운 사당이다. 충렬사 옆 유물전시관에는 명나라 만력제가 내린 명조팔사품(보물 제440호) 등이 전시돼 있다.

위치 통영시 명정동 213   **개장시간** 09:00~18:00
입장료 성인 1천 원, 청소년 500원, 어린이 300원
주차 가능, 무료

세병관

세병관(국보 205호)은 조선시대 삼도수군통제영의 본영이 있던 곳으로 1604년 세워진 후 3군(경상도, 전라도, 경상도)의 수군을 총지휘한 본부였다. 원래는 100여 동의 건물이 있었으나 지금은 세병관만 남아 있다.

위치 통영시 문화동 62-1   **개장시간** 09:00~18:00
입장료 성인 200원, 청소년 100원, 어린이 50원
주차 가능, 무료

이순신공원

이순신공원은 통영 시민들이 즐겨 찾는 휴식공간이다. 공원 내에는 이순신 동상, 전망대, 전통문화관, 잔디광장, 산책로 등이 잘 갖춰져 있다.

위치 통영시 정량동 683   **입장료** 없음   **주차** 가능, 무료

Section 3

역사·문화

경북 경주시

노천박물관 같은 남산 탐방로 거리 9.3km, 소요시간 3시간 30분

신라의 흥망성쇠를 지켜본 경주의 심장

절은 하늘의 별만큼 많고 탑은 기러기 떼처럼 줄지어 서 있다는 경주. 이곳의 남산 탐방로는 신라 천년의 역사와 불교 유산을 되돌아보는 노천박물관 같다. 포석정에서 출발하여 금오산, 삼릉, 삼불사를 거쳐 되돌아오는 길, 신라를 증언하는 수많은 유적들을 만난다.

삼불사에 있는 보물 제63호 석조여래삼존입상(21지점).

〈삼국유사〉는 경주를 '사사성장 탑탑안행'(寺寺星張 塔塔雁行)이라고 표현했다. 절은 하늘의 별만큼 많고 탑은 기러기 떼처럼 줄지어 서 있다는 뜻이다. 경주에서 불교가 얼마나 번창했는지를 말해주는 대목으로, 신라 전성기에는 사찰이 800개가 넘었다고 한다. 그 불교 융성의 중심에 남산이 있다. 남산 유물들의 특징을 살펴보면 민중불교의 현장에 가깝다. 대부분 작품들이 전문가가 아닌 일반인들이 만든 것이어서 미완성품이 많고 완성도도 떨어진다. 왕과 귀족들이 불국사, 황룡사, 석굴암 등 국가 사찰에서 불공을 드릴 때 민중들은 남산에 올라 석불 앞에서 합장했던 것이다.

남산은 박혁거세의 탄생설화가 있는 나정부터 신라 멸망의 현장인 포석정까지 숱한 유물·유적들이 산재해 있어 신라의 흥망성쇠를 지켜본 증인 같은 산이기도 하다. 남산에는 694점의 문화유적이 있고, 이 중 44점이 보물, 사적, 중요민속자료로 지정되어 있다. 1985년에 산 전체가 사적 제311호로 지정되었고, 2000년에는 유네스코 세계문화유산에 등재되어 그 가치를 세계적으로 인정받았다. 그야말로 노천박물관이다. 유적마다 전해 내려오는 전설도 많다. 그래서 경주 사람들은 신라 천년의 역사를 통해 가장 신성시되어온 남산을 '경주의 심장'이라 부른다.

◀ 바위 가운데 커다란 석가여래좌상이 조각되어 있다(15~16시점).

- **걷는거리** 9.3km
- **걷는시간** 3시간 30분
- **출발점** 경북 경주시 배동 포석정 주차장
- **종착점** 경북 경주시 배동 포석정 주차장
- **난이도** 무난해요

추천 테마	아이들과	연인끼리	여럿이	숲	들	계곡	강	바다	문화유적	봄	여름	가을	겨울
	★	★★	★★★	★★★	★	★★★			★★★	★★★	★★	★★★	★★

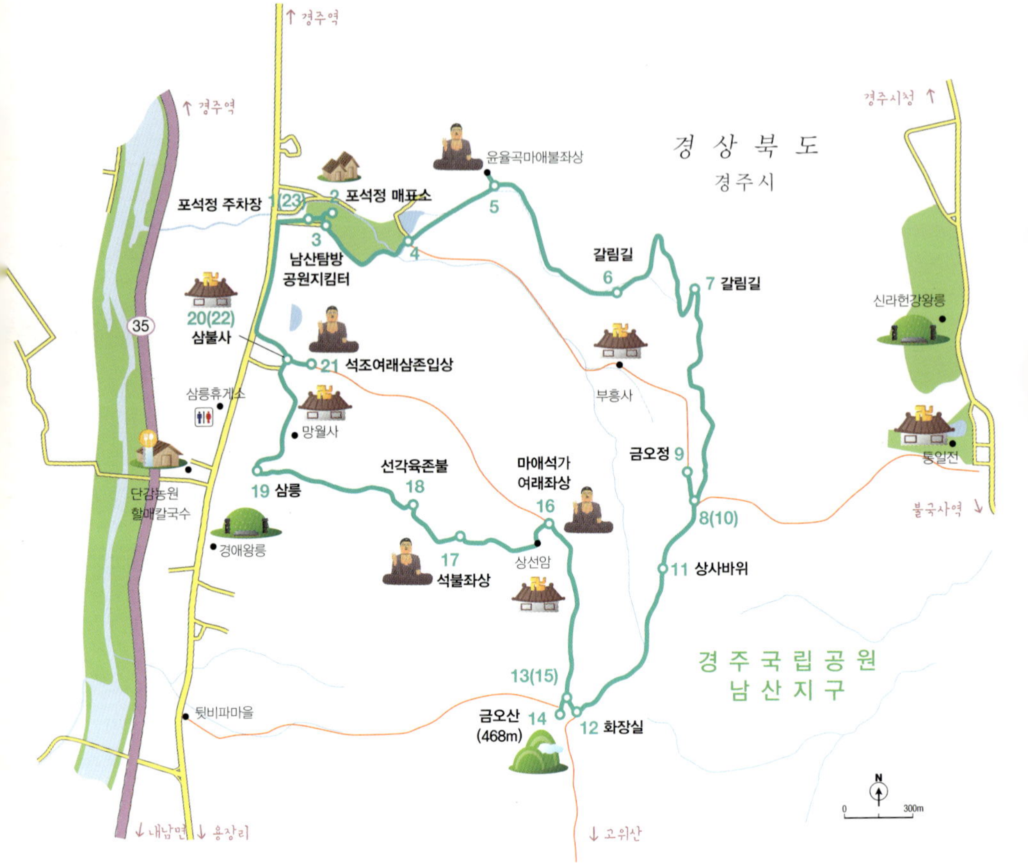

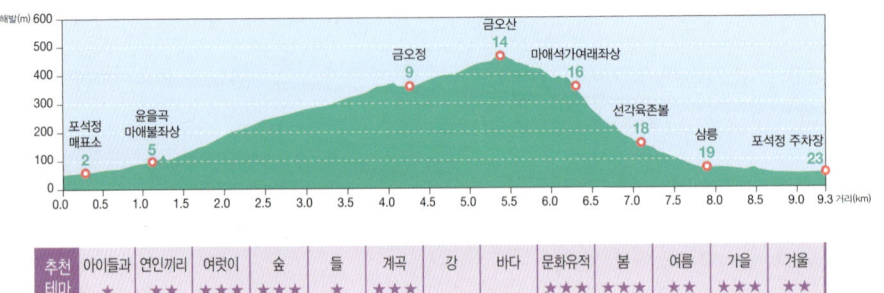

민중불교 유산 가득한 길 포석정 주차장~금오산 정상[1~14]

포석정에서 금오산 정상에 올랐다가 삼릉을 거쳐 삼불사로 내려오는 코스로 남산 탐방에 나선다. 신라 천년의 찬란한 역사와 민중불교의 유산을 뒤돌아보는 시간, 역사성과 예술성 높은 여정에 대한 기대로 가슴이 설렌다.

포석정 주차장[1]에서 매표소[2]를 지난다. 포석정(사적 제1호)은 신라 왕실의 별궁으로, 건물은 없어지고 굴곡진 수로로 물이 흐르게 만들어 놓은 석조 유적만 남아 있다. 원래는 포석사라는 사찰로, 국가의 안녕을 기원하고 왕족들이 혼례를 올리는 장소였다는 주장도 있지만, 흐르는 물 위에 술잔을 띄우고 시를 읊는 귀족들의 유흥자리였다는 설이 아직까지는 유력하다. 용도가 무엇이었든 세계적으로 유례가 없는 독창적인 유적임은 분명하다.

수로가 남아 있는 포석정 유적지(2~3지점).

포석정 왼쪽 담장길로 걸어가면 남산탐방안내센터[3]가 바로 나온다. 연 관광객이 1천만 명을 넘어섰다는 경주지만 남산에는 호화로운 볼거리가 없어 관광객들의 발길이 뜸하다. 이면의 가치보다 눈에 화려한 것들이 인기 있는 현실이 아쉽지만 조용히 사색하며 탐방하기에는 좋은 조건이다.

남산의 주 봉우리인 금오산(금오봉)으로 오르는 길은 두 갈래다. 탐방안내센터를 지나 삼거리[4]에서 오른쪽 길을 택하면 늠비봉 5층석탑을 거쳐 금오산으로 이어지는 조금 가파른 코스로 가게 되고, 직진하면 비교적 편안한 길을 걷게 된다. 직진한 후 넓고 깨끗한 소나무 숲길을 10분쯤 걸어 갈림길[5]에서 왼쪽 좁은 길로 접어들면 바위에 조각되어 있는 윤을곡마애불좌상(경상북도 유형문화재 제195호)을 만난다. 차가운 돌덩이에 세 부처가 들어와 생명이 되었는데, 둘이 약사여래인 점이 특이하다. 흥덕왕 10년(835년)에 조각된 것이어서 9세기 전반의 불상 연구에 중요한 사료가 되고 있다.

오던 길로 10분쯤 걸으면 부흥사 가는 길로 나뉘는 삼거리[6]다. 상서장 가는 길로 갈라지는 삼거리[7]부터는 남산의 주능선을 따라 걷게 된다. 길은 더욱 완만해져 공원을 산책하는 기분으로 가볍게 걷는다. 돌 하나 나무 하나 예사롭지 않은 눈길로 살피면서 갈림길[8]을 지나 너른 바위 위에 세워진 전망대, 금오정[9]에 오르자 푸른 하늘 아래 펼쳐진 드넓은 서라벌 들판이 한눈에 잡힌다. 천연 요새로 둘러싸인 풍요로운 분지에서 태평성세를 누리는 신라 사람들의 모습을 상상해본다.

갈림길[10]로 되돌아와 오른쪽 숲길로 걷는다. 피리라는 소녀를 사랑해 목숨을

금오정에 서면 주변 경치가 한눈에 들어온다(9지점).

깊은 노인과 그 노인이 그리워 바위에서 뛰어내린 소녀, 상사바위[11]라는 이름으로 나란히 선 두 개의 바위를 지나면 고위산(해발 494m, 금오산과 함께 남산의 주봉) 가는 길과 나뉘는 삼거리[12]다. 오른쪽 나무계단을 올라 갈림길[13]에서 왼쪽으로 가면 금오산[14]에 닿는다. 넓은 평지에 정상석을 세워둔 금오산(해발 468m)은 사방이 숲으로 막혀 전망을 감상할 수 없어 아쉽다.

소나무 숲 두른 삼릉계곡 갈림길~포석정 주차장[15~23]

갈림길[15]로 되돌아가 '삼릉' 이정표를 따라가면 이 코스에서 가장 큰 유적인 마애석가여래좌상(경상북도 유형문화재 제158호)[16]을 만난다. 절벽 바위에 높이 7m의 거대 크기로 새겨진 불상은 머리 부분만 조각이고 몸체는 얕은 선으로 새겨 넣은 독특한 형태로, 눈을 반쯤 뜬 투박한 얼굴로 속세를 굽어보고 있다. 조각 기법으로 보아 머리와 몸이 상당한 시간적 간격을 두고 각각 다른 시대에 조각되었을 것으로 추정되고 있다.

마애석가여래좌상 아래 안부에 비좁게 자리 잡고 들어선 상선암은 작고 초라한 암자지만, 약수 한 모금 들이켜고 쉬었다 가기에 좋은 곳이다. 이어 골이 깊고 여름에도 찬 기운이 돌아 냉골이라 불리는 삼릉계곡이 이어진다. 아달라왕, 신덕왕, 경명왕의 능이 있어 삼릉계곡으로 불리는데, 울창한 소나무 숲이 짙은 그늘을 만들어 쾌적한 길을 열어준다. 경쾌한 발걸음으로 10분쯤 내려가면 석불좌상(보물 제666호)[17]이 여행자를 반긴다. 훼손된 채 방치되다가 2008년 말 보수공사를 통해 제 모습을 찾았는데, 석굴암 본존불에 견줄 만한 예술성과 규모를 보여주고 있다.

다음은 여섯 개의 불상이 두 개의 바위 면에 새겨져 있는 선각육존불(경상북도 유형문화재 제21호)[18]이다. 넉넉한 표정과 흘러내릴 듯한 옷 주름이 마치 붓으로 그려 놓은 듯하다. 좀더 내려오면 머리와 손이 잘려나간 석조여래좌상이 나온다. 흠집투성이인 몸체가 인고의 세월을 말해주는 듯한데, 산에 노출된 불상의 수가 워낙 많아 그만큼 피해도 컸다고 한다.

숨 가쁘게 많은 유적을 만나는 사이 삼릉계곡이 끝나고 울창한 소나무 숲으로 들어서게 된다. 나무 데크를 따라 내려가면 삼릉[19]이 모습을 드러낸다. 행정지명이 배동에 자리해 배리(拜里)삼릉이라고 불리는데, 아무런 장식이나 석조물 없는 단순한 모습이 인상적이다.

삼불사로 가는 숲길로 들어서니 을씨년스러운 무덤군을 지나 망월사가 나오고, 곧이어 삼불사[20]에 닿는다. 삼불사 옆으로도 난 남산 탐방로 입구에는 이번 코스의 마지막 유적인 석조여래삼존입상(보물 제63호)[21]을 볼 수 있다. 세 개의 불상이라 하여 절 이름도 삼불사가 되었는데, 천진한 어린아이의 표정을 닮은 부처의 얼굴이 자애롭기 그지없다. 삼국통일 이전에 조성된 것이어서 백제의 석공이 만들었을 가능성도 제기되고 있는 이 불상은 잘못된 보호각 설치로 조형미와 미소를 잃고 무표정이 되었다는 논란 속의 유적이기도 하다.

볼 것 많고 생각할 것 많은 산책을 끝내고 포석정으로 돌아간다. 이번만큼은 걷기여행이 아니라 공부여행이었다. 삼불사[22]에서 큰길로 나와 도로 옆 인도를 따라 10분쯤 걸으면 처음 출발했던 포석정 주차장[23]이 나온다.

마애석가여래좌상 옆, 파초선 같은 소나무가 눈길을 끈다(16지점).   병풍처럼 소나무 숲을 두르고 있는 삼릉(19지점).

금오산에서 본 서라벌 너른 들판(15~16지점).

추천음식

단감농원 할매칼국수 '우리밀 손칼국수'

삼릉 입구에는 우리밀을 재료로 쓴 손칼국수집이 여럿 있다. 그중에 '원조' 손칼국수로 유명한 '단감농원 할매칼국수'는 고향의 맛을 느낄 수 있는 곳이다. 경주의 들판에서 자란 밀을 쓰고, 반죽과 밀기, 국수 썰기 등 모든 과정을 손으로 한다. 거친 듯하면서 쫄깃한 면발과 인공 조미료를 쓰지 않은 담백한 국물 맛이 일품이다.

위치 경북 경주시 배동 739-2 삼릉 입구
전화 (054)745-4761
영업시간 08:00~18:00   **주차** 가능, 무료
가격 우리밀 손칼국수 5천 원, 냉콩국수 6천 원, 파전 7천 원

교통편

》 찾아가기

대중교통 동서울터미널과 서울고속버스터미널에서 경주로 가는 버스가 있다. 터미널 앞 정류장에서 포석정으로 가는 시내버스가 수시로 운행한다.
동서울터미널→경주시외버스터미널 07:00~24:00(21회 운행)
서울고속버스터미널→경주고속버스터미널 06:05~23:55(17회 운행)
경주시외·고속버스터미널→포석정 500번, 505~508번(수시 운행)
승용차 포석정 입구 주차장 이용, 1일 2천 원

《 돌아오기

포석정(또는 삼릉)→경주시외·고속버스터미널 500번, 505~508번(수시 운행)
경주시외버스터미널→동서울터미널 07:40~24:40(20회 운행)
경주고속버스터미널→서울고속버스터미널 06:00~24:00(17회 운행)

알아두기

숙박 경주 시내 숙박시설 이용
식당·매점 포석정 입구(1지점), 삼릉 입구(19지점)
식수 상선암(16지점), 삼불사(20지점)
화장실 포석정 입구(1지점), 금오산 정상 밑(13지점), 삼릉 입구(19지점), 삼불사(20지점)
입장료 포석정 : 성인 500원, 청소년 400원, 어린이 300원

들를 만한 곳

대릉원

천마총, 미추왕릉 등 수많은 신라 왕릉이 한자리에 모여 있는 경주의 대표적인 관광명소다. 크고 넓어 모두 둘러보려면 1시간은 걸린다. 첨성대와 반월성이 인근에 있으니 함께 다녀올 만하다.

위치 경북 경주시 황남동 89-2   **전화** (054)772-6317
개장시간 09:00~22:00(동절기 21:00까지)
입장료 성인 1천500원, 청소년 700원, 어린이 600원
주차 가능, 1일 2천 원

김유신장군묘

신라가 삼국통일을 이루는 데 중심 역할을 했던 김유신의 묘다. 사적 제21호. 주변 도로와 산책길이 벚꽃으로 유명해 해마다 나들이나 드라이브하는 사람들로 북적인다.

위치 경주시 충효동 산7-10 　**전화** (054)749-6713
개장시간 09:00~18:00(동절기 17:00까지)
입장료 성인 500원, 청소년 400원, 어린이 300원　**주차** 가능, 무료

분황사 · 황룡사지

분황사는 신라 선덕여왕 3년(634년)에 건립되었으며 원효대사와 자장대사가 머물렀던 사찰이다. 경내에는 안산암을 쌓아 만든 모전석탑(국보 제30호) 등이 있다. 분황사 옆 넓은 공터는 신라 호국신앙의 중심지였던 황룡사가 있던 자리(사적 제6호)다. 신라 진흥왕 14년(553년)에 착공하기 시작하여 선덕여왕 14년(645년)에 완성했다. 고려 시대까지 이어져 왔지만 몽골의 침입으로 불 타 없어져 지금은 흔적만 남아 있다.

위치 경주시 구황동 313 　**전화** (054)742-9922
개장시간 09:00~18:00(동절기 17:00까지)
입장료 성인 1천300원, 청소년 1천 원, 어린이 800원
주차 가능, 무료

안압지

임해전지 내에 있는 연못인 안압지는 야경이 특히 아름답기로 유명하다. 벚꽃이 만개하는 봄철에는 주차할 곳이 없을 정도이므로 해가 지기 전에 도착하는 것이 좋다. 연못 주변을 크게 한 바퀴 돌 수 있는 산책로가 나 있다.

위치 경주시 인왕동 26 　**전화** (054)772-4041
개장시간 09:00~22:00(동절기 21:00까지)
입장료 성인 1천 원, 청소년 500원, 어린이 400원
주차 가능, 무료

첨성대

국보 제31호로 신라 선덕여왕 때 만들어진 동양 최초의 천문대다. 안압지와 함께 야경이 아름답기로 유명하며, 주변으로 유채꽃밭이 있어 봄철에 많은 관광객들이 찾는다.

위치 경주시 인왕동 839-1 　**전화** (054)772-5134
개장시간 09:00~22:00
입장료 성인 500원, 청소년 300원, 어린이 200원
주차 대릉원 주차장 이용, 1일 2천 원

국립경주박물관

경주의 역사를 체계적으로, 알기 쉽게 정리해 놓았다. 국보 13점과 보물 26점을 포함한 7만9천여 점의 유물과 자료를 갖추고 있다.

위치 경주시 일정로 118　**전화** (054)740-7400　**홈페이지** gyeongju.museum.go.kr
개장시간 09:00~18:00(매주 월요일 휴관)　**입장료** 없음　**주차** 가능, 무료

경북 경주시

토함산 불국사～석굴암 거리 7.8km, 소요시간 3시간
천년의 두께를 떠받치고 걷는 걸음

국보와 보물을 가득 품고 있는 천년고찰 불국사에서 시작해 토함산 자락을 걸어올라 석굴암에 이른다. 불국사부터 쉼터까지 곱게 뻗은 산책로에는 침엽수와 활엽수가 잘 어우러져 있다. 길 끝에서 만나는 석굴암 석굴은 신라 불교 예술의 정수를 보여준다.

신라 불교 예술의 정수를 보여주는 석굴암 석굴(8지점).

'토함산에 올랐어라. 해를 안고 앉았어라. 가슴속에 품었어라. 세월도 아픔도 품어버렸어라.' 멜로디도 가사도 잘 기억나지 않는 옛 노래를 흥얼거리며 불국사로 향한다. 주머니 속에서는 다보탑 몇 개가 짤랑거린다. 마음은 이미 추억의 수학여행 길에 가 있다. 그런데 가만 생각해보니, 수학여행 말고는 불국사도 토함산도 와본 적이 없다. 한 번 다녀와 이름도 정확히 기억 못하는 산과 사찰이 수두룩한데 토함산과 불국사에 대한 이 깊은 친밀감의 정체는 무엇일까.

그 정체는 바로 학습된 무의식이다. 신라 불교의 정수, 천년고찰, 유네스코 세계문화유산, 국보 다보탑과 석가탑, 법흥왕, 임진왜란, 일출 등 초등학교 때부터 교과서에서 배우고 시험지에서 만나고 퀴즈프로에서 복습하던 이름들이 신년 해맞이 여행지와 드라이브 코스로 떠올랐다가 다시 자녀용 교육 자료로 정리되는 학습이 우리 무의식에 늘 함께했던 것이다. 하루에도 몇 번씩 만지작거리던, 다보탑이 그려진 10원짜리 동전과 함께.

◀ 나무들이 터널을 이룬 토함산 숲 산책로(4~5지점).

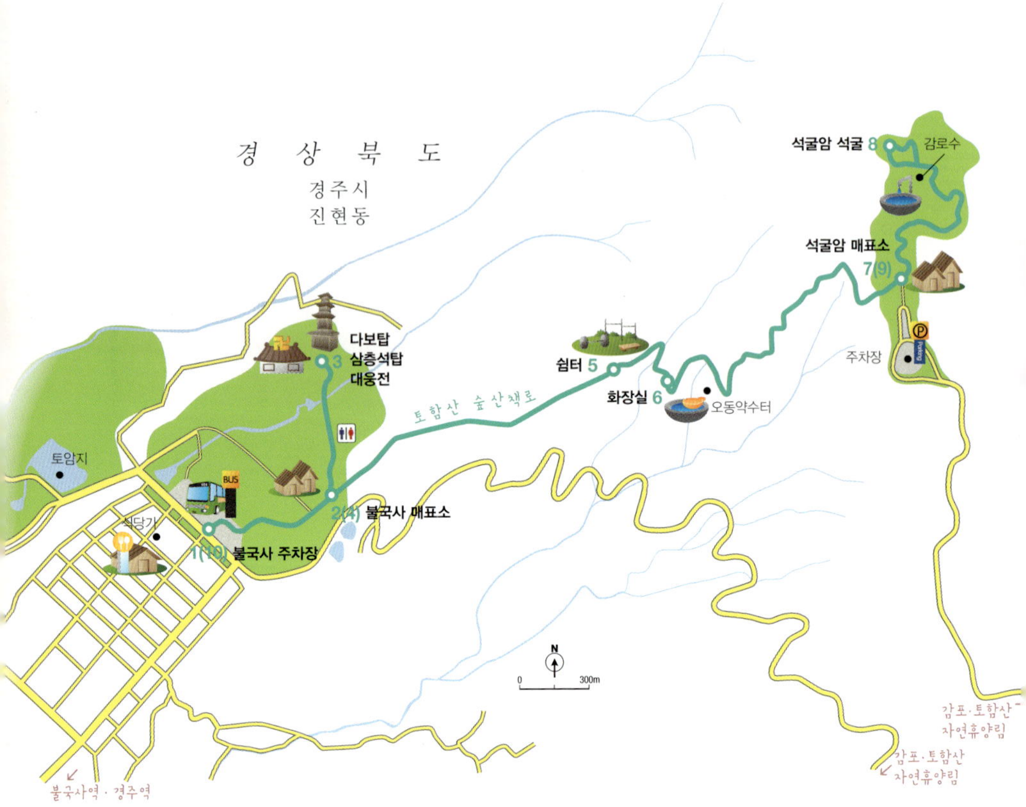

경상북도
경주시
진현동

- 걷는거리 7.8km
- 걷는시간 3시간
- 출발점 경북 경주시 진현동 불국사 주차장
- 종착점 경북 경주시 진현동 불국사 주차장
- 난이도 무난해요

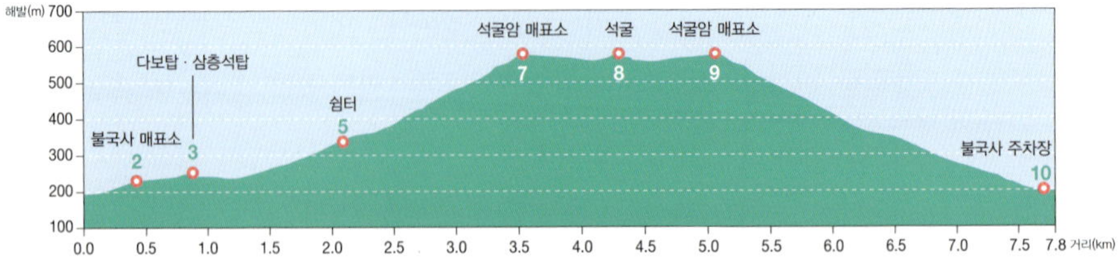

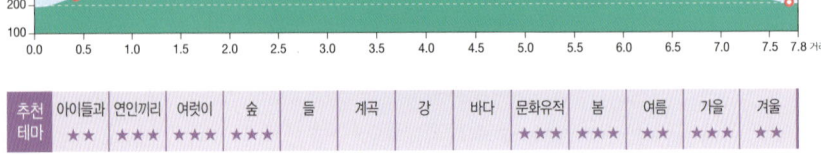

왼쪽부터 불국사 대웅전, 다보탑, 자하문(2~3지점).

수많은 문화재 품고 있는 고찰 불국사 주차장~불국사 매표소[1~4]

그 무의식을 의식적으로 확인하는 길이 불국사~석굴암을 왕복하는 토함산 탐방로다. 국보와 보물을 가득 품고 있는 천년고찰 불국사에서 시작해 토함산 자락을 걸어올라 신라 불교 예술의 정수인 석굴암을 돌아오는 길은 신라 천년의 역사와 가볍게 포옹하는 시간이 될 것이다.

신라 경주에는 절이 별처럼 많았다고 한다. 불국사와 석굴암도 그 시절의 절이다. 불국사는 신라 법흥왕 15년(528년)에 짓기 시작하여 진흥왕과 문무왕 때 부분적으로 중수되었고, 경덕왕 때 대규모로 개수했다. 80여 동, 2천 칸에 이르는 건물로 이루어진 대사찰이었다.

이후 여러 차례 중수를 거쳐 잘 보존되어 왔으나 임진왜란으로 큰 참화를 당했다. 왜병들이 불국사의 보물을 찾으려고 절 곳곳을 뒤지다가 지장전 벽 안에 감추어둔 무기를 발견하고 "아름다운 꽃 속에 독벌레가 숨어있는 법"이라면서 승려 8명을 무참히 살해하고 불을 질렀다. 천년 가람이 잿더미로 변해 버린 순간이었다. 그 후 500여 년에 걸친 복원공사를 통해 1973년 현재의 모습을 갖추었고, 1995년에는 유네스코 세계문화유산으로 지정되었다.

불국사 경내가 사적 제502호이고, 대웅전(보물 1744호), 다보탑(국보 20호), 석가탑(국보 21호), 가구식 석축(보물 1745호), 연화교·칠보교(국보 22호), 청운교·백운교(국보 23호), 금동비로자나불좌상(국보 26호), 금동아미타여래좌상(국보 27호), 사리탑(보물 61호) 등 수많은 문화재를 품고 있다. 대웅전에는 현세불인 석가모니불, 극락전에는 극락왕생 이후의 세계를 주관하는 아미타여래불, 비로전에는 지혜의 법신인 비로자나불을 모셨다.

불국사 주차장[1]에서 매표소[2]를 지난 후 천왕문~다보탑·삼층석탑·대웅전[3]~무설전~관음전~비로전~극락전~천왕문 순서로 관람하며 이동하는 게 편하다. 다 둘러본 후 매표소[4]로 되돌아와 왼쪽 석굴암으로 이어지는 토함산 탐방로로 들어선다.

초입부터 운치 있는 숲길이다. 소나무, 참나무, 단풍나무, 아까시나무 등 침엽수와 활엽수가 어우러진 산책로로, 고풍스러운 정원처럼 나무들이 저마다 곡선을 그리면서 운치 있는 숲 터널을 완성한다. 계절은 초봄이어서 불국사 입구에 벚꽃이 흐드러지게 피었는데 이 길은 가을 숲속에 들어선 것처럼 나뭇잎이 알록달록하다.

신라 불교 예술의 정수 정자 쉼터~석굴암~불국사 주차장[5~10]

'한발 두발 걸어서 올리라. 맨발로 땀 흘려 올라라. 그 몸뚱이 하나 발바닥 둘을 천년의 두께로 떠받쳐라.' 한발 두발 걸어 오르노라니 불국사에 들어설 때 시작되었던 노래가 다시 이어진다. 천년의 두께를 떠받치고 걷는 걸음이다.

경주의 동쪽을 둘러싸고 있는 토함산(吐含山, 해발 745m)은 신라 때 하늘에 제사를 지냈던 5대 진산 중 하나로, 지금도 남산, 단석산과 함께 경주의 3대 명산으로 꼽힌다. 신라가 불국토를 꿈꾸었다는 것을 증명이라도 하듯 산

쉼터를 지나면서 석굴암에 도착까지 조금 가파른 길이 이어진다(6~7지점). ▶

길 따라 발길따라 11

고개 넘고 꼬티 돌아 경상도 걷기 여행

휴대용 코스 가이드북

김성중 외 지음

황금시간
Golden Time

코 스 위 치 일 람

Section 1 숲

①	4	대구 동구 대구올레 팔공산 1코스 북지장사 가는 길
②	6	경북 구미시 옥성자연휴양림 산책로
③	8	경북 김천시 직지문화 모티길
④	10	경북 상주시 MRF 이야기길 4코스 숨소리길
⑤	12	경북 영주시 고치령 옛길
⑥	14	경북 영주시 소백산자락길 3자락 죽령옛길~장림말길
⑦	16	경북 울진군 금강소나무숲길 1구간
⑧	18	경남 창원시 무학산 둘레길 봉국사~만날고개
⑨	20	경남 창녕군 화왕산 자하골~억새밭
⑩	22	경남 합천군 가야산 백련암~해인사

Section 2 바다

⑪	24	경북 영덕군 블루로드 B코스
⑫	26	부산 해운대구 갈맷길 동백섬~구덕포
⑬	28	경남 남해군 남해 바래길 1코스 다랭이 지겟길
⑭	30	경남 사천시 이순신 바닷길 4코스 실안 노을길
⑮	32	경남 창원시 진해드림로드 장복 하늘마루 산길~천자봉 해오름길
⑯	34	경남 통영시 삼칭이해안길
⑰	36	경남 통영시 소매물도~등대섬
⑱	38	경남 통영시 한려해상 한산도~추봉도

Section 3 역사·문화

⑲	40	경북 경주시 남산 탐방로
⑳	42	경북 경주시 토함산 불국사~석굴암
㉑	44	경북 문경시 고모산성~토끼비리길
㉒	46	경북 문경시 문경새재 과거길
㉓	48	경북 안동시 녀던길 단천교~농암종택
㉔	50	경남 사천시 이순신 바닷길 1코스 사천희망길

Section 4 강·호수

㉕	52	경북 봉화군 외씨버선길 춘양목 솔향기길
㉖	54	경북 청송군 주왕산 주방계곡
㉗	56	경북 청송군 주왕산 주산지
㉘	58	경남 진주시 남부길
㉙	60	경남 창녕군 람사르습지 우포늪
㉚	62	경남 창원시 주남저수지

대구 동구 대구올레
팔공산 1코스 북지장사 가는 길

▶ 대구올레 안내판 ▶ 지장교 ▶ 북지장사 ▶ 도장마을
▶ 대구올레 안내판

- 걷는거리   4.8km
- 걷는시간   1시간~1시간 30분
- 출 발 점   대구 동구 도학동 방짜유기박물관 정류장
- 종 착 점   대구 동구 도학동 방짜유기박물관 정류장
- 난 이 도   쉬워요

추천테마	아이들과	연인끼리	여럿이	숲	들	계곡	강	바다	문화유적	봄	여름	가을	겨울
	★★★	★★★	★★★	★★★		★			★★★	★★★	★★	★★★	★

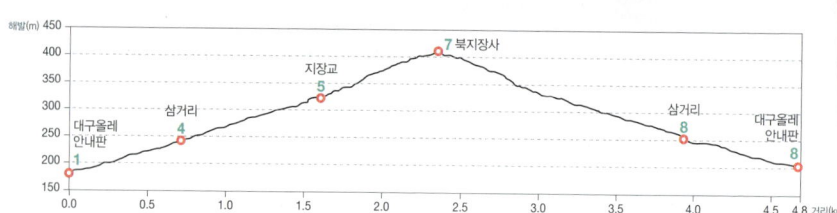

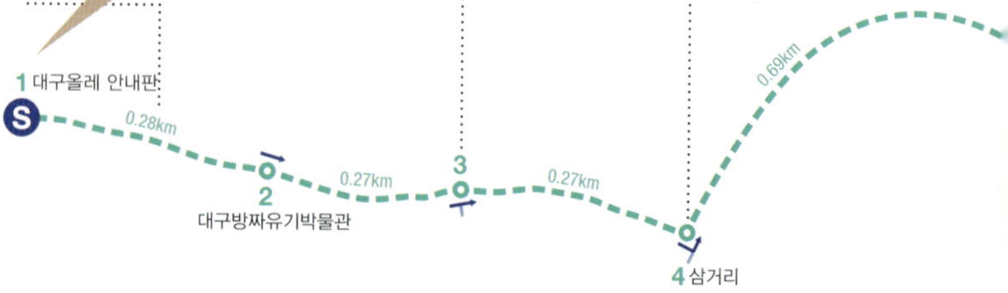

N
0
300m
팔공산
팔공CC
대구광역시
동구
정심요양원
학부마을
7 북지장사
6 안양교
지장교 5
관암사
4(8) 삼거리
2
3
도장마을
대구올레 안내판
1(9)
대구방짜유기 박물관
서당마을
도학동
공산 중학교
대구국제공항
백안 삼거리
와촌면

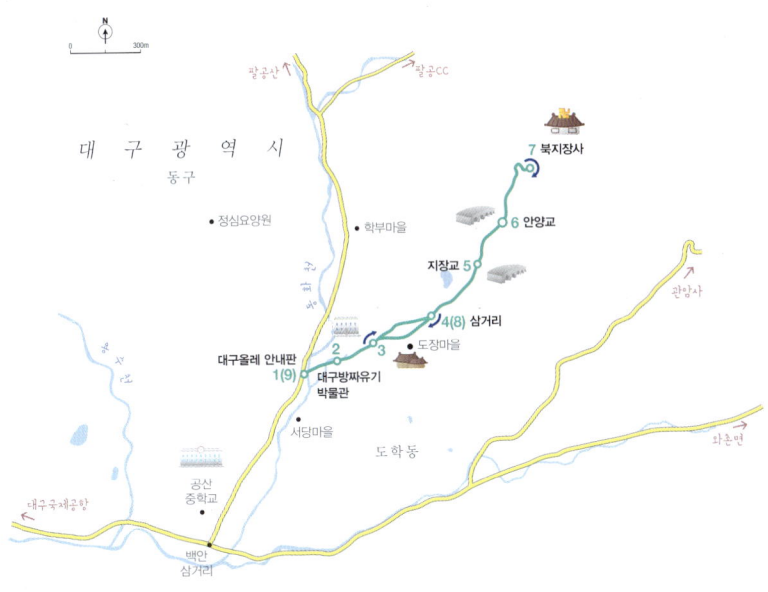

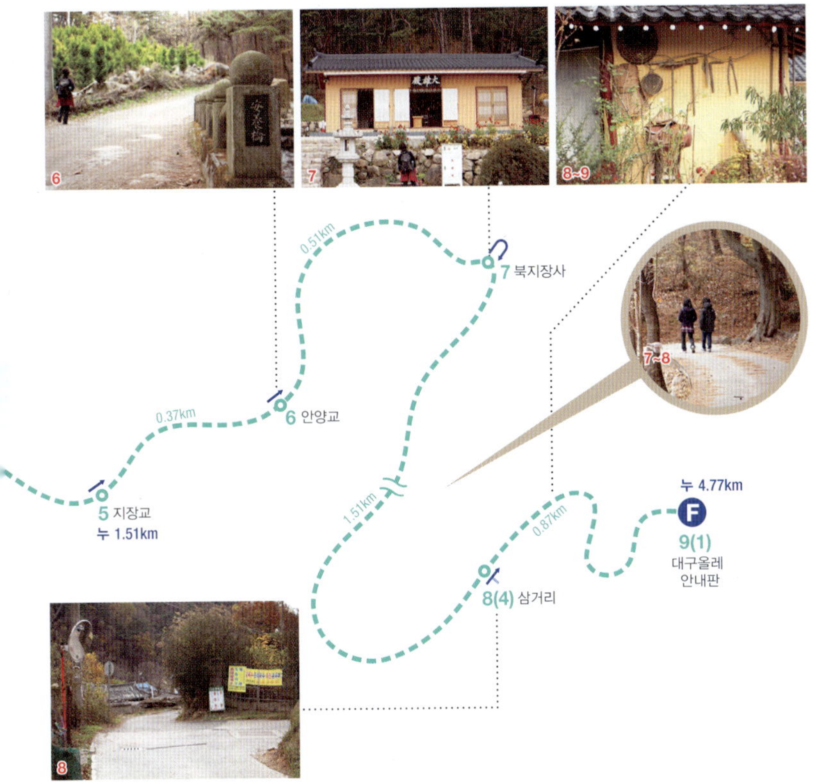
6
7
8~9
0.51km
7 북지장사
7~8
0.37km
6 안양교
5 지장교
누 1.51km
1.51km
0.87km
누 4.77km
F
9(1)
대구올레 안내판
8(4) 삼거리
8

경북 구미시
옥성자연휴양림 산책로

옛 오솔길 입구 ▶ 옥성주야임도 ▶ 형제봉 ▶ 옛 오솔길 입구

- 걷는거리   9.7km
- 걷는시간   3시간 30분~4시간
- 출 발 점   경북 구미시 옥성면 주아리 옥성자연휴양림
- 종 착 점   경북 구미시 옥성면 주아리 옥성자연휴양림
- 난 이 도   조금 힘들어요

추천 테마	아이들과	연인끼리	여럿이	숲	들	계곡	강	바다	문화유적	봄	여름	가을	겨울
	★	★★	★★	★★★		★				★★★	★★	★★★	★

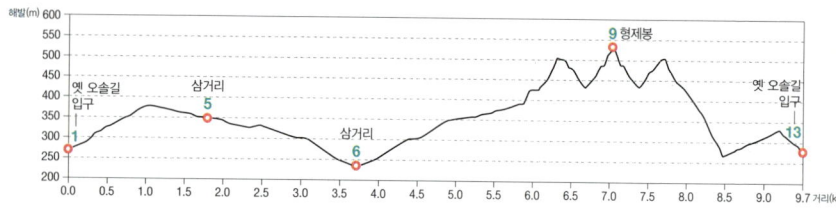

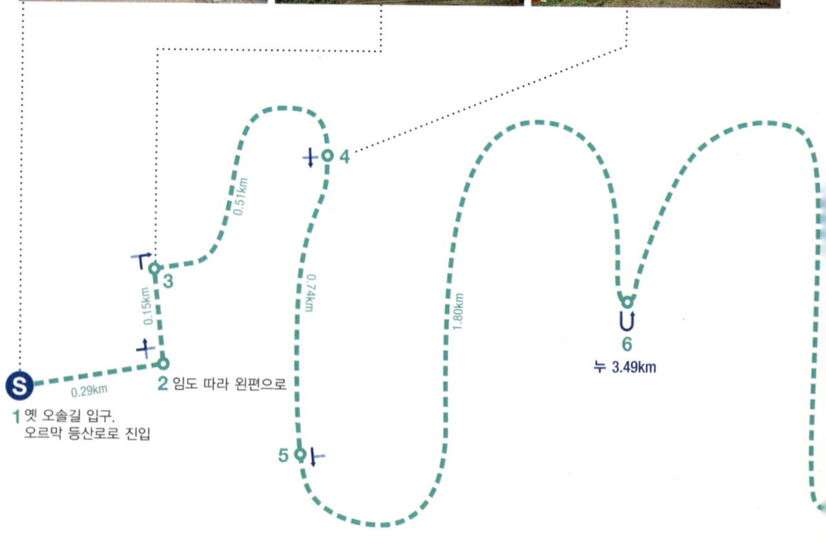

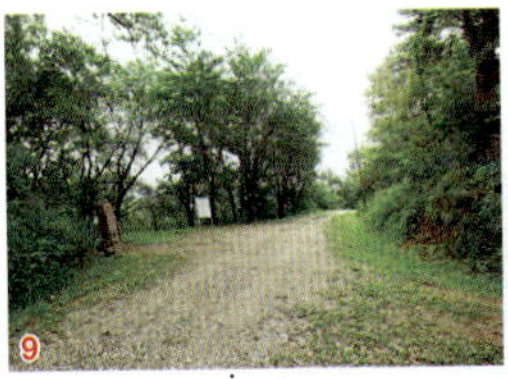

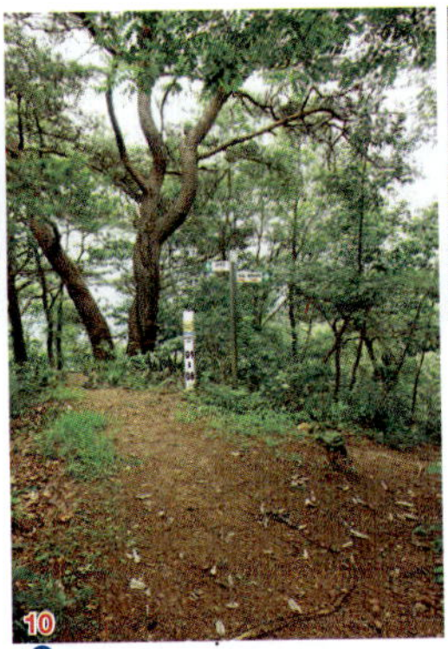

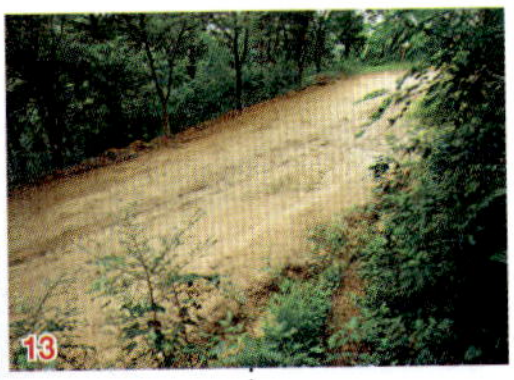

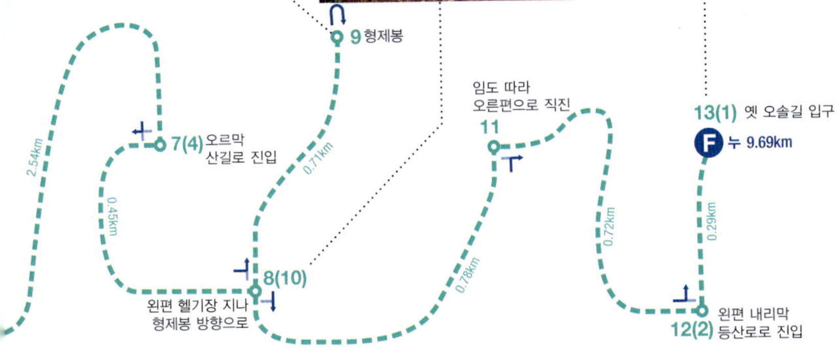

경북 김천시 모티길

직지문화 모티길

직지초등학교 ▶ 방하치마을 ▶ 방아재 ▶ 돌모마을 ▶ 직지문화공원

- **걷는거리** 11.3km
- **걷는시간** 3시간 30분~4시간
- **출 발 점** 경북 김천시 대항면 향천리 직지초등학교
- **종 착 점** 경북 김천시 대항면 운수리 직지문화공원
- **난 이 도** 조금 힘들어요

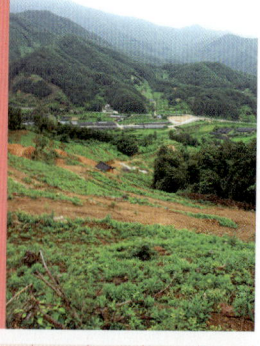

추천 테마	아이들과	연인끼리	여럿이	숲	들	계곡	강	바다	문화유적	봄	여름	가을	겨울
	★	★★	★★★	★★★	★★				★★	★★★	★	★★★	★★

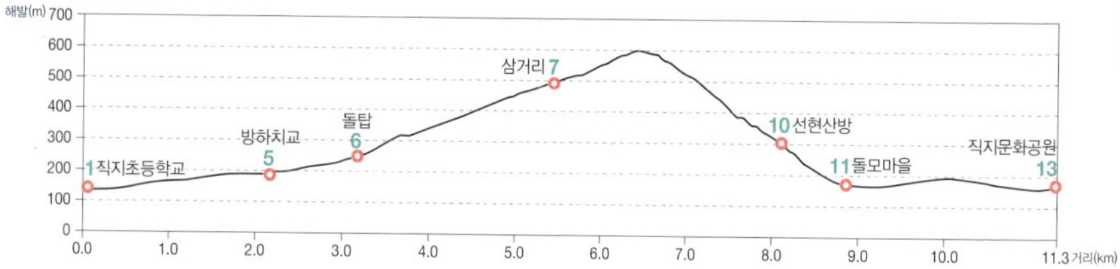

해발(m)
700
600
500
400
300
200
100
0
1 직지초등학교
방하치교 5
돌탑 6
삼거리 7
10 선현산방
11 돌모마을
직지문화공원 13
0.0
1.0
2.0
3.0
4.0
5.0
6.0
7.0
8.0
9.0
10.0
11.3 거리(km)

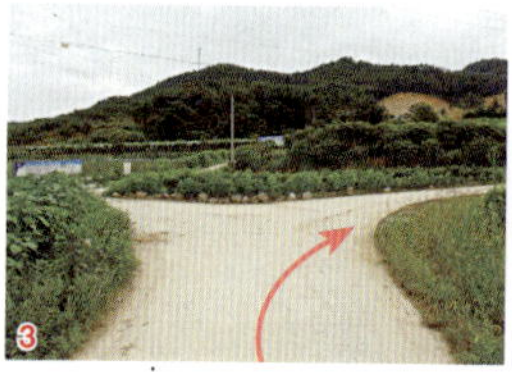

3

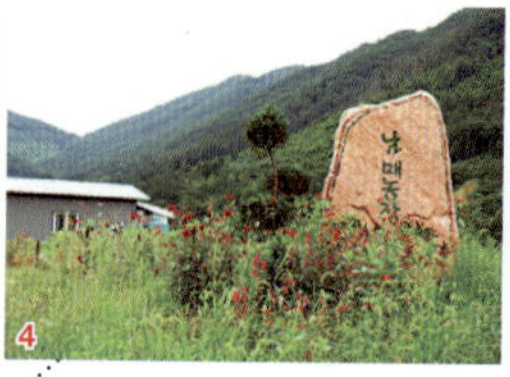

4

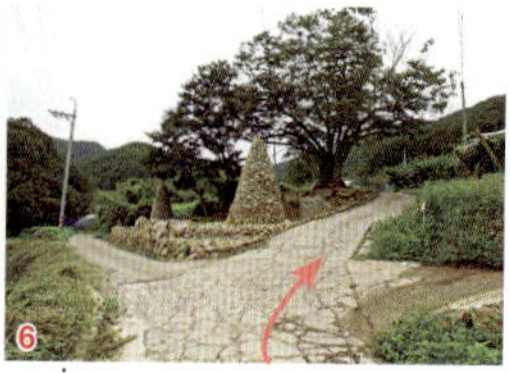

6

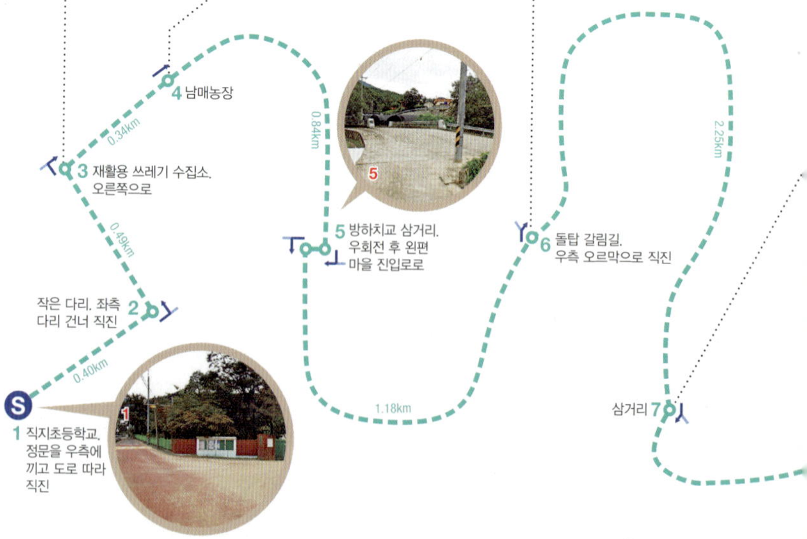

S
1 직지초등학교. 정문을 우측에 끼고 도로 따라 직진
0.40km
작은 다리. 좌측 다리 건너 직진 2
0.49km
3 재활용 쓰레기 수집소. 오른쪽으로
0.34km
4 남매농장
0.84km
5 방하치교 삼거리. 우회전 후 왼편 마을 진입로로
1.18km
6 돌탑 갈림길. 우측 오르막으로 직진
2.25km
삼거리 7

경 상 북 도
김천시
대항면

1 직지초등학교
2 작은 다리
3 재활용 쓰레기 수집소
4 남매농장
5 방하치교
6 돌탑
7 삼거리
8 동구지산
9 좁은 다리
10 선현산방
11 돌모마을
12 식당가 삼거리
13 직지문화공원

향천리
운수리
덕전리
대성리

김천파크
관광호텔
직지사
직지사 우체국
방하치마을
황녀관
백운농장식당

↑ 경북 영동군
↑ 덕천내거리
← 김천
↑ 봉산역
직지사역
대항초교
덕산저수지
↓ 추례리

7 좁은 다리 건넌 후 오른편 내리막으로 9
13 직지문화공원

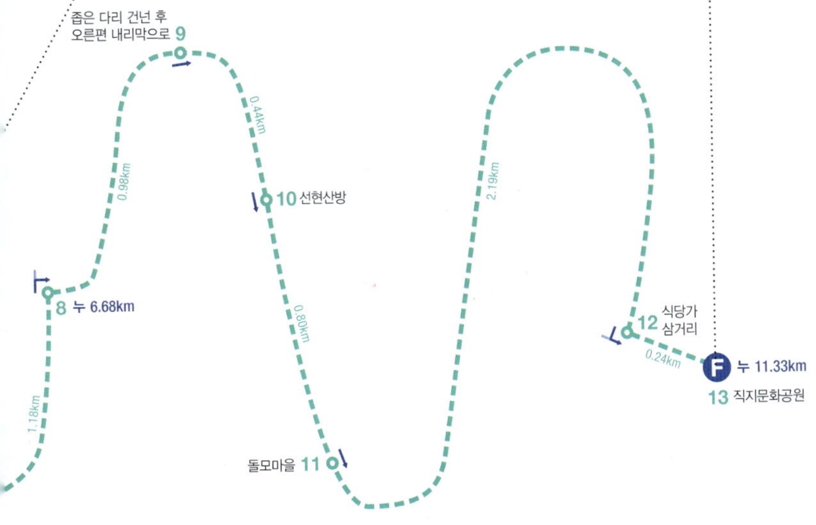

0.44km
0.98km
2.19km
0.80km
1.18km
0.24km

8 누 6.68km
10 선현산방
11 돌모마을
12 식당가 삼거리
F 누 11.33km
13 직지문화공원

경북 상주시 MRF 이야기길
4코스 숨소리길

낙동강변 먹거리촌 ▶ 나각산 정상 ▶ 출렁다리 ▶ 마귀할멈굴
▶ 낙동강변 먹거리촌

- 걷는거리   8.0km
- 걷는시간   2시간 30분~3시간
- 출 발 점   경북 상주시 낙동면 낙동리 낙동강변 먹거리촌
- 종 착 점   경북 상주시 낙동면 낙동리 낙동강변 먹거리촌
- 난 이 도   조금 힘들어요

추천테마	아이들과	연인끼리	여럿이	숲	들	계곡	강	바다	문화유적	봄	여름	가을	겨울
	★	★★	★★	★★★	★★		★★★			★★	★	★★★	★

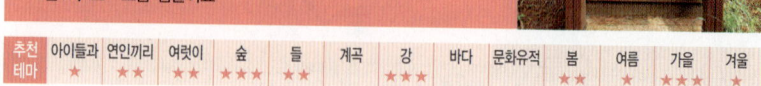

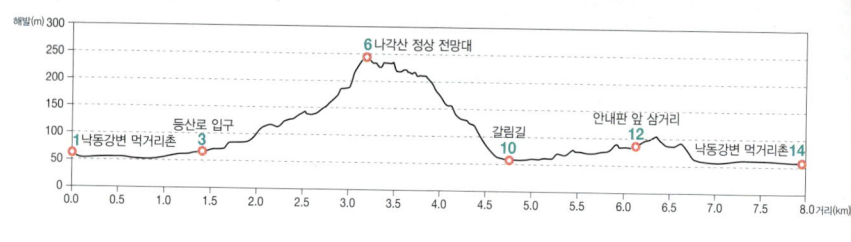

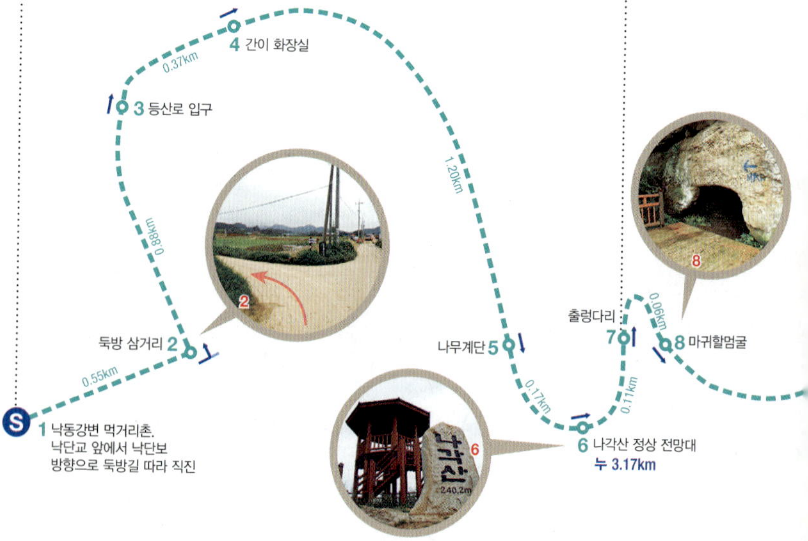

1 낙동강변 먹거리촌.
낙단교 앞에서 낙단보
방향으로 둑방길 따라 직진

10

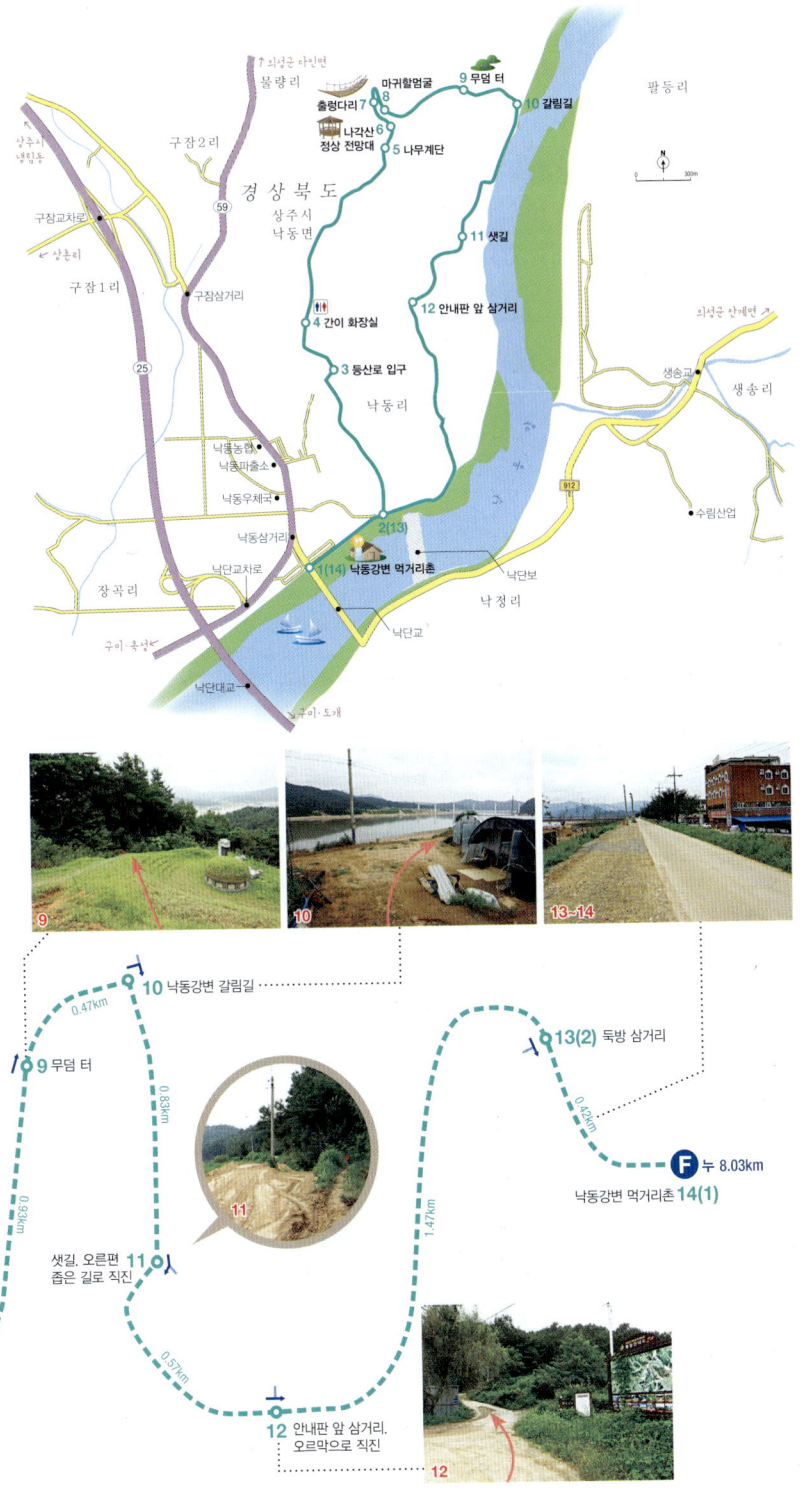

경북 영주시

고치령 옛길

좌석리 정류장 ▶ 연화3교 ▶ 고치령 마루 ▶ 마락리 ▶ 의풍리 정류장

- **걷는거리** 11.7km
- **걷는시간** 4시간
- **출 발 점** 경북 영주시 단산면 좌석리 정류장
- **종 착 점** 충북 단양군 영춘면 의풍리 정류장
- **난 이 도** 무난해요

추천 테마	아이들과	연인끼리	여럿이	숲	들	계곡	강	바다	문화유적	봄	여름	가을	겨울
	★	★★	★★★	★★★	★	★★				★★★	★★	★★★	★

1

3~4

4

2~3

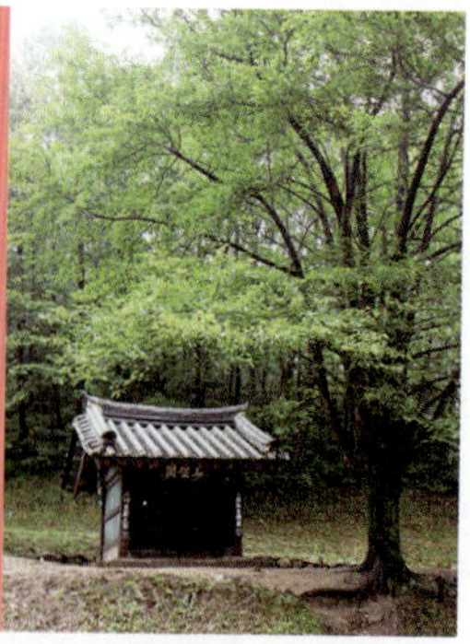

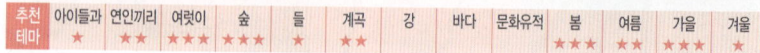

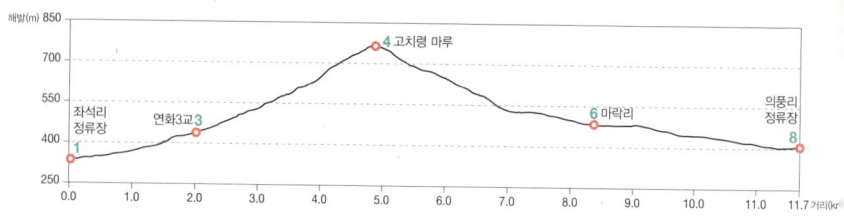

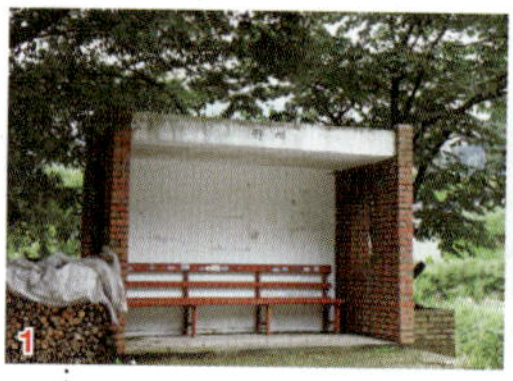

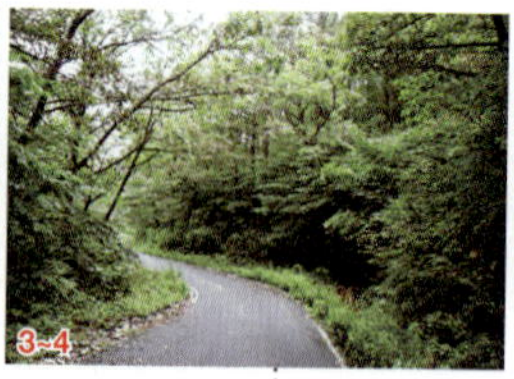

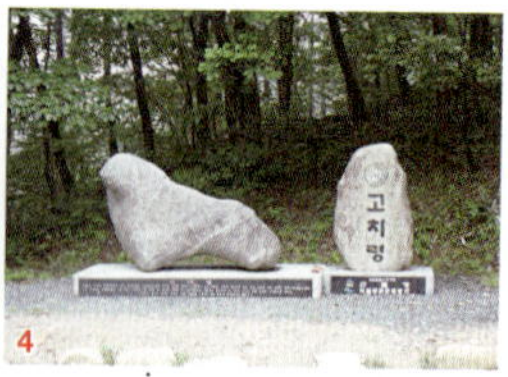

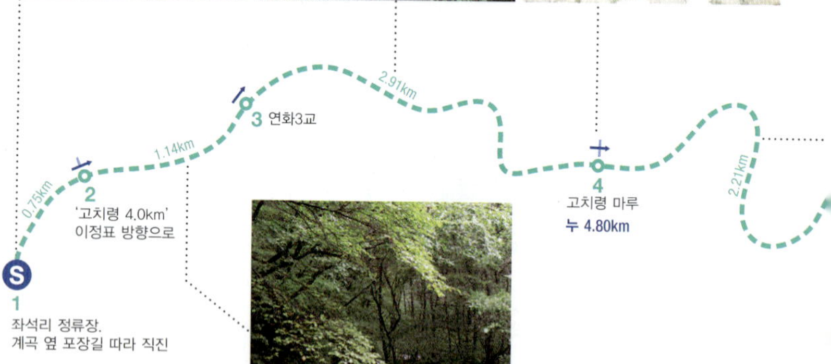

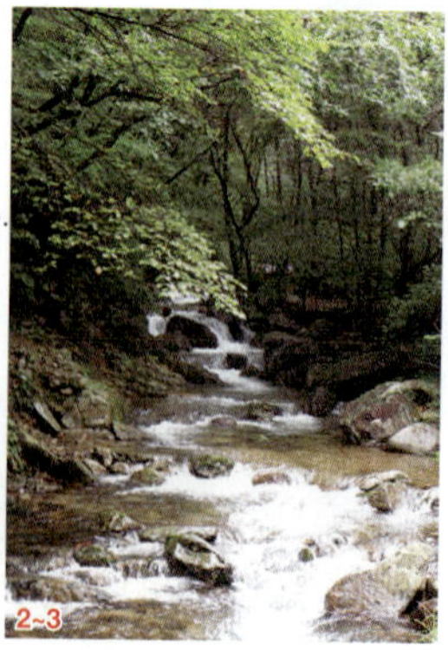

지도 라벨

- 영월 ↑
- 김삿갓계곡
- 영춘면사무소 ←
- 충청북도
- 단양군 영춘면
- 의풍리 정류장 8
- 의풍리 보건지료소 7
- 마락리마을 6
- 형제봉
- 갈림길 5
- 약수터
- 고치령 마루 4 (산령각)
- 부석면
- 소백산 국립공원
- 좌석리
- 부석사
- 연화3교 3
- 연화1교·연화2교 2
- 좌석리 정류장 1
- 단산 저수지
- 경상북도
- 영주시 단산면
- 풍기·소수서원 ↙
- 영주 ↓
- 춘양 →
- 935
- 931

0 1500m

경로

- 5
- 1.55km
- 6 누 8.56km 마락리, 계곡 옆 큰길 따라 진행
- 2.80km
- 7 의풍리보건진료소
- 0.37km
- F 누 11.73km
- 8 의풍교, 소백산슈퍼 앞 정류장

4~5
5~6
6~7

경북 영주시 소백산자락길

3자락 죽령옛길~장림말길

소백산역 ▶ 느티정 주막거리 터 ▶ 죽령루 ▶ 보국사 터 ▶ 죽령터널 입구 ▶ 당동리 정류장

- **걷는거리** 11.4km
- **걷는시간** 3시간 30분
- **출 발 점** 경북 영주시 풍기읍 수철리 정류장(소백산역 입구)
- **종 착 점** 충북 단양군 대강면 당동리 정류장
- **난 이 도** 무난해요

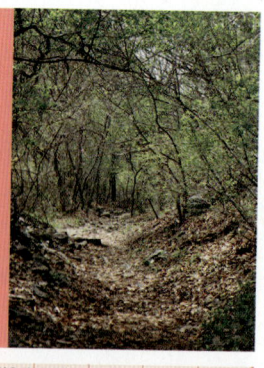

추천 테마	아이들과	연인끼리	여럿이	숲	들	계곡	강	바다	문화유적	봄	여름	가을	겨울
		★★	★★	★★★	★★	★★			★★★	★★★	★★	★★★	★

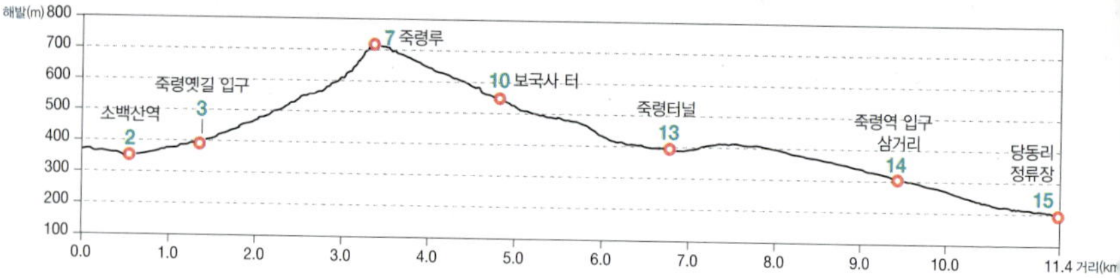

해발(m)
800
700
600
500
400
300
200
100
소백산역 2
죽령옛길 입구 3
7 죽령루
10 보국사 터
죽령터널 13
죽령역 입구 삼거리 14
당동리 정류장 15
0.0
1.0
2.0
3.0
4.0
5.0
6.0
7.0
8.0
9.0
10.0
11.4 거리(km)

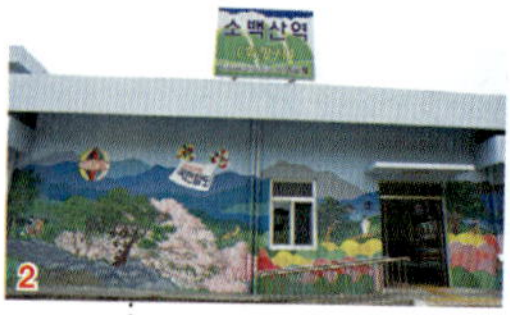

소백산역
2

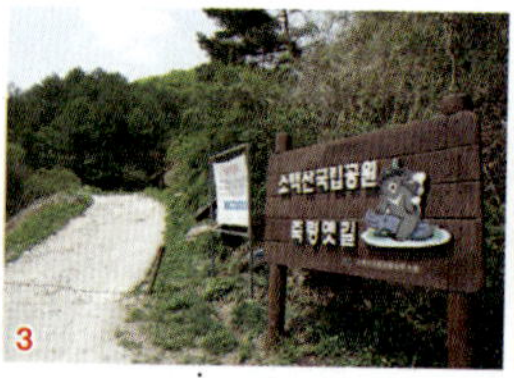

소백산국립공원
죽령옛길
3

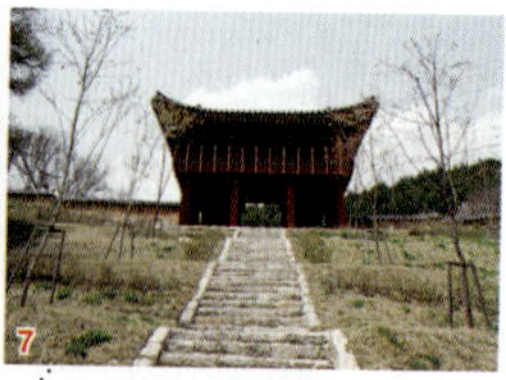

7

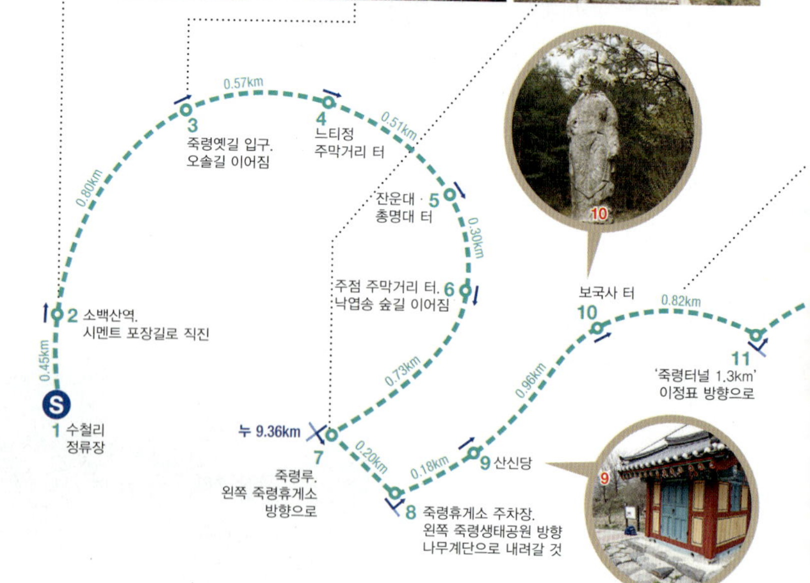

1 수철리 정류장
0.45km
2 소백산역. 시멘트 포장길로 직진
0.80km
3 죽령옛길 입구. 오솔길 이어짐
0.57km
4 느티정 주막거리 터
0.51km
잔운대 · 총명대 터 5
0.30km
주점 주막거리 터. 낙엽송 숲길 이어짐 6
0.73km
누 9.36km
7 죽령루. 왼쪽 죽령휴게소 방향으로
0.20km
8 죽령휴게소 주차장. 왼쪽 죽령생태공원 방향 나무계단으로 내려갈 것
0.18km
9 산신당
0.96km
보국사 터 10
0.82km
11 '죽령터널 1.3km' 이정표 방향으로
10
9

경북 울진군 금강소나무숲길
1구간

두천리 ▶ 울진내성행상불망비 ▶ 금강소나무숲길 ▶ 찬물내기 쉼터 ▶ 조령성황사 ▶ 소광리

- 걷는거리 14.2km
- 걷는시간 6~7시간
- 출 발 점 경북 울진군 북면 두천리 정류장
- 종 착 점 경북 울진군 서면 소광리 정류장
- 난 이 도 조금 힘들어요

추천테마	아이들과	연인끼리	여럿이	숲	들	계곡	강	바다	문화유적	봄	여름	가을	겨울
	★	★★	★★★	★★★		★★★			★★★	★★★	★★★	★★★	

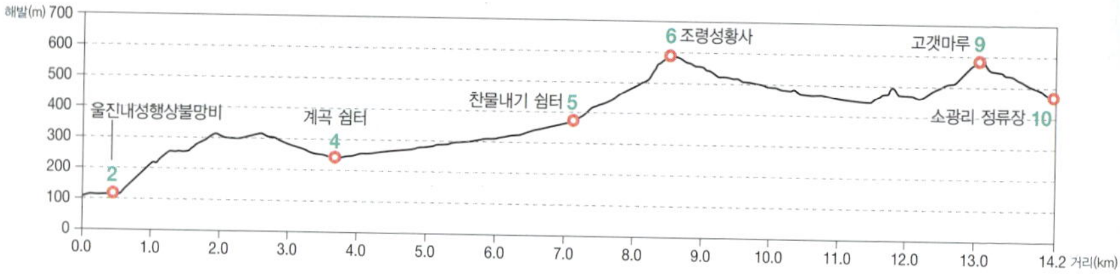

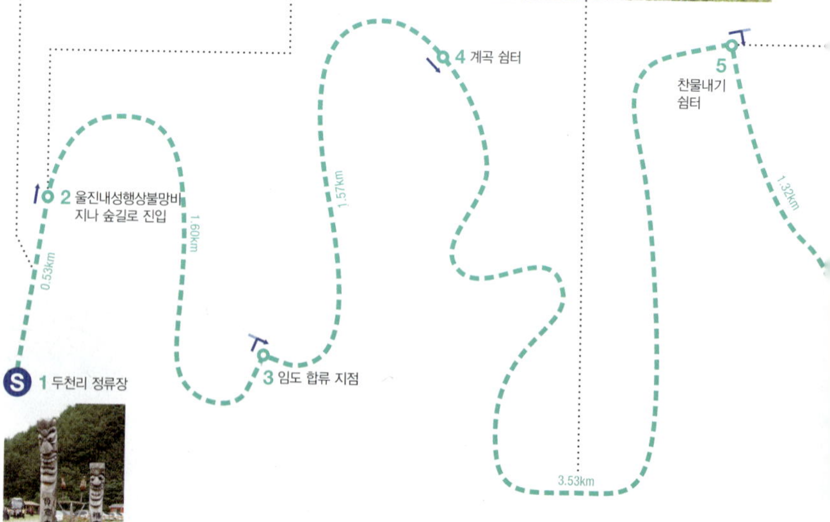

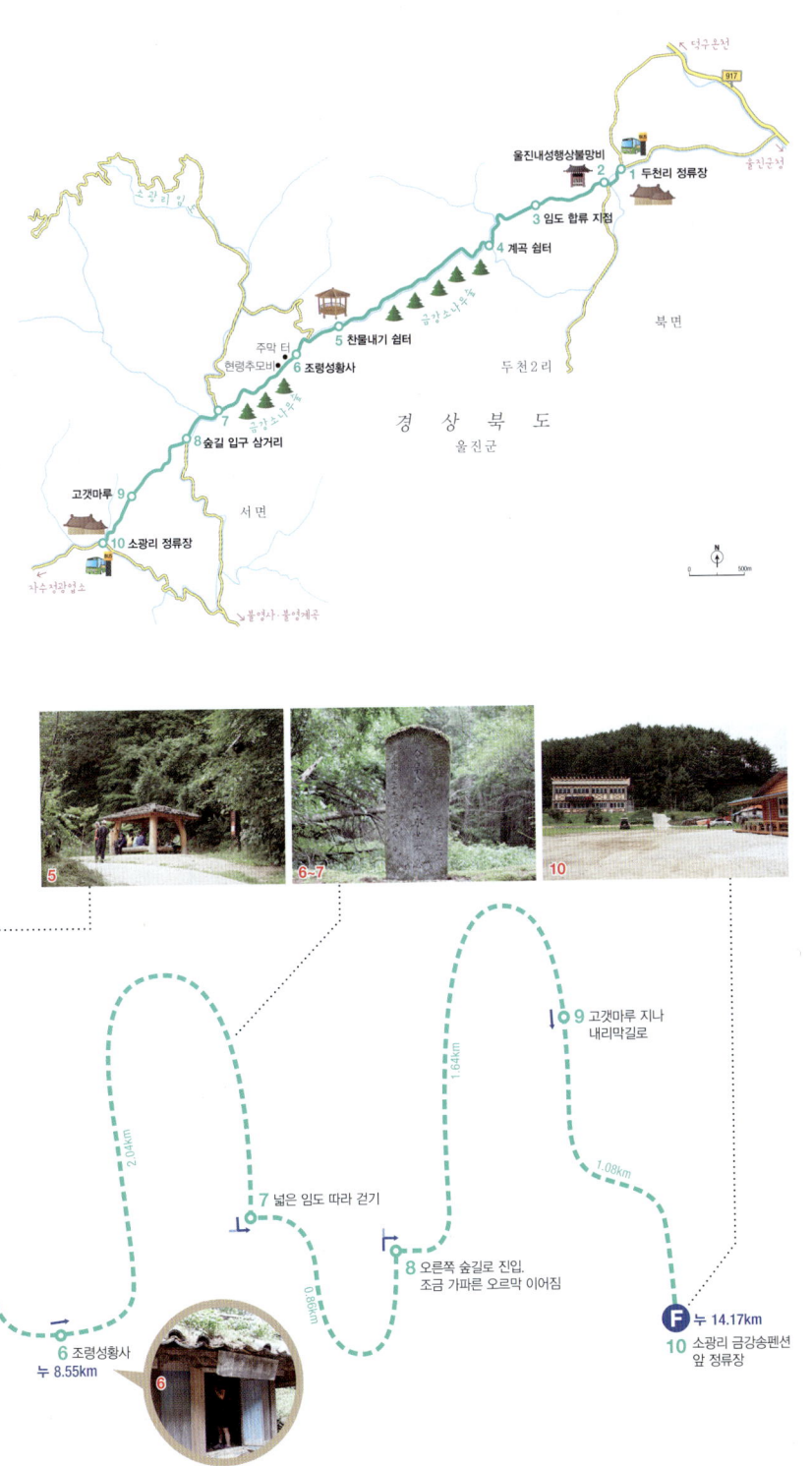

경남 창원시 무학산 둘레길
봉국사~만날고개

봉국사 ▶ 무학농장 산림욕장 ▶ 서원곡 ▶ 보타사 밑
▶ 만날고개 정류장

- 걷는거리 10.0km
- 걷는시간 3시간~3시간 30분
- 출 발 점 경남 창원시 마산회원구 석전동 봉국사 입구
- 종 착 점 경남 창원시 마산합포구 월영동 만날고개 정류장
- 난 이 도 무난해요

| 추천테마 | 아이들과 ★★ | 연인끼리 ★★ | 여럿이 ★★ | 숲 ★★★ | 들 | 계곡 ★★ | 강 | 바다 ★★ | 문화유적 | 봄 ★★★ | 여름 ★★★ | 가을 ★★★ | 겨울 ★★ |

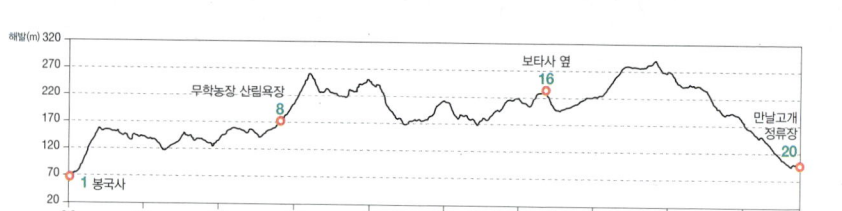

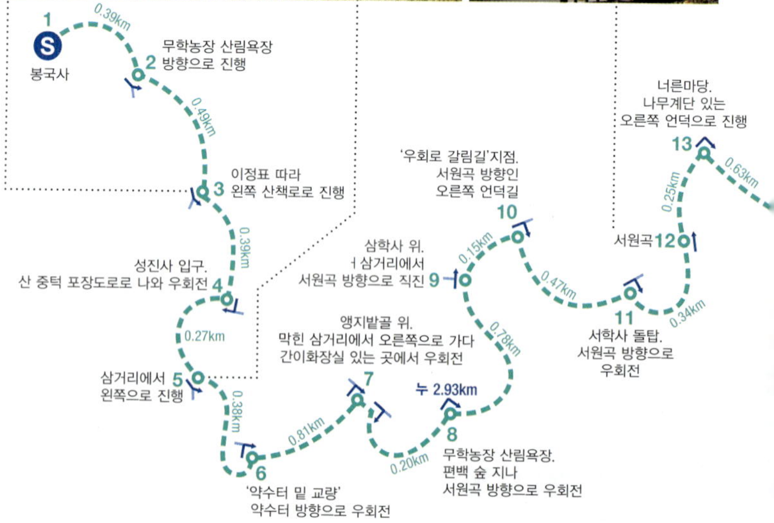

경남 창녕군 화왕산
자하골~억새밭

▶ 자하골 입구 ▶ 도성암 ▶ 613봉 삼거리 ▶ 억새밭
▶ 자하골 입구

- 걷는거리 6.1km
- 걷는시간 4시간~4시간 30분
- 출 발 점 경남 창녕군 창녕읍 송현리 자하골 입구
- 종 착 점 경남 창녕군 창녕읍 송현리 자하골 입구
- 난 이 도 힘들어요

추천테마	아이들과	연인끼리	여럿이	숲	들	계곡	강	바다	문화유적	봄	여름	가을	겨울
	★★	★★★	★	★★★		★★★			★★★	★		★★	★★★

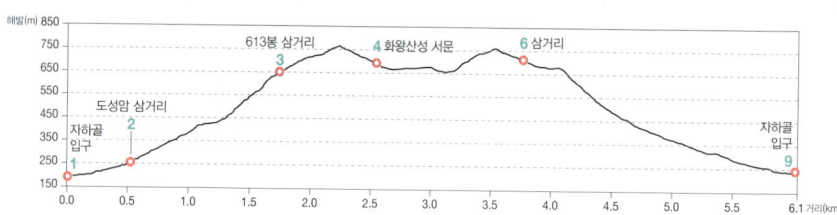

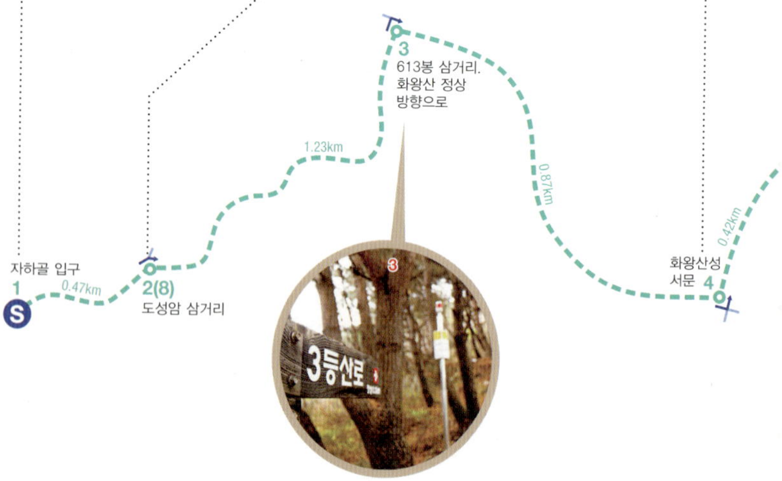

동위지
경 상 남 도
창녕군
창녕읍
송현리
613봉 삼거리 3
화왕산
화왕산
국립공원
5 동문
남문
4(7)
화왕사성 서문
억새밭
배바위
2(8)
도성암 삼거리
1(9)
자하골 입구
창녕군청
창녕여중
수무지골
N
0
200m

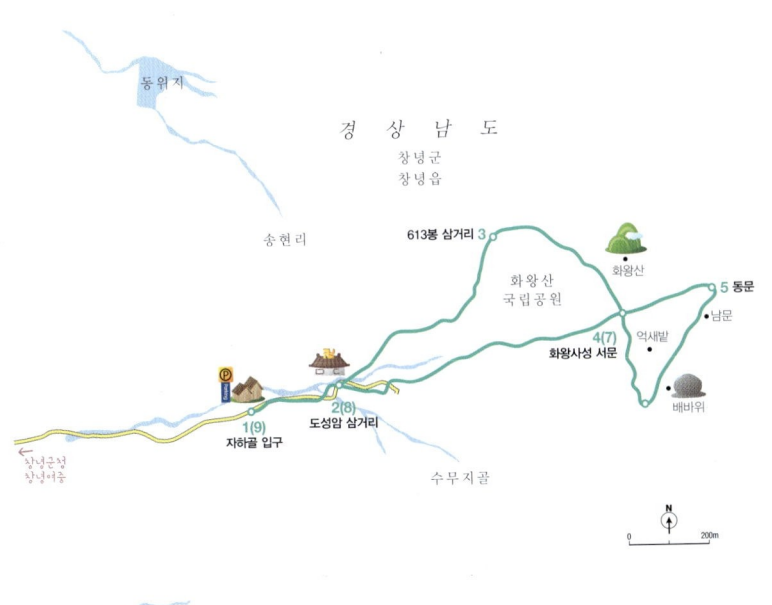

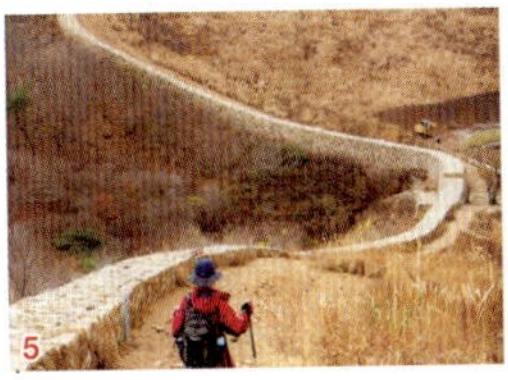
5

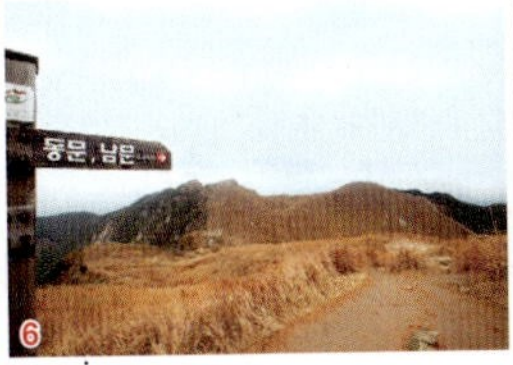
동문, 남문
6

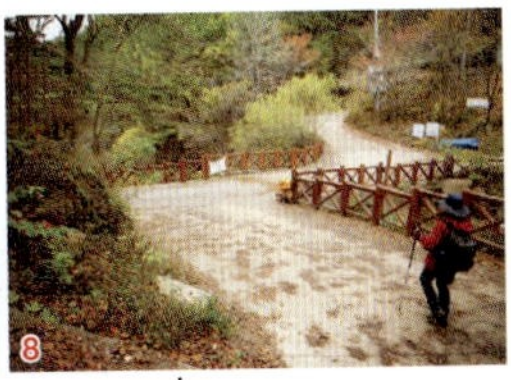
8

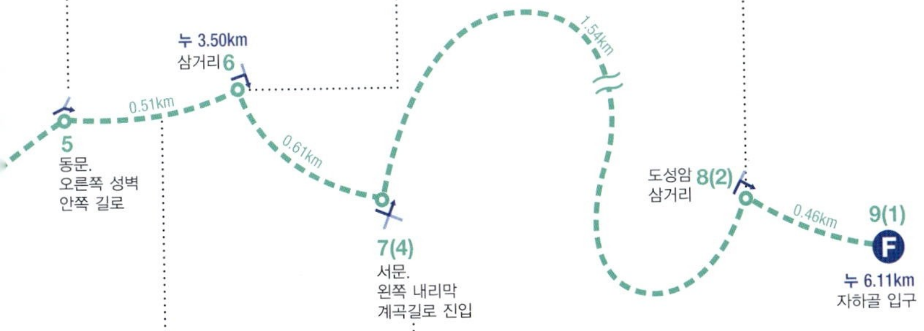
누 3.50km
삼거리 6
0.51km
5
동문.
오른쪽 성벽
안쪽 길로
0.61km
7(4)
서문.
왼쪽 내리막
계곡길로 진입
1.54km
도성암 8(2)
삼거리
0.46km
9(1)
F
누 6.11km
자하골 입구

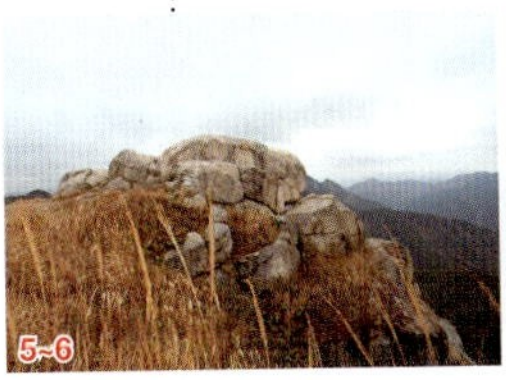
5~6

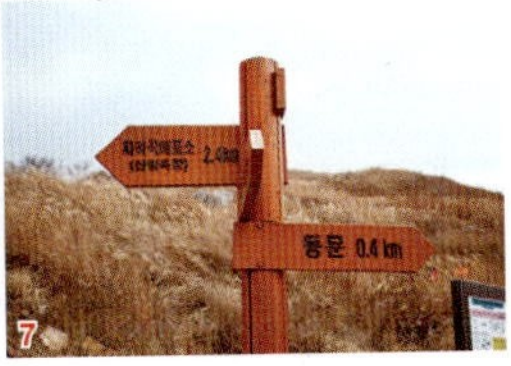
동문 0.4km
7

경남 합천군 가야산

백련암~해인사

가야산휴게실 ▶ 백련암 ▶ 해인사 ▶ 장경판전 ▶ 가야산휴게실

- **걷는거리** 5.6km
- **걷는시간** 2시간
- **출 발 점** 경남 합천군 가야면 치인리 가야산휴게실
- **종 착 점** 경남 합천군 가야면 치인리 가야산휴게실
- **난 이 도** 조금 힘들어요

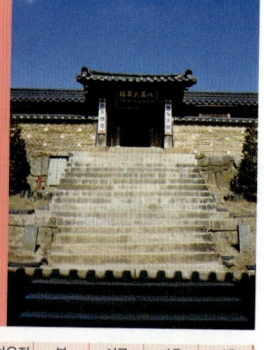

추천 테마	아이들과	연인끼리	여럿이	숲	들	계곡	강	바다	문화유적	봄	여름	가을	겨울
	★★	★★	★★★	★		★			★★★	★★★	★	★★★	★

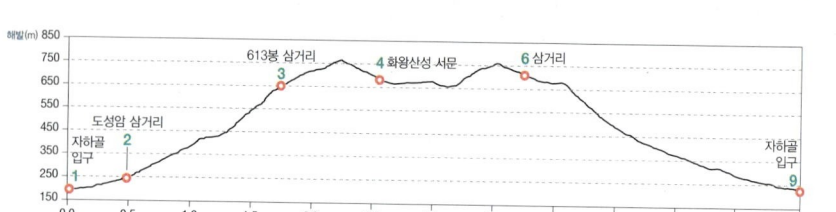

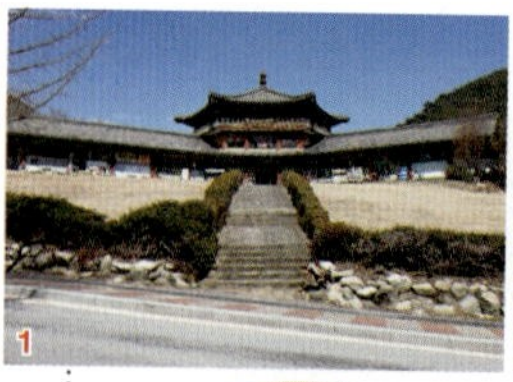

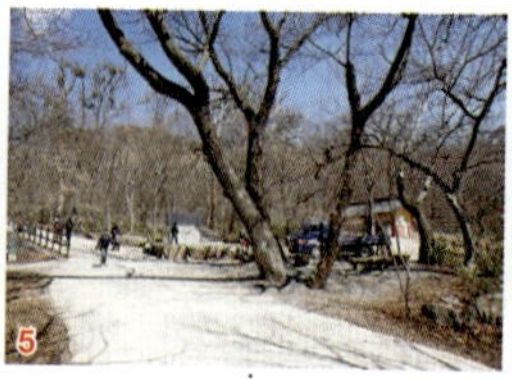

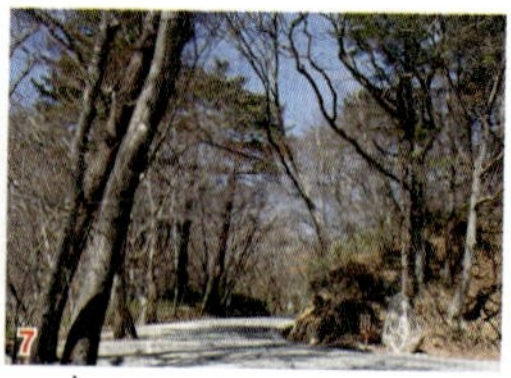

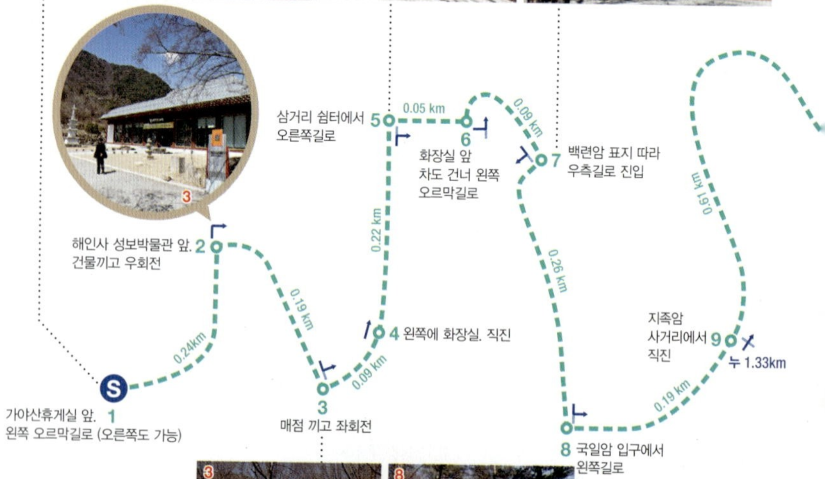

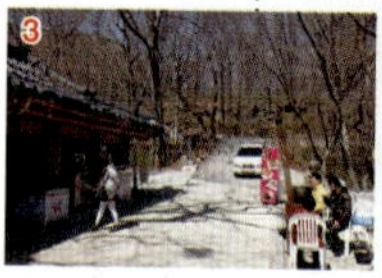

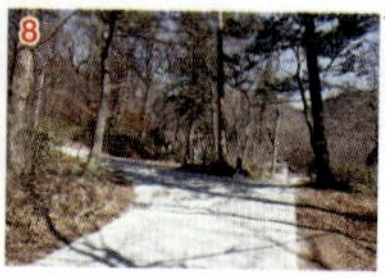

해발(m)
850
750
650
550
450
350
250
150
613봉 삼거리
4 화왕산성 서문
6 삼거리
3
도성암 삼거리
자하골 입구
1
2
자하골 입구
9
0.0
0.5
1.0
1.5
2.0
2.5
3.0
3.5
4.0
4.5
5.0
5.5
6.1
거리(km)

1

5

7

3
해인사 성보박물관 앞. 2
건물끼고 우회전
0.24km
S
가야산휴게실 앞. 1
왼쪽 오르막길로 (오른쪽도 가능)
0.19 km
3
매점 끼고 좌회전
0.09 km
4 왼쪽에 화장실. 직진
0.22 km
삼거리 쉼터에서 5
오른쪽길로
0.05 km
6
화장실 앞
차도 건너 왼쪽
오르막길로
0.09 km
7 백련암 표지 따라
우측길로 진입
0.26 km
8 국일암 입구에서
왼쪽길로
0.19 km
지족암
사거리에서 9
직진
1.33km
0.61 km

3

8

경 상 남 도

합천군
가야면
치인리

구 원 리

백련암 앞에서 우측 계단으로, 직진하면 주차장 지나 백련암으로 이어짐

10
0.16 km
11
백련암.
큰길 삼거리(7)까지 되돌아감

1.26 km

0.13 km
14 해인사 입구
13 오른쪽에 부도원 입구

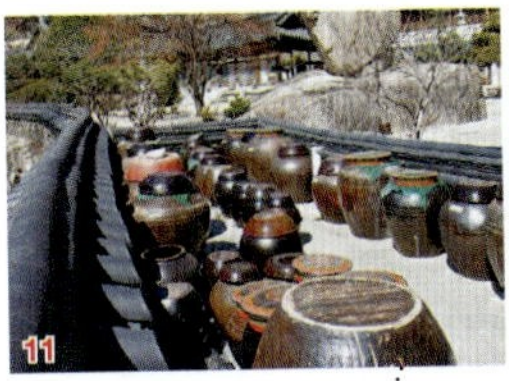

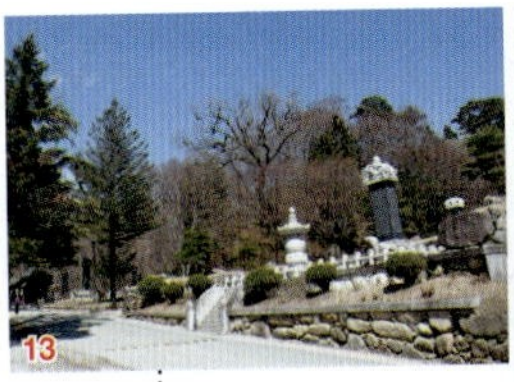

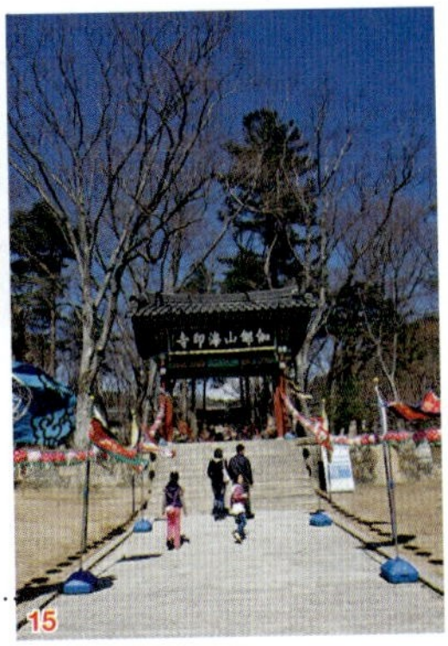

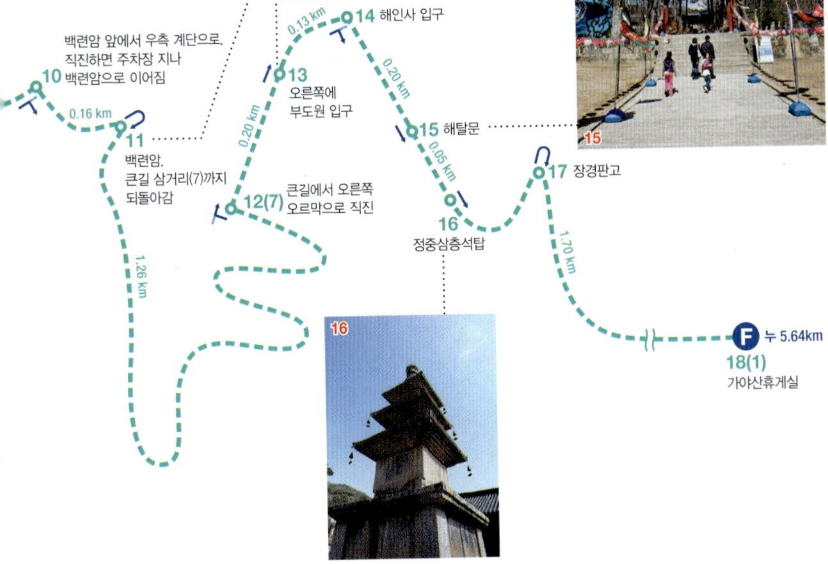

0.20 km
0.20 km

12(7) 큰길에서 오른쪽 오르막으로 직진

15 해탈문
0.05 km
16 정중삼층석탑
17 장경판고

1.70 km

F 누 5.64km
18(1) 가야산휴게실

경북 영덕군 블루로드

B코스

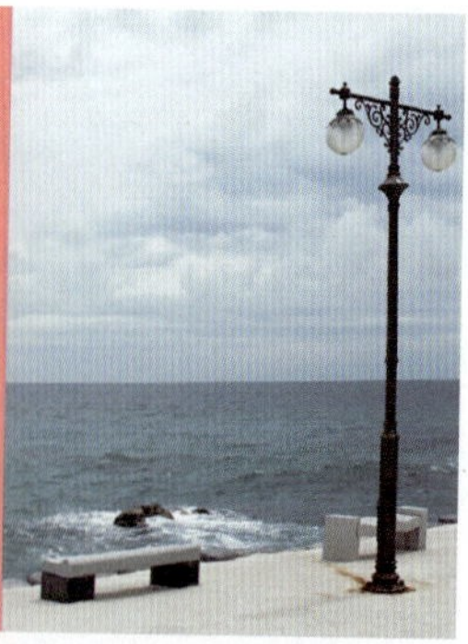

해맞이공원 ▶ 오보해수욕장 ▶ 석리 ▶ 경정해수욕장 ▶ 원조대게마을 ▶ 죽도산 ▶ 축산항

- **걷는거리** 11.8km
- **걷는시간** 4시간
- **출 발 점** 경북 영덕군 영덕읍 대탄리 해맞이공원
- **종 착 점** 경북 영덕군 축산면 축산리 축산항
- **난 이 도** 무난해요

추천 테마	아이들과	연인끼리	여럿이	숲	들	계곡	강	바다	문화유적	봄	여름	가을	겨울
	★	★★	★★★	★				★★★		★★★	★★	★★★	★

1

3~4

5~6

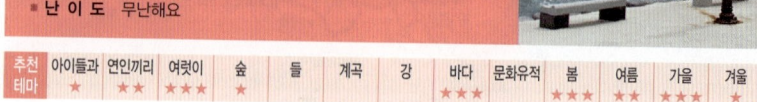

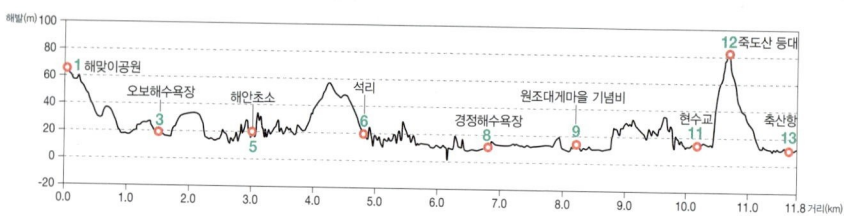

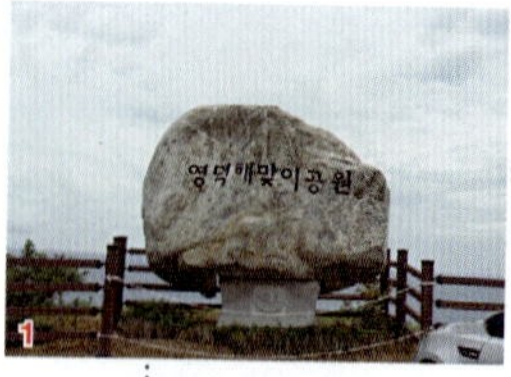

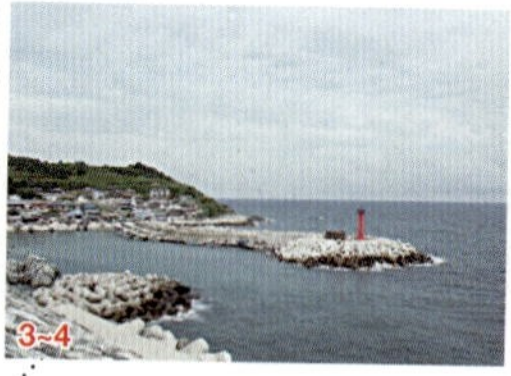

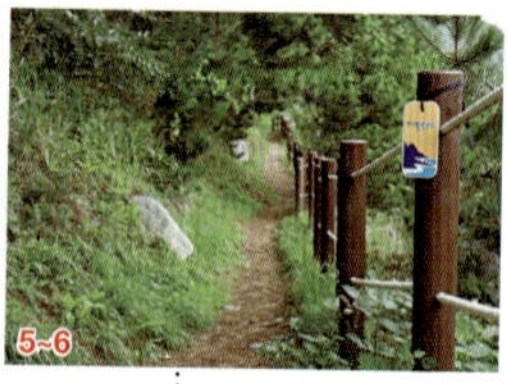

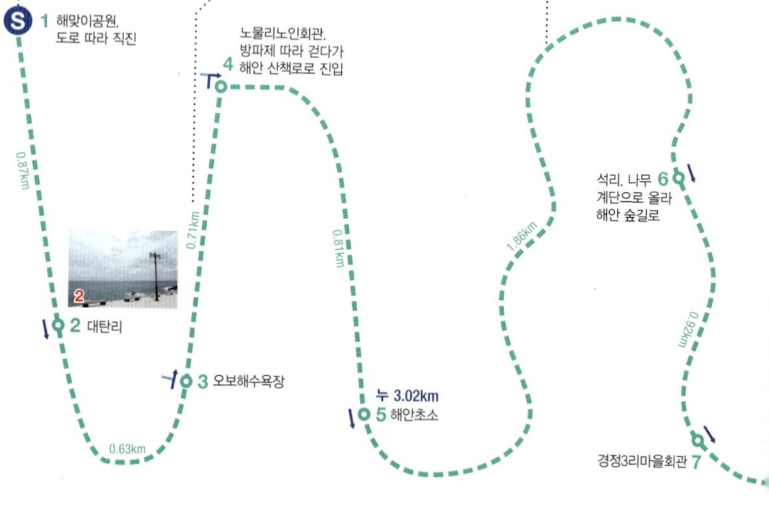

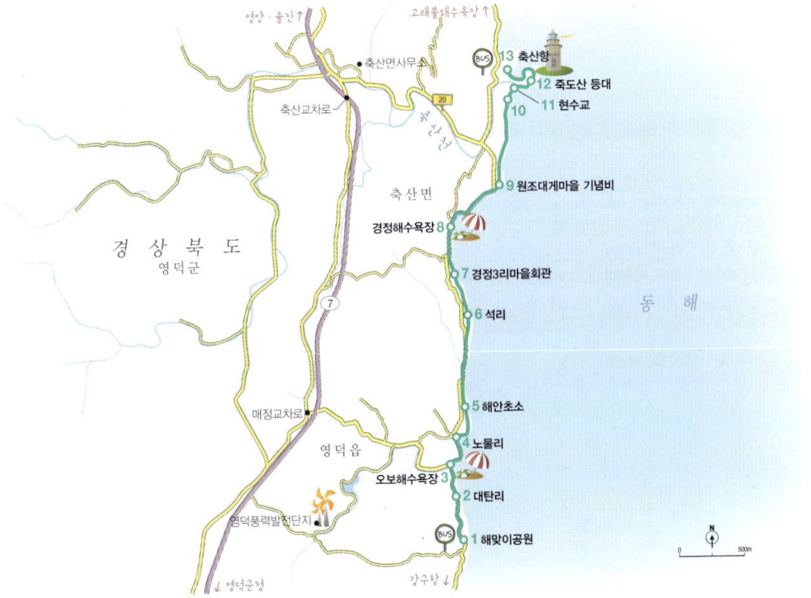
영양 · 울진
고래불해수욕장
축산면사무소
축산교차로
20
축산천
13 축산항
12 죽도산 등대
11 현수교
10
9 원조대게마을 기념비
축산면
경정해수욕장 8
경 상 북 도
영덕군
7 경정3리마을회관
7
6 석리
동 해
5 해안초소
매정교차로
4 노물리
영덕읍
오보해수욕장 3
2 대탄리
영덕풍력발전단지
1 해맞이공원
BUS
0
500m
영덕군청
강구항

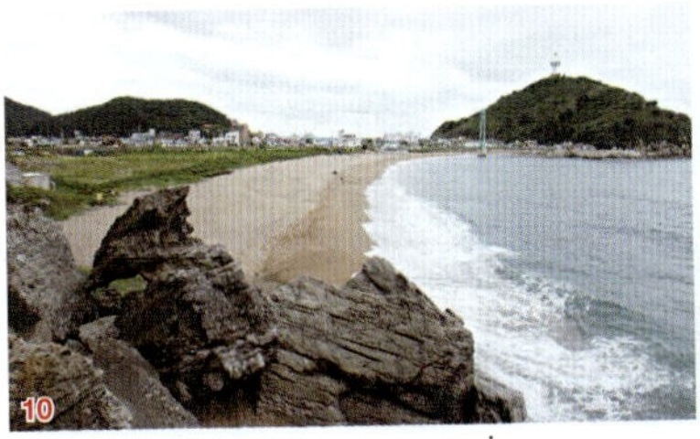
10

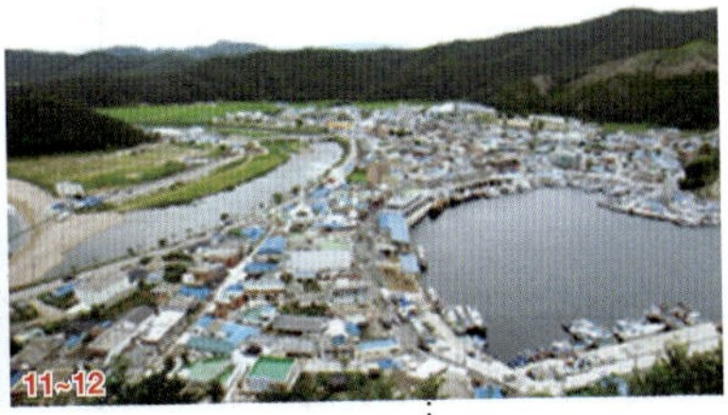
11~12

8 경정해수욕장

1.01km

1.42km

원조대게마을
9 기념비
누 8.23km

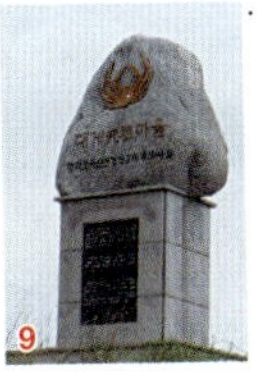
9

1.76km

10 모래 해변 따라
죽도산 방향으로

0.26km

11 현수교 건너
죽도산 입구로

0.45km

12 죽도산 등대

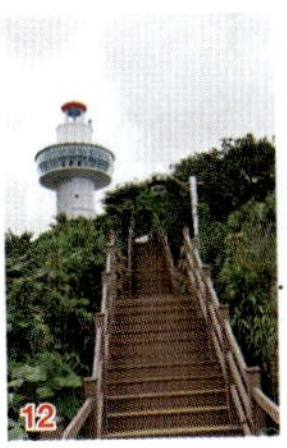
12

1.13km

F
13 축산항
누 11.83km

부산 해운대구 갈맷길

동백섬~구덕포

동백섬 입구 ▶ 해운대해수욕장 ▶ 미포 ▶ 문탠로드 ▶ 구덕포 입구

- **걷는거리** 8.2km
- **걷는시간** 3시간~3시간 30분
- **출 발 점** 부산 해운대구 우동 동백섬 입구
- **종 착 점** 부산 해운대구 송정동 구덕포 입구
- **난 이 도** 무난해요

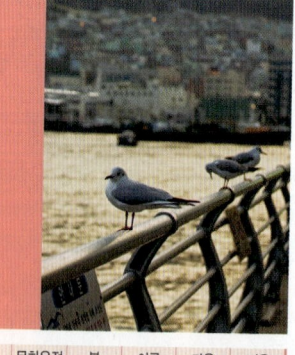

추천 테마	아이들과	연인끼리	여럿이	숲	들	계곡	강	바다	문화유적	봄	여름	가을	겨울
	★★	★★★	★★	★★★				★★★		★★	★★	★★★	★★

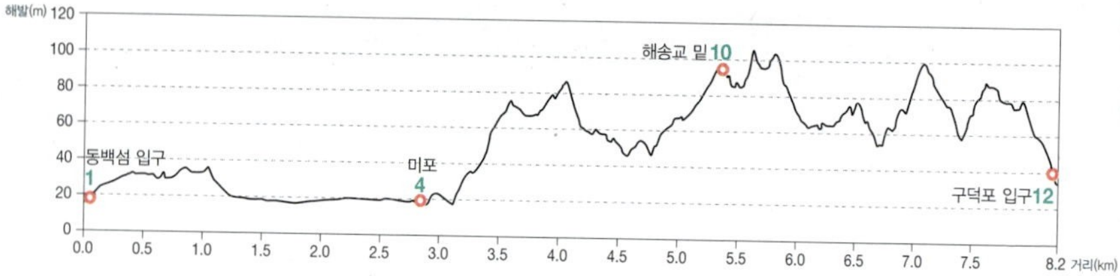
해발(m)
120
100
80
60
40
20
0
동백섬 입구
1
미포
4
해송교 밑 10
구덕포 입구12
0.0
0.5
1.0
1.5
2.0
2.5
3.0
3.5
4.0
4.5
5.0
5.5
6.0
6.5
7.0
7.5
8.2 거리(km)

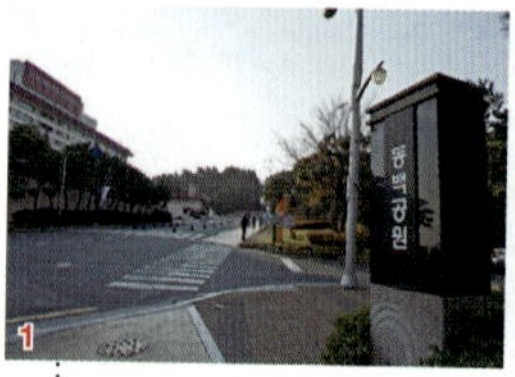
1

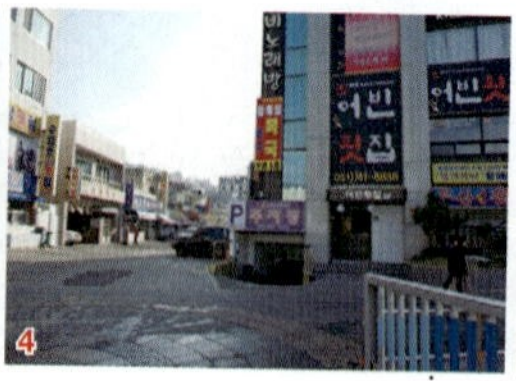
4

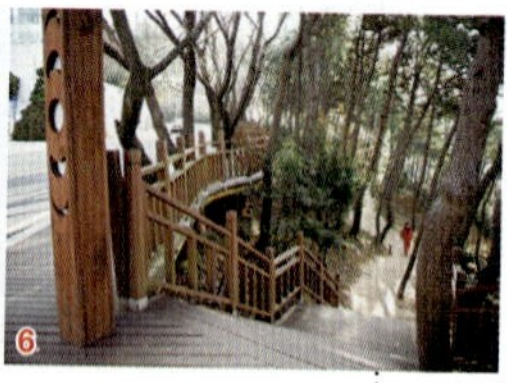
6

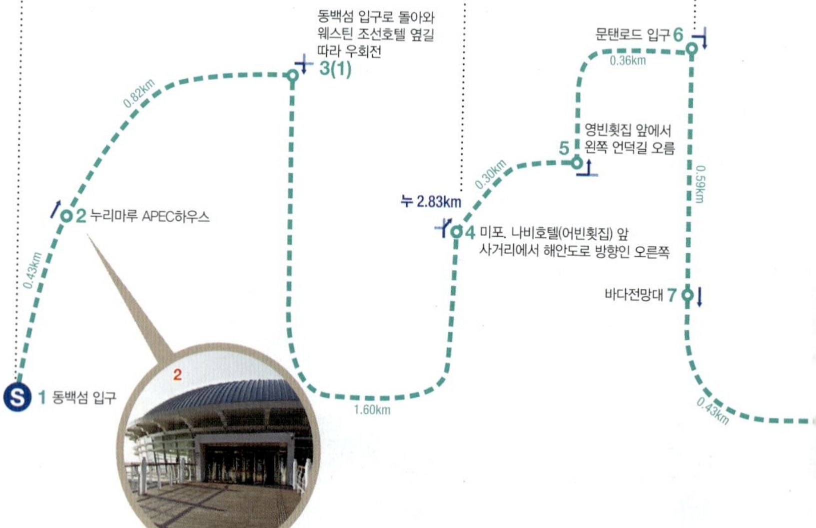
S 1 동백섬 입구
0.43km
2 누리마루 APEC하우스
0.82km
동백섬 입구로 돌아와
웨스틴 조선호텔 옆길
따라 우회전
3(1)
1.60km
누 2.83km
4 미포. 나비호텔(어빈횟집) 앞
사거리에서 해안도로 방향인 오른쪽
0.30km
5
영빈횟집 앞에서
왼쪽 언덕길 오름
문탠로드 입구 6
0.36km
0.59km
바다전망대 7
0.43km
2

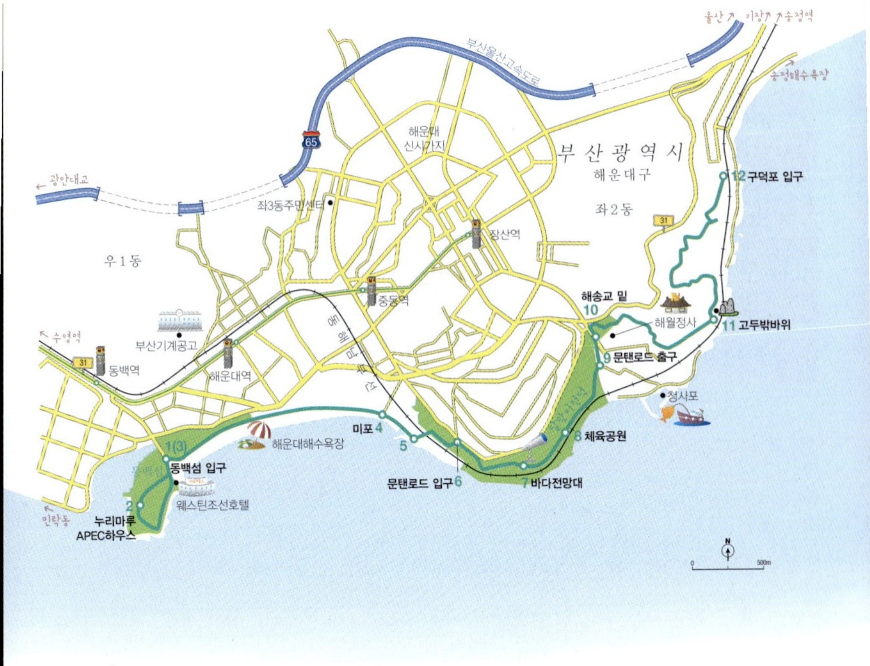

지도

광안대교 · 부산울산고속도로 · 부산광역시 해운대구 · 좌2동 · 해운대신시가지 · 제3동주민센터 · 장산역 · 중동역 · 우1동 · 수영역 · 부산기계공고 · 동백역 · 해운대역 · 해월정사 · 12 구덕포 입구 · 11 고두밖바위 · 10 해송교 밑 · 9 문탠로드 출구 · 8 체육공원 · 7 바다전망대 · 6 문탠로드 입구 · 5 · 4 미포 · 해운대해수욕장 · 청사포 · 송정해수욕장 · 2 · 1(3) 동백섬 입구 · 누리마루 APEC하우스 · 웨스틴조선호텔 · 인락동

0 500m

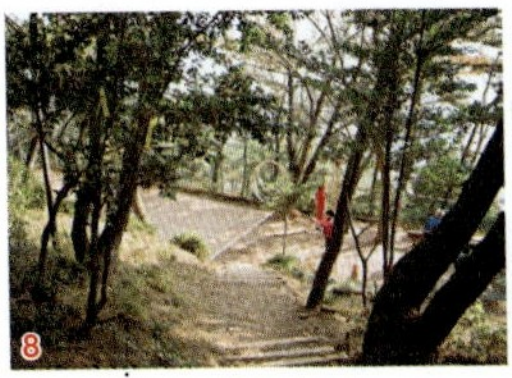

8
10 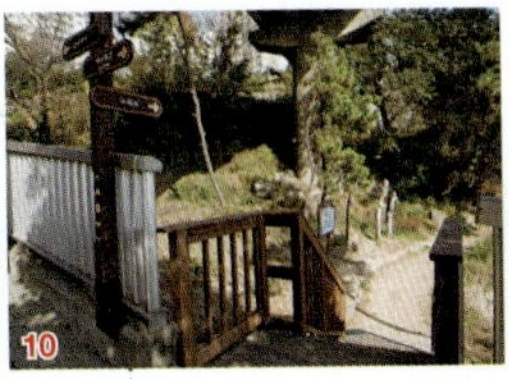
12 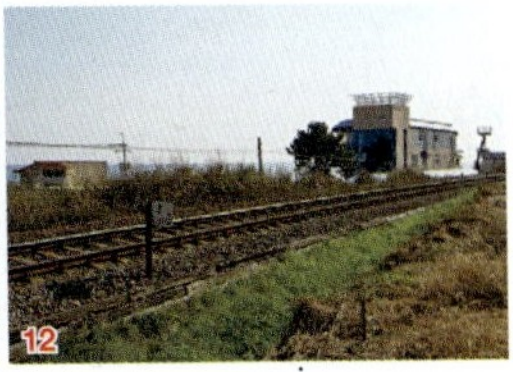

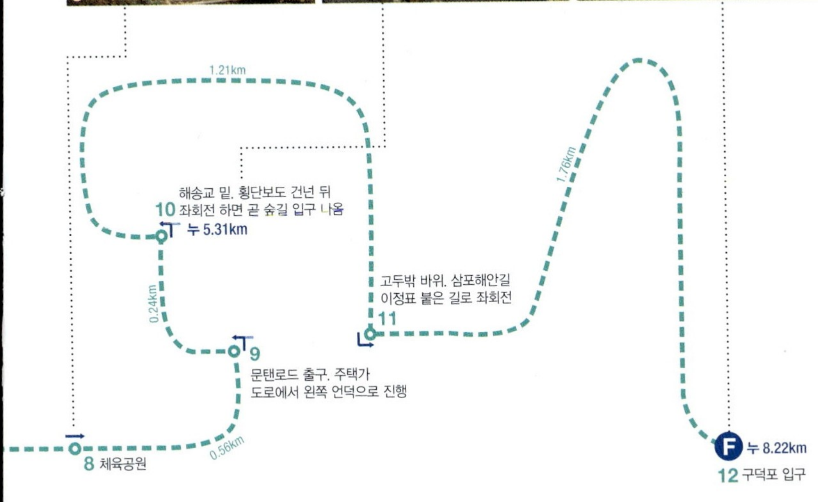

1.21km

10 해송교 밑. 횡단보도 건넌 뒤 좌회전 하면 곧 숲길 입구 나옴
누 5.31km

1.76km

0.24km

11 고두밖 바위. 삼포해안길 이정표 붙은 길로 좌회전

9 문탠로드 출구. 주택가 도로에서 왼쪽 언덕으로 진행

0.56km

8 체육공원

F 누 8.22km
12 구덕포 입구

1코스 다랭이 지겟길

경남 남해군 남해 바래길

평산항 ▶ 몽돌해안 ▶ 사촌마을 ▶ 항촌해안 ▶ 가천마을 ▶ 가천마을 정류장

- 걷는거리 14.4km
- 걷는시간 6~7시간
- 출 발 점 경남 남해군 남면 평산리 평산항
- 종 착 점 경남 남해군 남면 홍현리 가천마을 정류장
- 난 이 도 많이 힘들어요

추천 테마	아이들과	연인끼리	여럿이	숲	들	계곡	강	바다	문화유적	봄	여름	가을	겨울
	★	★	★★	★★				★★★		★★	★★	★★★	★

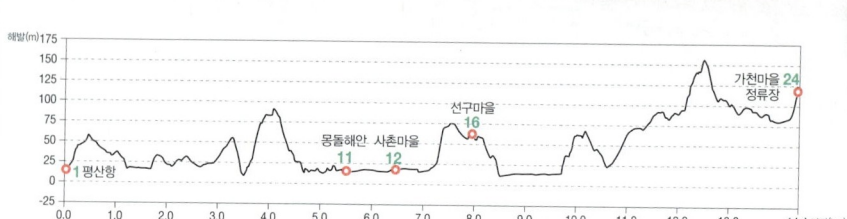

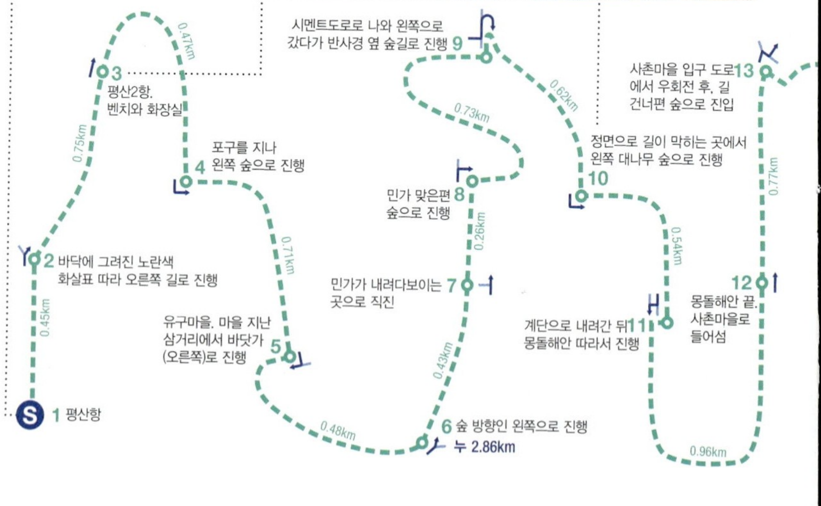

평산항 1
2
평산2항 3
4
5
6
7
8
대나무 숲
9
10
몽돌해안 11
12
사촌해변
13
14
15
선구마을 16
17
18
19
20
21
22 가천마을 입구
23
가천마을 정류장 24
조망 명소
항촌마을
고현면·남해대교
이동면
1024
평산리
경 상 남 도
남해군
남면
석교리
임포리
선구리
홍현리
응봉산
남 해
500m

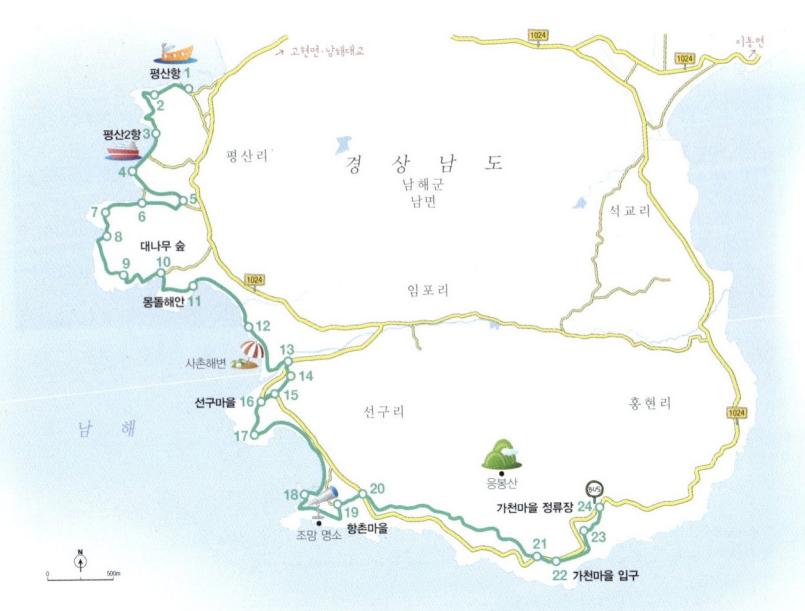

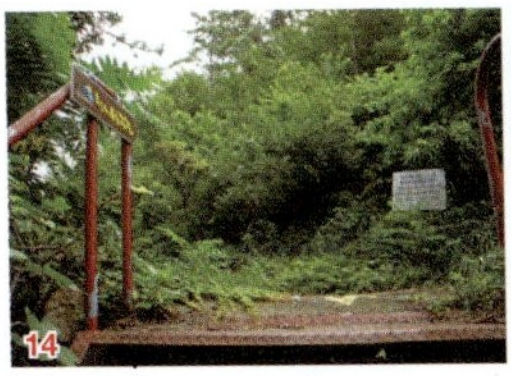
14

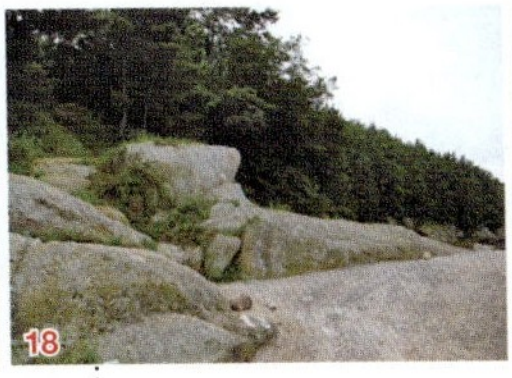
18

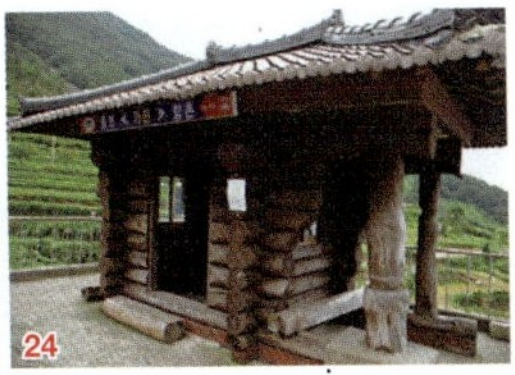
24

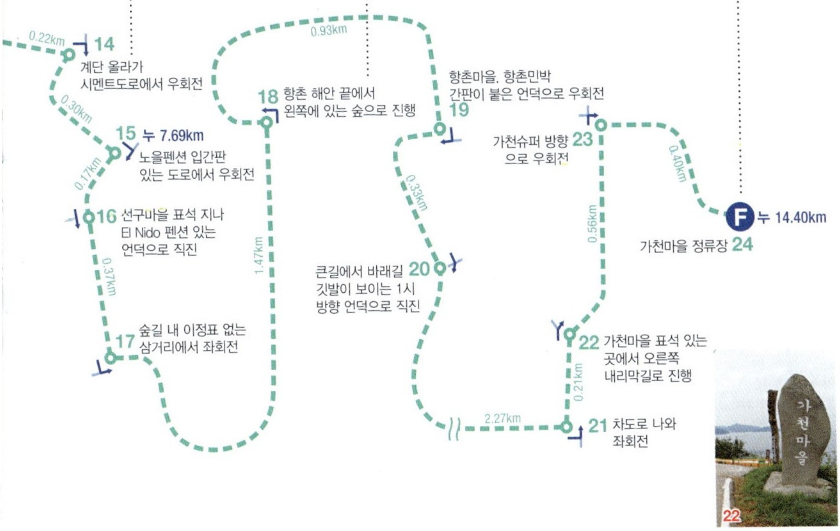

0.22km
14 계단 올라가 시멘트도로에서 우회전
0.30km
15 누 7.69km
노을펜션 입간판 있는 도로에서 우회전
0.17km
16 선구마을 표석 지나 El Nido 펜션 있는 언덕으로 직진
0.37km
17 숲길 내 이정표 없는 삼거리에서 좌회전
1.47km
18 항촌 해안 끝에서 왼쪽에 있는 숲으로 진행
0.93km
항촌마을. 항촌민박 간판이 붙은 언덕으로 우회전 19
0.33km
큰길에서 바래길 깃발이 보이는 1시 방향 언덕으로 직진 20
2.27km
21 차도로 나와 좌회전
0.21km
22 가천마을 표석 있는 곳에서 오른쪽 내리막길로 진행
0.56km
가천슈퍼 방향 23 으로 우회전
0.40km
F 누 14.40km
가천마을 정류장 24

경남 사천시 이순신 바닷길

4코스 실안노을길

모충공원 ▶ 영복마을 ▶ 산분령 ▶ 선창마을 ▶ 삼천포대교 ▶ 늑도

- **걷는거리** 8.1km
- **걷는시간** 3시간~3시간 30분
- **출 발 점** 경남 사천시 송포동 모충공원
- **종 착 점** 경남 사천시 늑도동 늑도
- **난 이 도** 무난해요

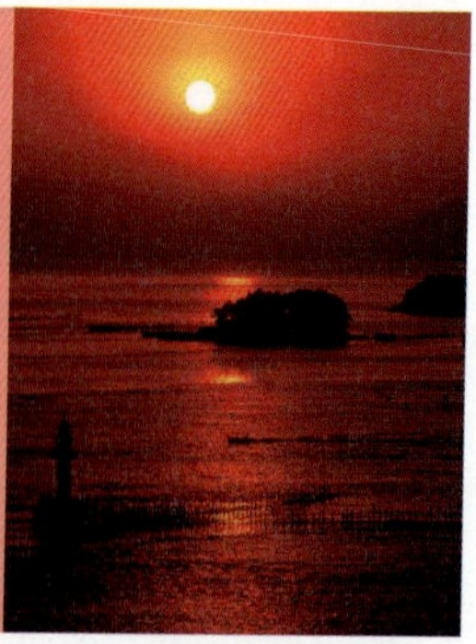

추천 테마	아이들과	연인끼리	여럿이	숲	들	계곡	강	바다	문화유적	봄	여름	가을	겨울
	★★	★★	★★	★				★★★		★★	★★	★★★	★★

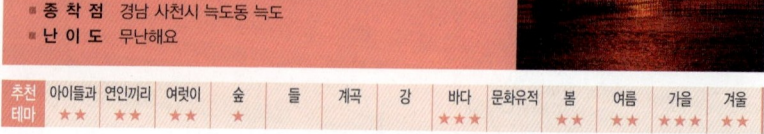

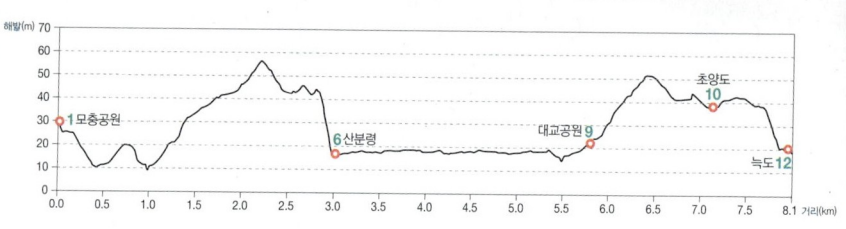

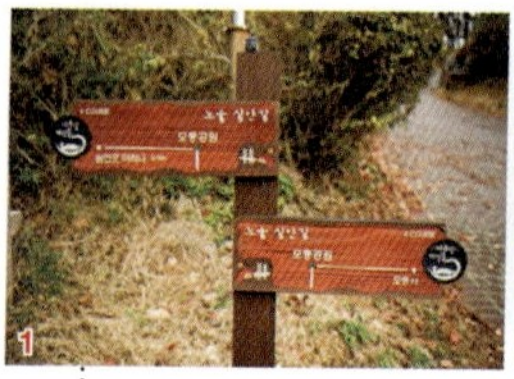

해발(m)
70
60
50
40
30
20
10
0
0.0
0.5
1.0
1.5
2.0
2.5
3.0
3.5
4.0
4.5
5.0
5.5
6.0
6.5
7.0
7.5
8.1
거리(km)
1 모충공원
6 산분령
대교공원 9
초양도 10
늑도 12

1

3

5

S 1 모충공원
0.96km
2 삼천포 마리나(광포 정류장).
해안도로 따라 직진
0.78km
3 영복마을. 해안도로 따라 직진
0.89km
누 2.63km
4 영복마을 쉼터.
도로 옆에 정자, 벤치 있음
0.22km
5 해안관광로 쉼터.
도로를 벗어나
바다 쪽 마을
(산분령)으로 내려감
0.15km
산분령. 바닷가로 내려와 6
왼쪽으로 진행
1.28km
7

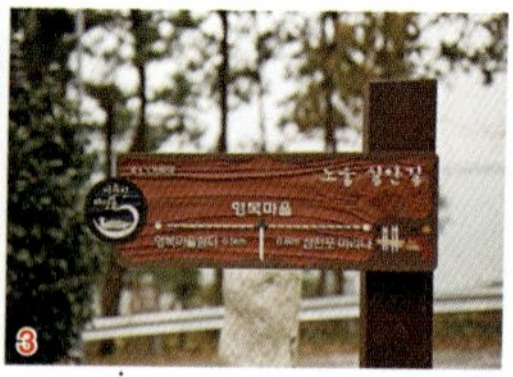

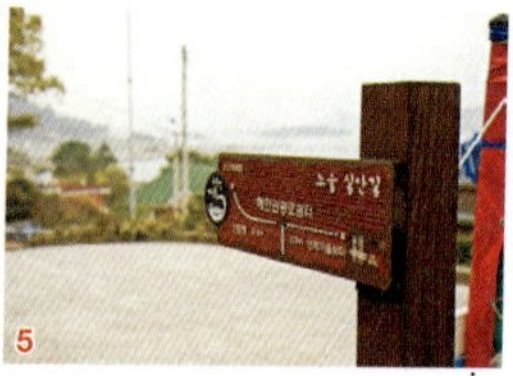

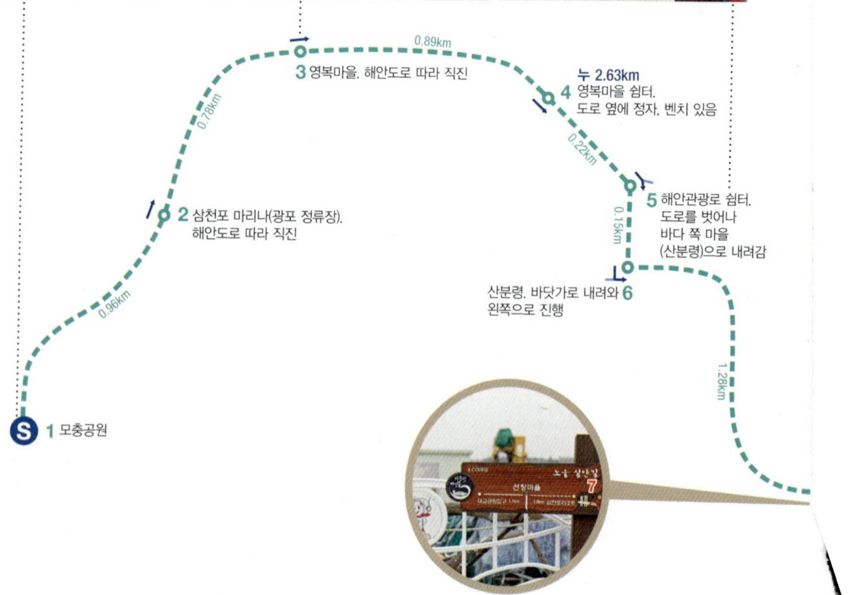

→사천시청
남양동
1 모충공원
삼천포 마리나 2
(광포 정류장)
3
영복마을 3
경 상 남 도
사천시
실안동
영복마을 쉼터 4
해안관광로 쉼터 5
산분령 6
저도
남 해
각산
삼천포
시외버스터미널
공설운동장
선창마을(실안교) 7
마도
마도분교
대방동
9 대교공원
대교공원 입구 8
77
삼천포중고
→하이면
삼천포대교
삼천포
유람선선착장
삼천포항
늑도 12
10 초양도
11 늑도 입구
3
남해군↙
와룡저수지↑

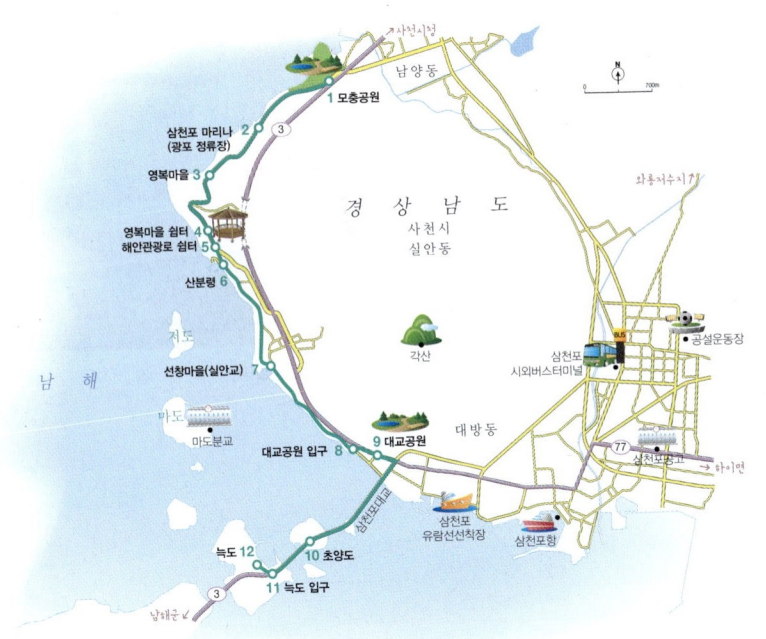

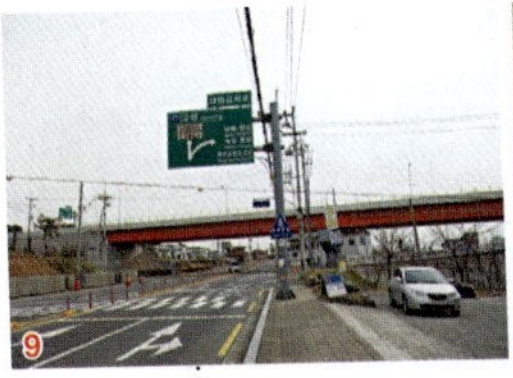

9

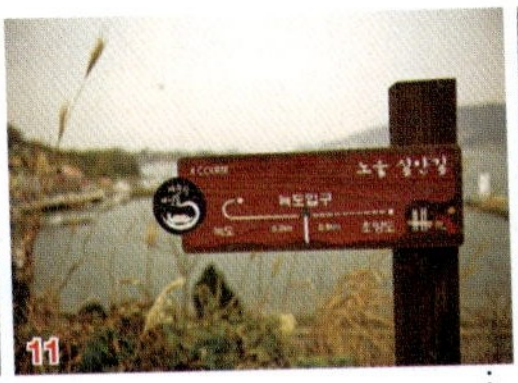

11

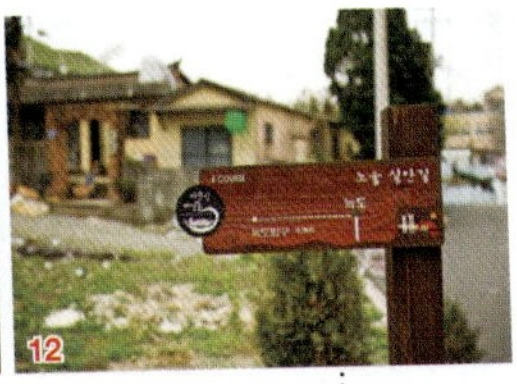

12

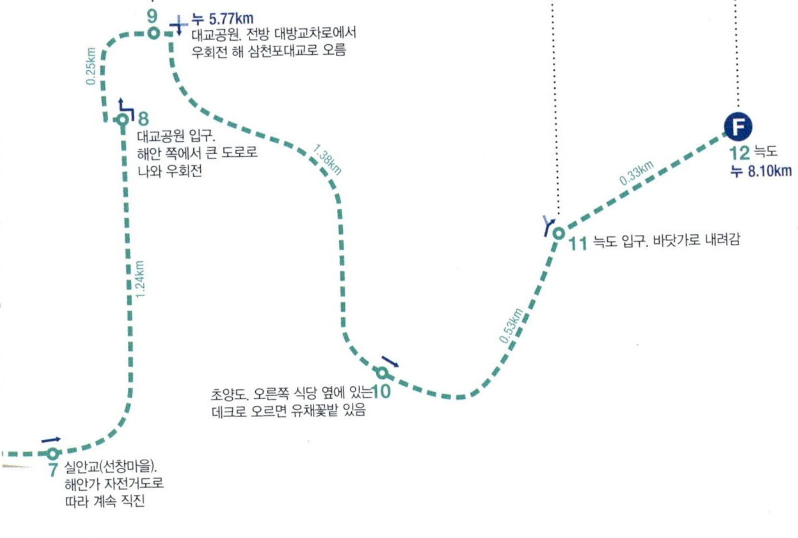

9 누 5.77km
대교공원. 전방 대방교차로에서
우회전 해 삼천포대교로 오름
0.25km
8
대교공원 입구.
해안 쪽에서 큰 도로로
나와 우회전
1.38km
F
12 늑도
누 8.10km
0.33km
11 늑도 입구. 바닷가로 내려감
1.24km
0.53km
초양도. 오른쪽 식당 옆에 있는 10
데크로 오르면 유채꽃밭 있음
7 실안교(선창마을).
해안가 자전거도로
따라 계속 직진

장복 하늘마루 산길~천자봉 해오름길

경남 창원시 진해드림로드

진해구민회관 ▶ 장복 하늘마루 산길 ▶ 안민고개
▶ 천자봉 해오름길 ▶ 대발령

- 걷는거리 14.6km
- 걷는시간 4시간~4시간 30분
- 출 발 점 경남 창원시 진해구 태백동 진해구민회관
- 종 착 점 경남 창원시 진해구 장천동 대발령 만남의 광장
- 난 이 도 조금 힘들어요

추천테마	아이들과	연인끼리	여럿이	숲	들	계곡	강	바다	문화유적	봄	여름	가을	겨울
	★★	★★	★★★	★★★	★			★★		★★★	★★	★★★★	★★

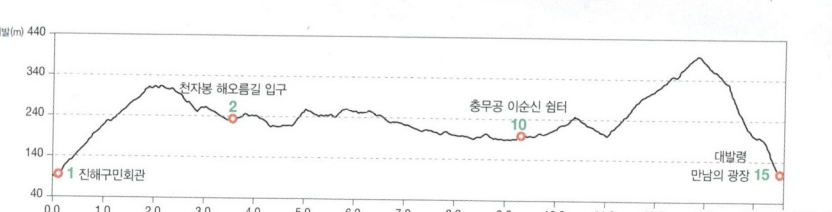

1 진해구민회관
2 천자봉 해오름길 입구
10 충무공 이순신 쉼터
15 대발령 만남의 광장

3 임도(장복 하늘마루 산길)에서 오른쪽
6 천자봉 해오름길 시작, 도로에서 오른쪽 임도로 진행
5 장복 하늘마루 산길 끝. 도로에서 데크 따라 왼쪽으로 진행
7 전망대
8 청룡사 입구 지나 전방 임도로 직진
9 사방댐
4 하늘마루 입구. 임도 따라 직진
2 편백나무 숲 삼거리에서 왼쪽으로
1 S 진해구민회관. 장복산 등산로 따라 진행

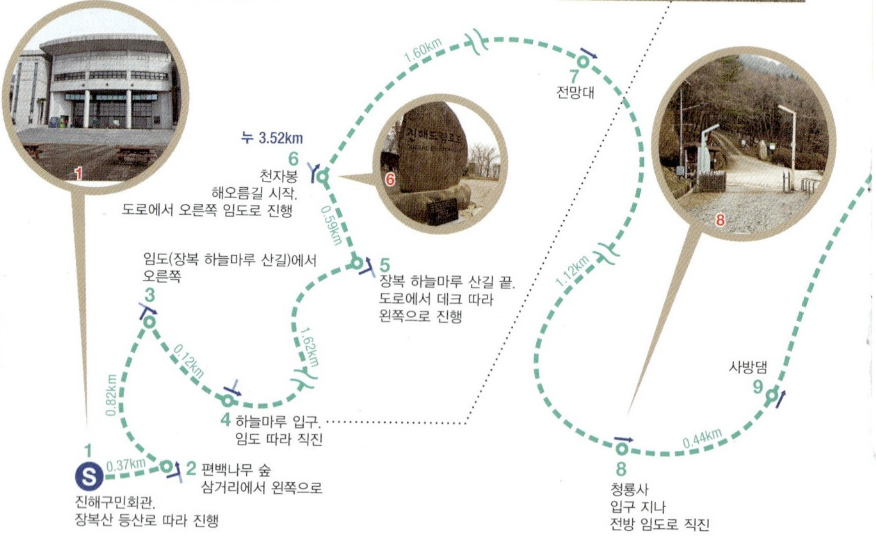

경남 통영시
삼칭이해안길

금호충무마리나리조트 ▶ 통영공설해수욕장 ▶ 해안절벽 ▶ 금호충무마리나리조트

- 걷는거리 8.6km
- 걷는시간 2시간~2시간 30분
- 출 발 점 경남 통영시 도남동 금호충무마리나리조트
- 종 착 점 경남 통영시 도남동 금호충무마리나리조트
- 난 이 도 쉬워요

추천테마	아이들과	연인끼리	여럿이	숲	들	계곡	강	바다	문화유적	봄	여름	가을	겨울
	★★★	★★★	★★	★				★★★		★★★	★★	★★★	★★

고도 프로필: 1 금호충무마리나리조트 – 4 통영등대낚시공원 – 6 조개양식장 – 7 금호충무마리나리조트 (0 ~ 8.6km)

1. 금호충무마리나리조트 주차장. 주차장에서 나와 리조트 건물 쪽으로 우회전
2. 삼칭이해안길 이정표. 마리나리조트 뒤 해안길로 우회전 (0.28km)
3. 통영공설해수욕장. 해안 따라서 직진 (1.04km)
4. 통영등대낚시공원. 해안 따라서 직진 (1.23km, 누 2.55km)

경남 통영시
소매물도~등대섬

소매물도 선착장 ▶ 망태봉 ▶ 열목개 ▶ 등대섬
▶ 해안 산책길 ▶ 소매물도 선착장

- 걷는거리 3.2km
- 걷는시간 1시간 30분
- 출 발 점 경남 통영시 한산면 매죽리 소매물도 선착장
- 종 착 점 경남 통영시 한산면 매죽리 소매물도 선착장
- 난 이 도 쉬워요

추천 테마	아이들과	연인끼리	여럿이	숲	들	계곡	강	바다	문화유적	봄	여름	가을	겨울
	★★★	★★★	★★★	★				★★★		★★★	★★★	★★★	★★

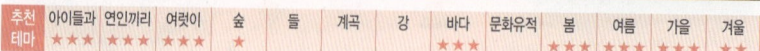

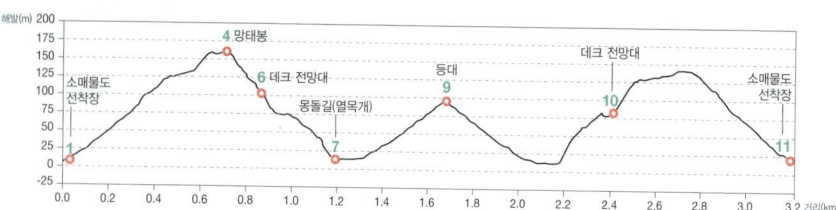

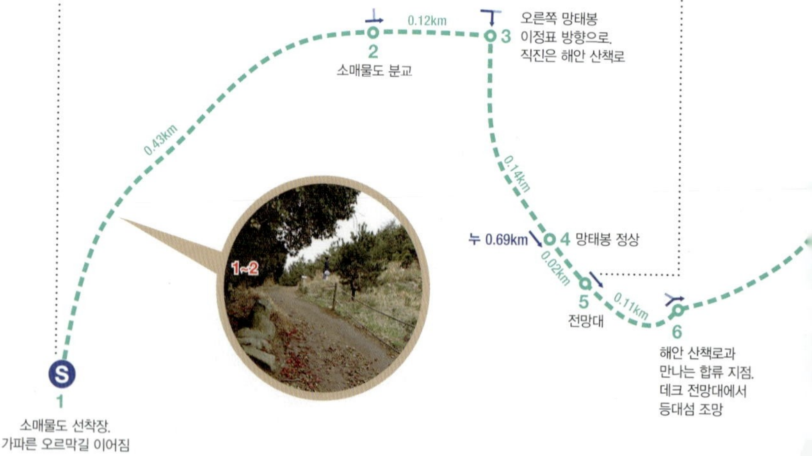

1 소매물도 선착장. 가파른 오르막길 이어짐

2 소매물도 분교

3 오른쪽 망태봉 이정표 방향으로. 직진은 해안 산책로

4 망태봉 정상

5 전망대

6 해안 산책로과 만나는 합류 지점. 데크 전망대에서 등대섬 조망

36

소매물도

- 소매물도 선착장 1(11)
- 식당가
- 상어동굴
- 소매물도 분교(폐교) 2
- 관세역사관
- 갈림길 3
- 망태봉 정상
- 전망대 5
- 데크 전망대 6(10)
- 공룡바위
- 몽돌길(열목개) 7
- 8
- 등대섬
- 등대 9
- 병풍바위
- 촛대바위

경상남도
통영시
한산면

0 300m

7-8
8-9 
9 

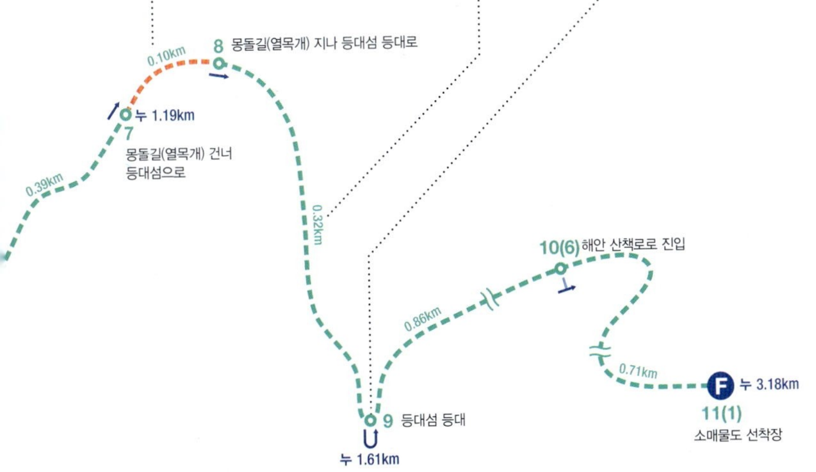

0.10km
8 몽돌길(열목개) 지나 등대섬 등대로
누 1.19km
7
몽돌길(열목개) 건너
등대섬으로
0.39km

0.32km

10(6) 해안 산책로로 진입
0.86km
0.71km
F 누 3.18km
11(1)
소매물도 선착장
9 등대섬 등대
누 1.61km

37

경남 통영시
한려해상 한산도~추봉도

제승당 선착장 ▶ 제승당 ▶ 염개 갯벌 ▶ 추봉교 ▶ 봉암몽돌해변 ▶ 제승당 선착장

- 걷는거리 22.3km
- 걷는시간 6시간
- 출 발 점 경남 통영시 한산면 두억리 제승당 선착장
- 종 착 점 경남 통영시 한산면 두억리 제승당 선착장
- 난 이 도 조금 힘들어요

추천테마	아이들과	연인끼리	여럿이	숲	들	계곡	강	바다	문화유적	봄	여름	가을	겨울
	★	★★	★★★	★	★★★			★★★	★★★	★★★	★	★★★	★

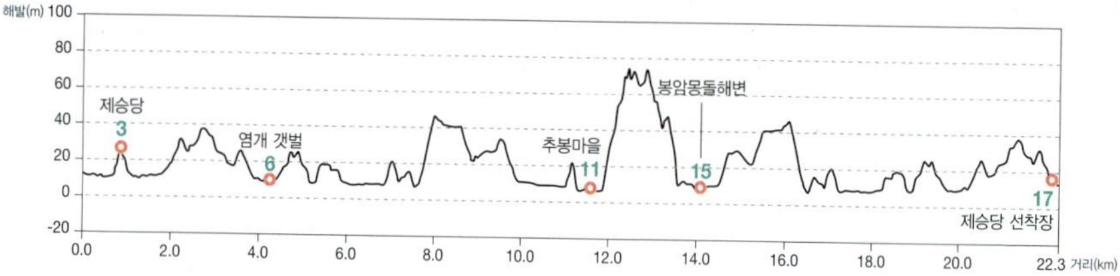

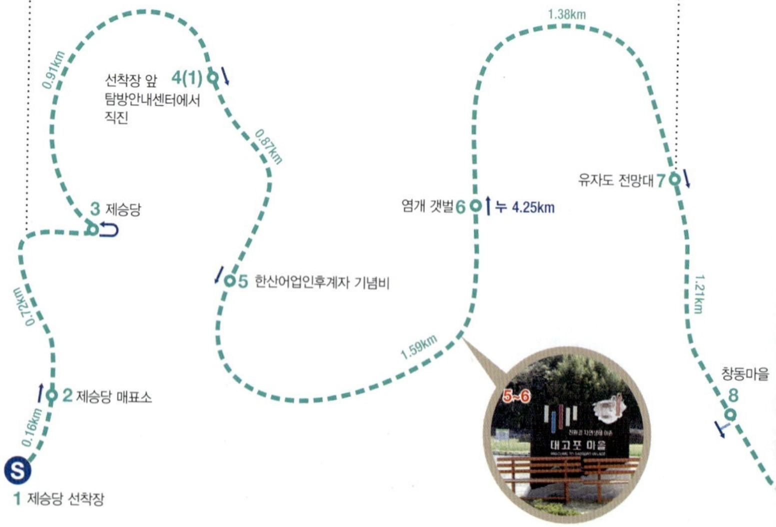

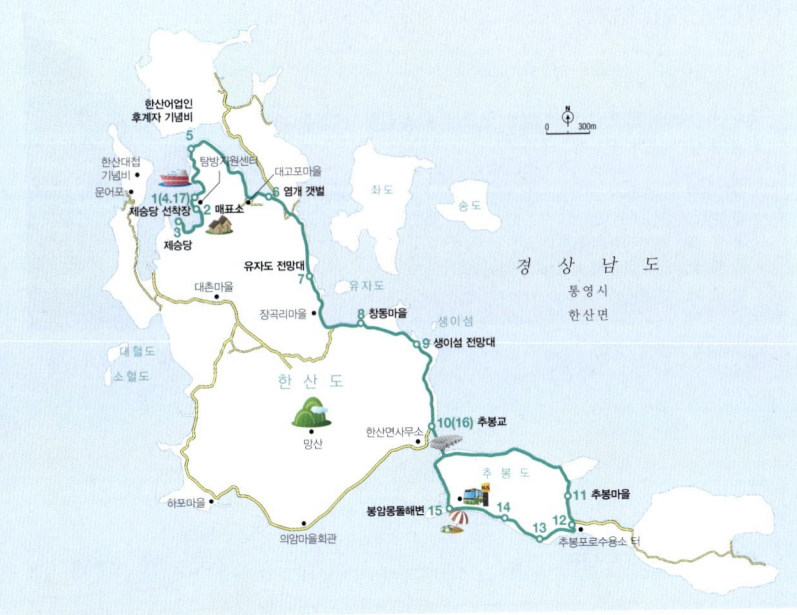

한산어업인
후계자 기념비
5
탐방지원센터
대고포마을
한산대첩
기념비
문어포
1(4.17)
제승당 선착장
2 매표소
6 염개 갯벌
3
제승당
좌도
송도
0 300m
유자도 전망대
7
유자도
대촌마을
장곡리마을
8 창동마을
생이섬
9 생이섬 전망대
경 상 남 도
통영시
한산면
대혈도
소혈도
한 산 도
망산
한산면사무소
10(16) 추봉교
추 봉 도
11 추봉마을
봉암몽돌해변 15
14
13
12
추봉포로수용소 터
하포마을
의암마을회관

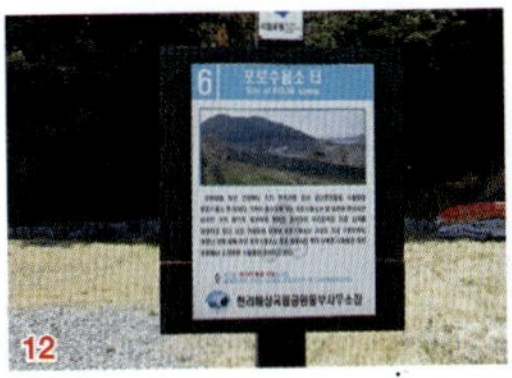
12

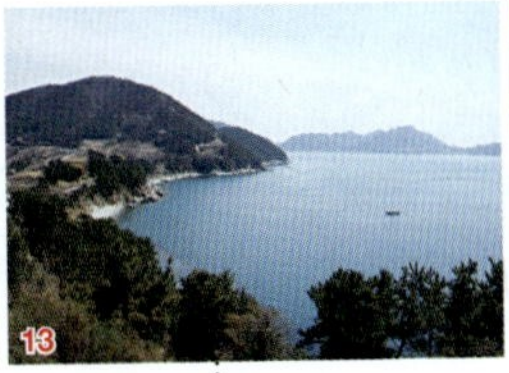
13

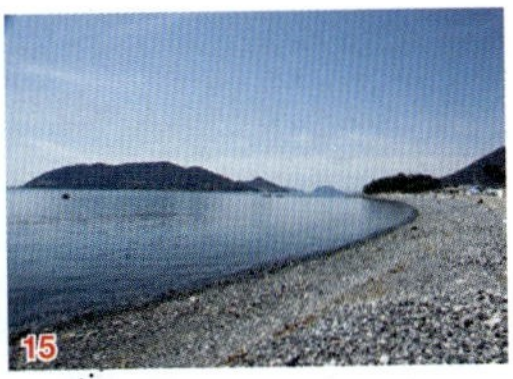
15

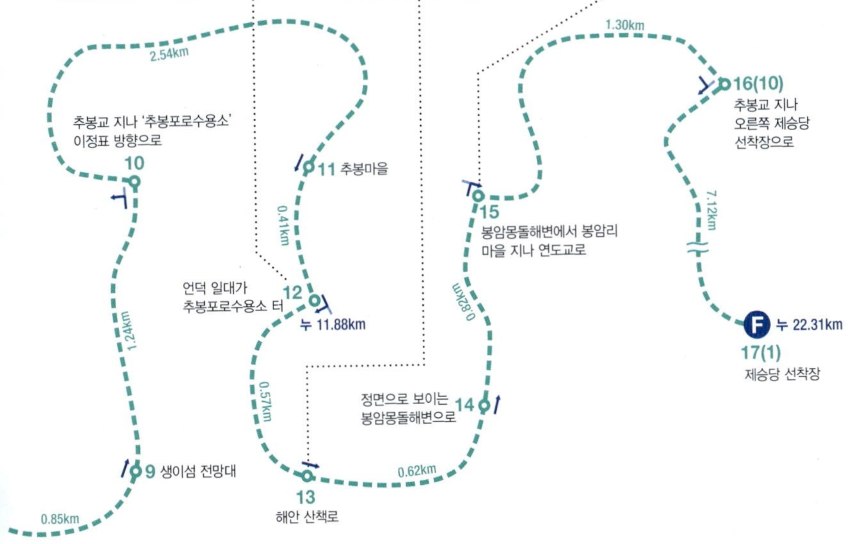
2.54km
추봉교 지나 '추봉포로수용소'
이정표 방향으로
10
11 추봉마을
0.41km
1.24km
언덕 일대가
추봉포로수용소 터
12
누 11.88km
0.57km
9 생이섬 전망대
0.85km
13
해안 산책로
0.62km
정면으로 보이는
봉암몽돌해변으로
14
0.82km
15
봉암몽돌해변에서 봉암리
마을 지나 연도교로
1.30km
16(10)
추봉교 지나
오른쪽 제승당
선착장으로
7.12km
F 누 22.31km
17(1)
제승당 선착장

경북 경주시
남산 탐방로

포석정 ▶ 금오정 ▶ 상사바위 ▶ 금오산 ▶ 상선암 ▶ 삼릉 ▶ 삼불사 ▶ 포석정

- 걷는거리 9.3km
- 걷는시간 3시간 30분
- 출 발 점 경북 경주시 배동 포석정 주차장
- 종 착 점 경북 경주시 배동 포석정 주차장
- 난 이 도 무난해요

추천 테마	아이들과	연인끼리	여럿이	숲	들	계곡	강	바다	문화유적	봄	여름	가을	겨울
	★	★★	★★★	★★★	★	★★★			★★★	★★★	★★	★★★	★★

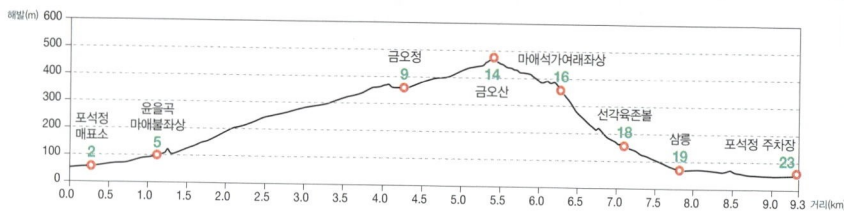

40

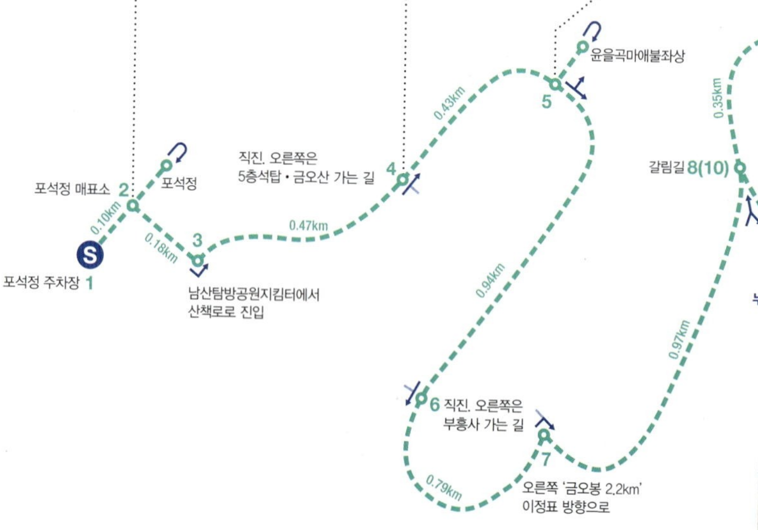

경주역
경주역
경상북도
경주시
윤율곡마애불좌상
포석정 주차장(23)
2 포석정 매표소
3
남산탐방
공원지킴터
4
5
갈림길
6
7 갈림길
경주시청
신라헌강왕릉
20(22)
삼불사
21 석조여래삼존입상
부흥사
삼릉휴게소
망월사
통일전
금오정 9
선각육존불
18
마애석가
여래좌상
16
8(10)
불국사역
19 삼릉
단감농원
할매칼국수
경애왕릉
17
석불좌상
상선암
11 상사바위
경주국립공원
남산지구
13(15)
뒷비파마을
금오산 14
(468m)
12 화장실
0
300m
내남면
용장리
고위산
35

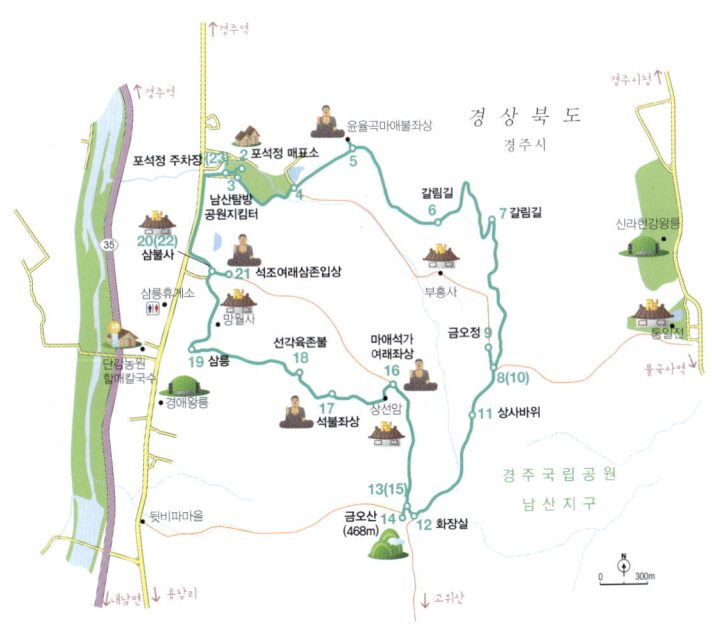

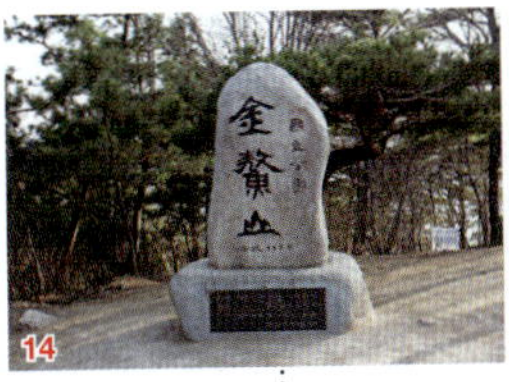

金鰲山

14

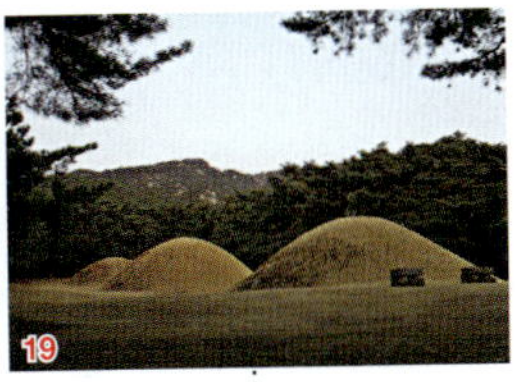
19

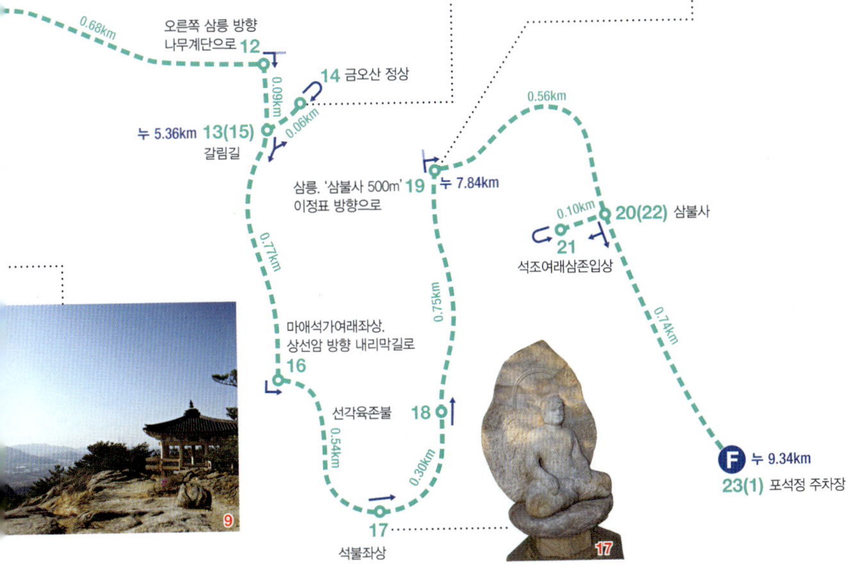

0.68km
오른쪽 삼릉 방향
나무계단으로 12
14 금오산 정상
0.09km
0.06km
누 5.36km 13(15)
갈림길
0.56km
삼릉, '삼불사 500m' 19
이정표 방향으로
누 7.84km
0.10km
20(22) 삼불사
21
석조여래삼존입상
0.77km
0.75km
0.74km
마애석가여래좌상,
상선암 방향 내리막길로
16
선각육존불
18
0.54km
0.30km
17
석불좌상
누 9.34km
23(1) 포석정 주차장

9

17

경북 경주시 토함산

불국사~석굴암

불국사 ▶ 토함산 산책로 ▶ 석굴암 석굴 ▶ 토함산 산책로 ▶ 불국사

- **걷는거리** 7.8km
- **걷는시간** 3시간
- **출 발 점** 경북 경주시 진현동 불국사 주차장
- **종 착 점** 경북 경주시 진현동 불국사 주차장
- **난 이 도** 무난해요

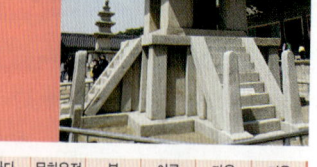

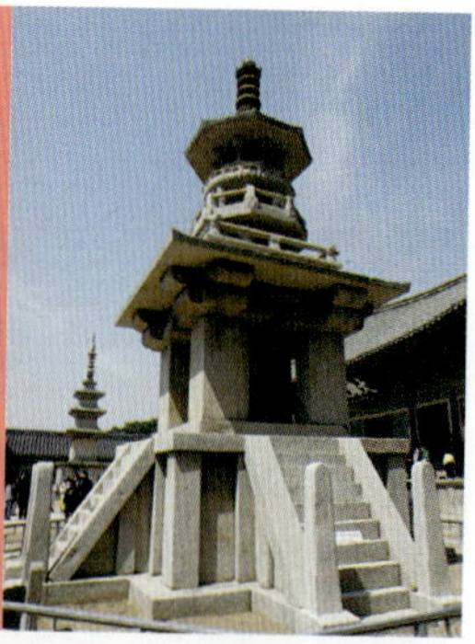

추천 테마	아이들과	연인끼리	여럿이	숲	들	계곡	강	바다	문화유적	봄	여름	가을	겨울
	★★	★★★	★★★	★★★					★★★	★★★	★★	★★★	★★

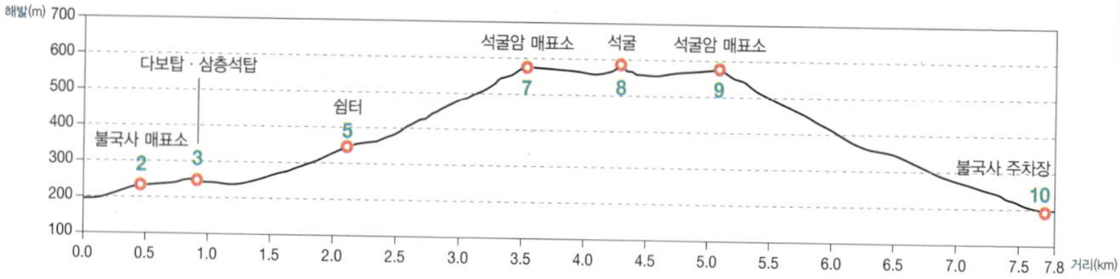

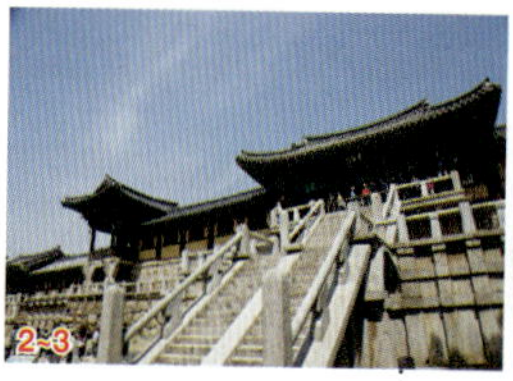
2~3

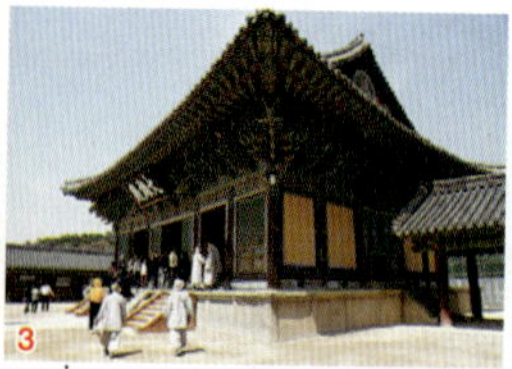
3

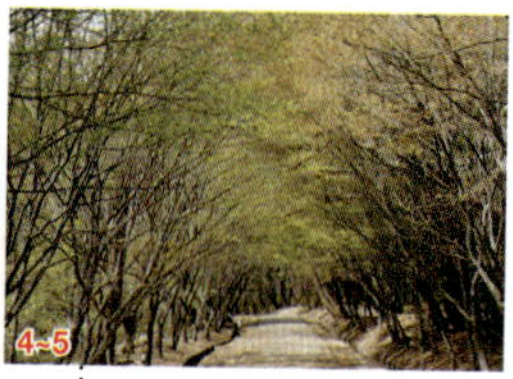
4~5

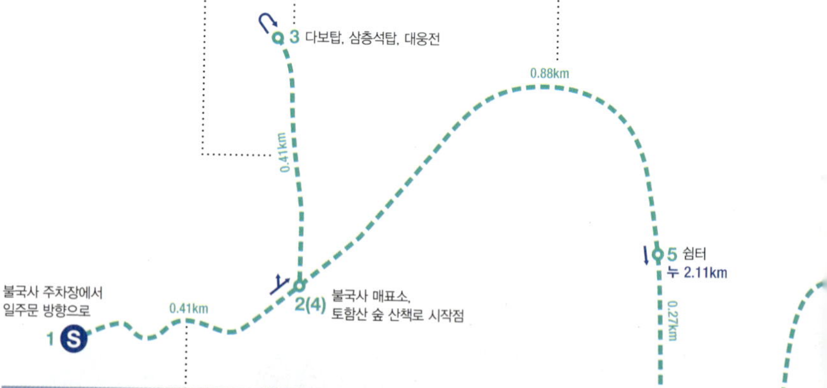

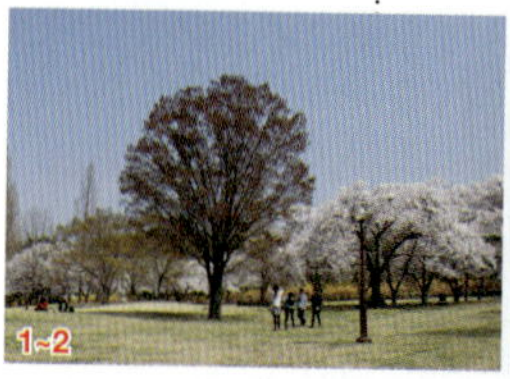
1~2

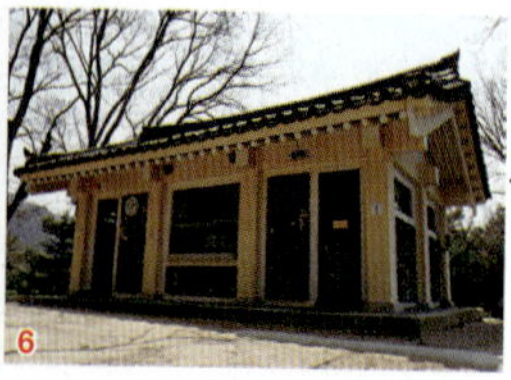
6

경 상 북 도
경주시
진현동
석굴암 석굴 8
감로수
석굴암 매표소
7(9)
주차장
다보탑
3 삼층석탑
대웅전
쉼터 5
화장실 6
오동약수터
토함산 숲산책로
토암지
2(4) 불국사 매표소
식당가
1(10) 불국사 주차장
BUS
0 300m
N
감포·토함산 자연휴양림
감포·토함산 자연휴양림
불국사역 · 경주역

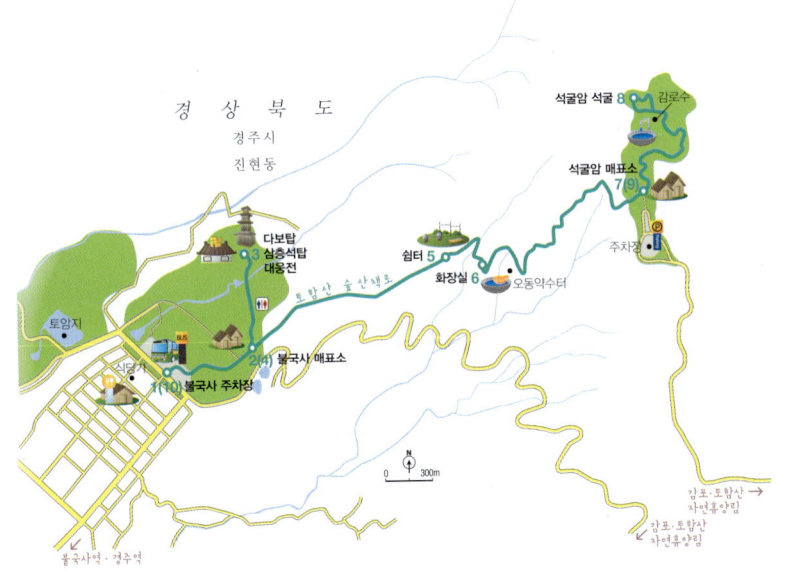

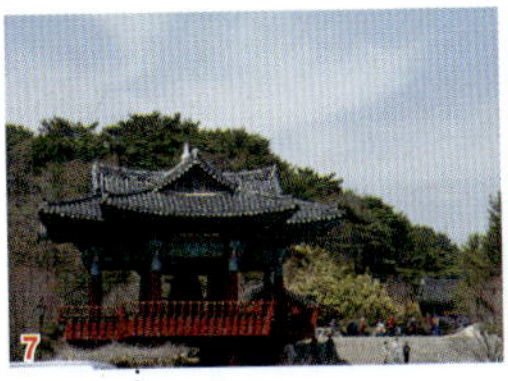
7

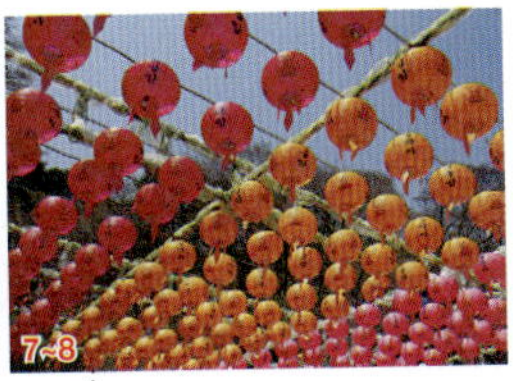
7~8

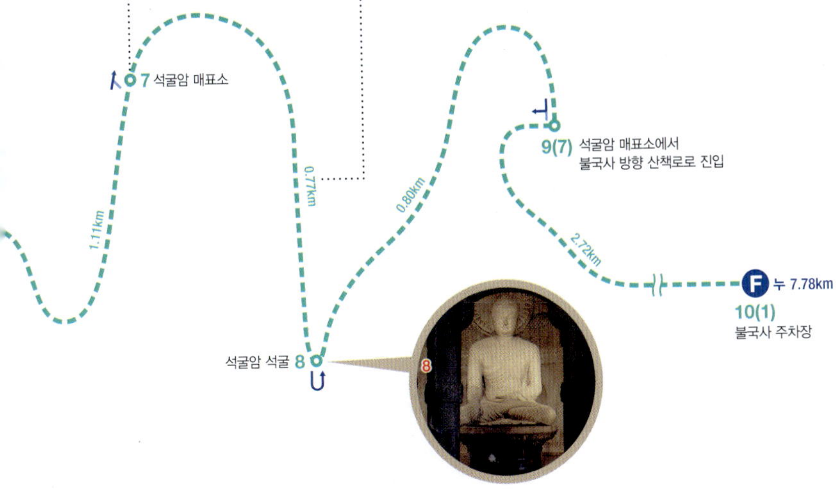
7 석굴암 매표소
1.11km
0.77km
0.80km
9(7) 석굴암 매표소에서
불국사 방향 산책로로 진입
2.72km
F 누 7.78km
10(1)
불국사 주차장
석굴암 석굴 8
8

고모산성~토끼비리길

경북 문경시

진남휴게소 ▶ 고분군 ▶ 진남문 ▶ 고모산성 ▶ 성황당 ▶ 토끼비리길 ▶ 진남휴게소

- 걷는거리   3.1km
- 걷는시간   1시간 30분
- 출 발 점   경북 문경시 문경읍 마성면 신현리 진남휴게소
- 종 착 점   경북 문경시 문경읍 마성면 신현리 진남휴게소
- 난 이 도   쉬워요

추천테마	아이들과	연인끼리	여럿이	숲	들	계곡	강	바다	문화유적	봄	여름	가을	겨울
	★★★	★★★	★★★	★★		★			★★★	★★★	★★★	★★★	★★

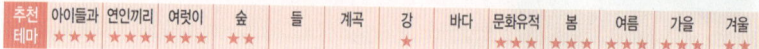

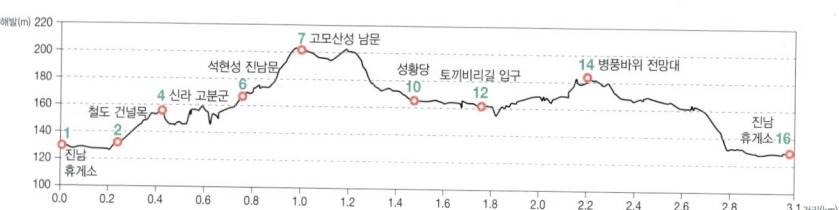

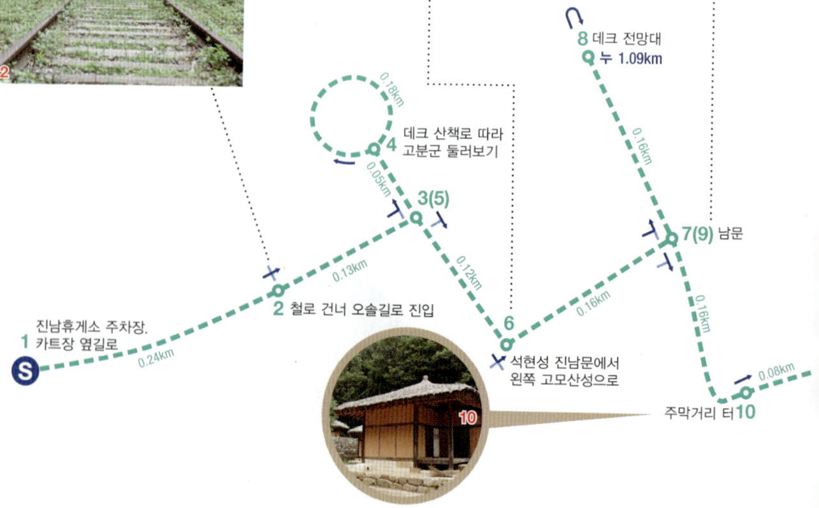

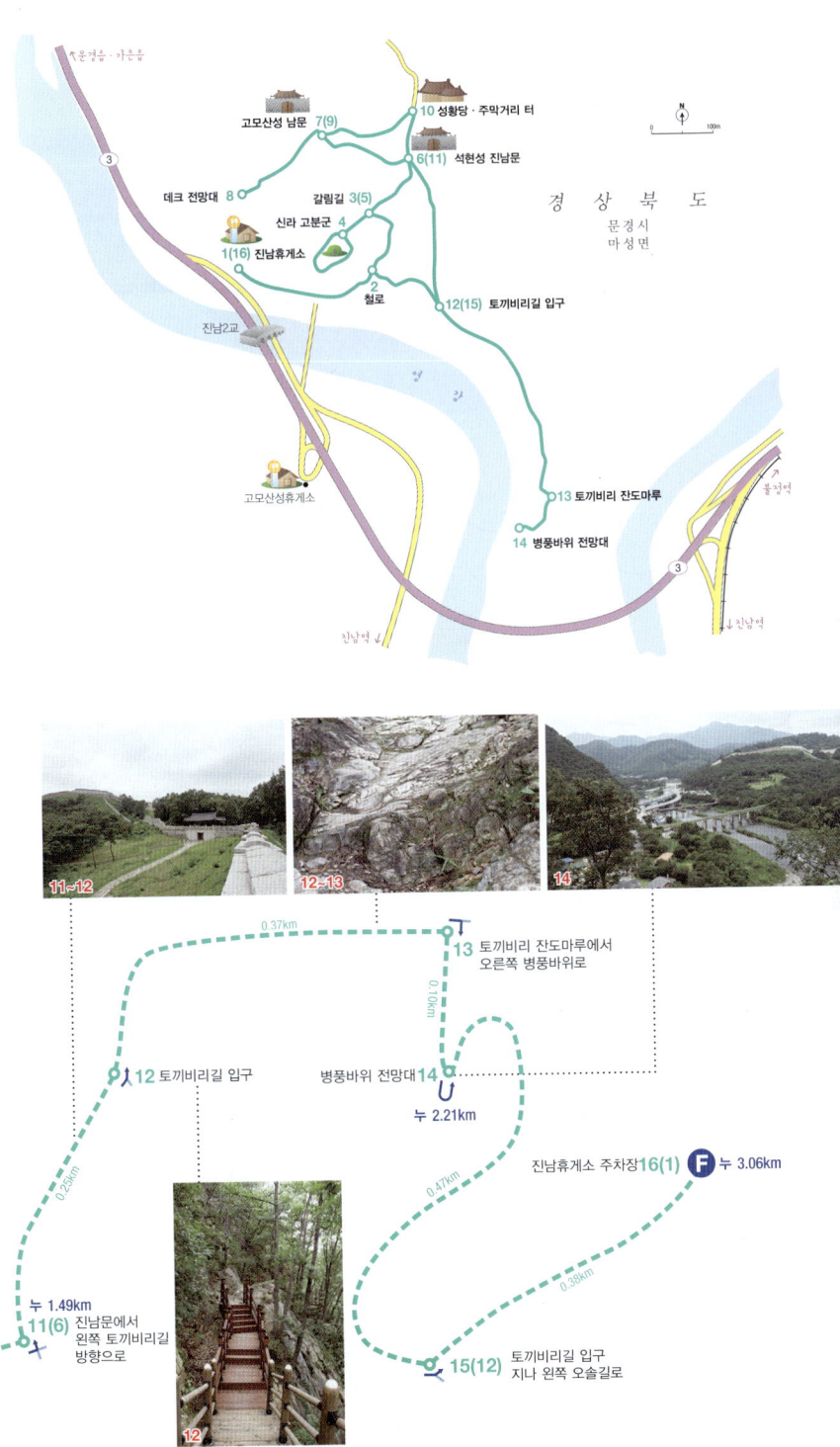

경북 문경시
문경새재 과거길

옛길박물관 ▶ 주흘관 ▶ 드라마 촬영장 ▶ 맨발 산책로
▶ 교귀정 ▶ 조곡관 ▶ 조령관 ▶ 자연생태공원

- 걷는거리 14.5km
- 걷는시간 5시간
- 출 발 점 경북 문경시 문경읍 상초리 문경새재 입구
- 종 착 점 경북 문경시 문경읍 상초리 문경새재 입구
- 난 이 도 무난해요

추천테마	아이들과	연인끼리	여럿이	숲	들	계곡	강	바다	문화유적	봄	여름	가을	겨울
	★★	★★★	★★★	★★★		★★★			★★★	★★★	★★★	★★★	★★★

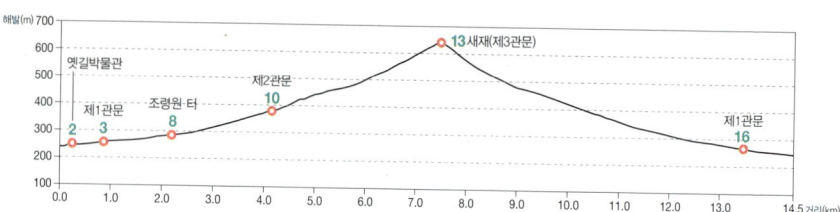

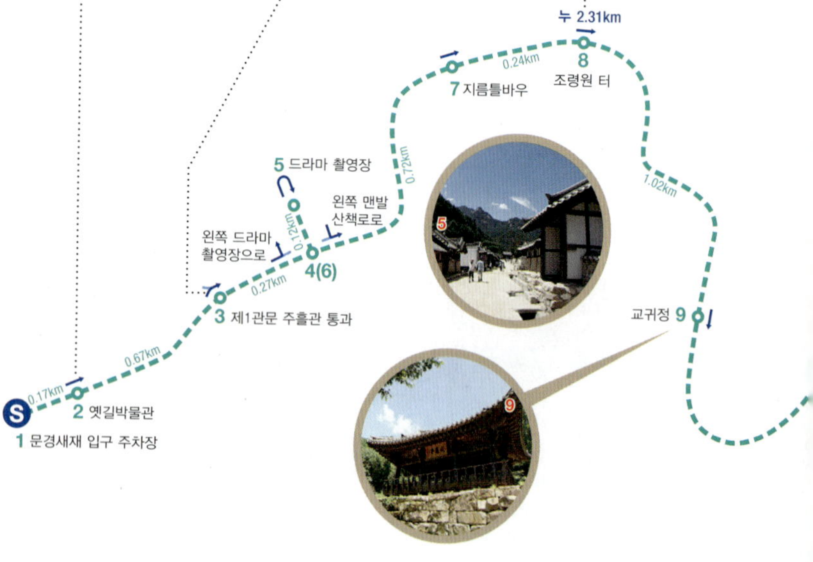

괴산IC
수안보
13 새재(제3관문 조령관)
조령산 자연휴양림
성황당 14
12(15) 갈림길
휴게소
충청북도
괴산군
연풍면
3
11 귀틀집
10 제2관문 조곡관
휴게소
신풍 교차로
절골
연풍IC
신선암
주흘산
9 교귀정
주막 터
휴게소
경상북도
평천리
8 조령원 터
등룡정
여궁폭포
문경시
문경읍
지름틀바우 7
드라마 촬영장 5
4(6) 맨발 산책로 초입
3(16) 제1관문 주흘관
조령산
상초리
지곡리
자연생태공원
2 옛길박물관
1(17) 문경새재 입구
하초리
이화령
문경 · 점촌
0
700m

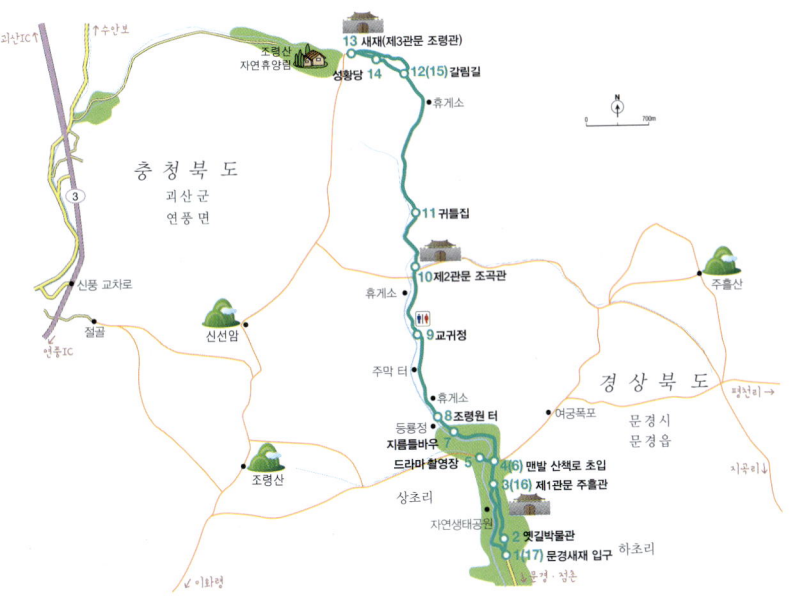

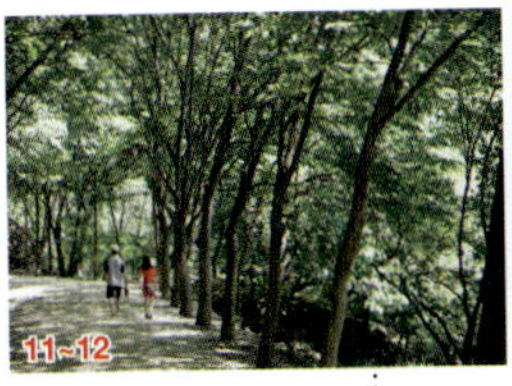
11~12

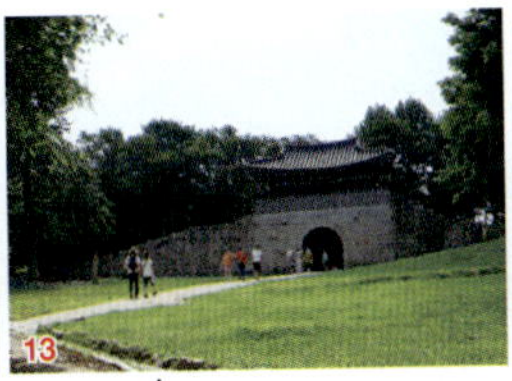
13

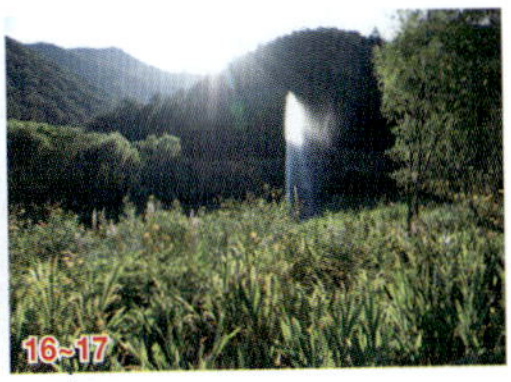
16~17

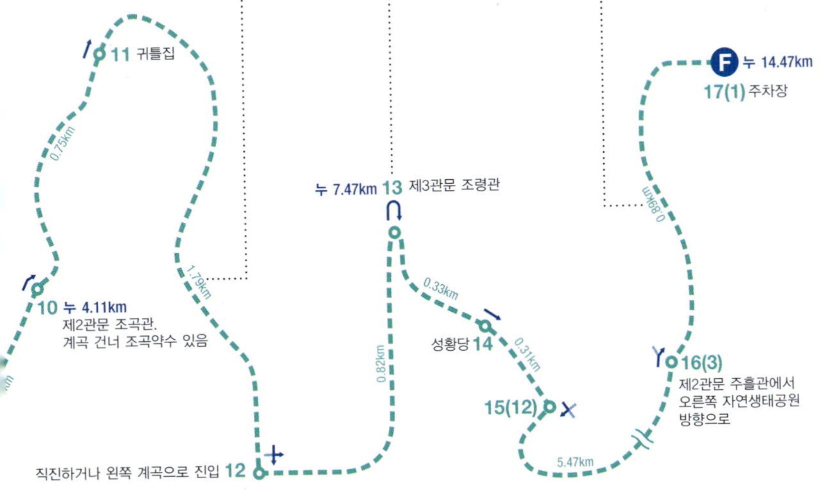

11 귀틀집
0.75km
10 누 4.11km
제2관문 조곡관.
계곡 건너 조곡약수 있음
1.79km
직진하거나 왼쪽 계곡으로 진입 12
누 7.47km 13 제3관문 조령관
0.82km
0.33km
성황당 14
0.31km
15(12)
5.47km
F 누 14.47km
17(1) 주차장
0.89km
16(3)
제2관문 주흘관에서
오른쪽 자연생태공원
방향으로

경북 안동시 녀던길
단천교~농암종택

단천교 ▶ 청량산전망대 ▶ 건지산 오솔길 ▶ 삽재
▶ 정자 쉼터 ▶ 학소대 ▶ 농암종택

- 걷는거리 7.0km
- 걷는시간 2시간 30분
- 출 발 점 경북 안동시 도산면 단천리 단천교
- 종 착 점 경북 안동시 도산면 가송리 농암종택
- 난 이 도 조금 힘들어요

추천테마	아이들과	연인끼리	여럿이	숲	들	계곡	강	바다	문화유적	봄	여름	가을	겨울
	★	★★	★★★	★		★★★	★★★		★★★	★★★	★	★★★	★

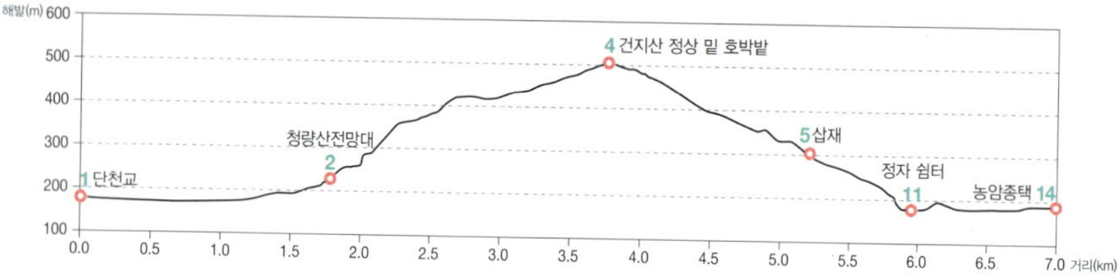

청량산전망대. 직진 방향의
강변길은 사유지라 출입할 수 없음.
왼쪽 건지산 방향의 오솔길로 진입

건지산 정상 방향으로

건지산 정상 밑 호박밭 지나
학소대 방향의 오솔길 따라
내려가기

48

청량산 · 봉화↑
7 학소대
정자 쉼터
6
5 삽재
4 건지산 정상 밑 호박밭
8 농암종택
가송리
갈림길 3
사유지 출입통제구간
청량산전망대
2
경 상 북 도
안동시
도산면
단천리
N
0
300m
단천교 1
버스 정류장
도산서원 · 안동 시내↓
원천리↘

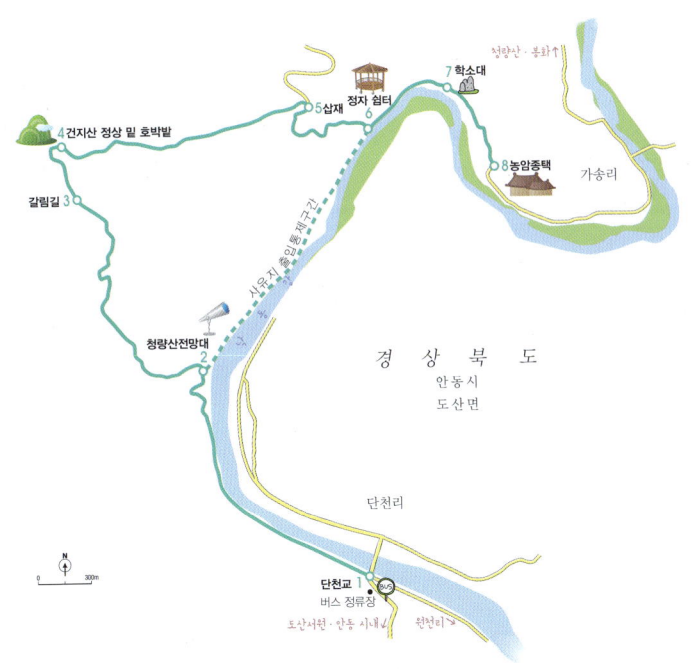

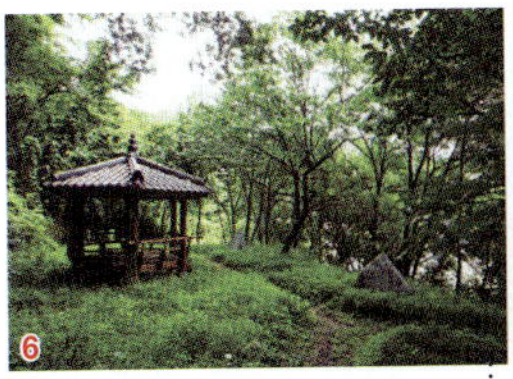
6

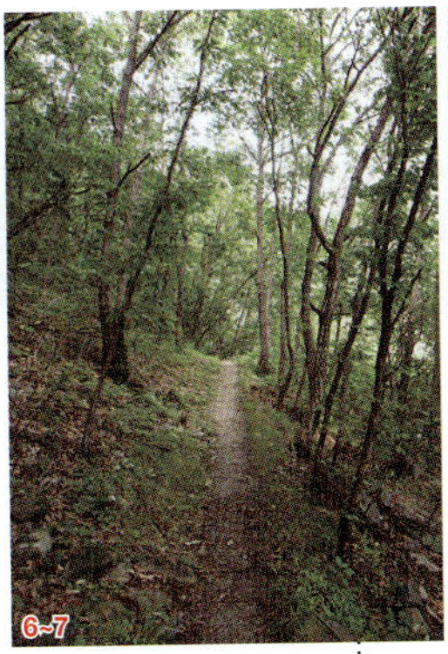
6~7

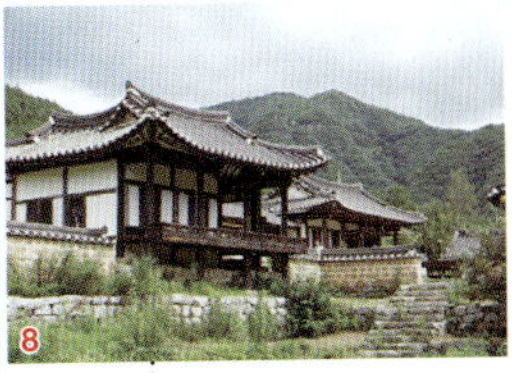
8

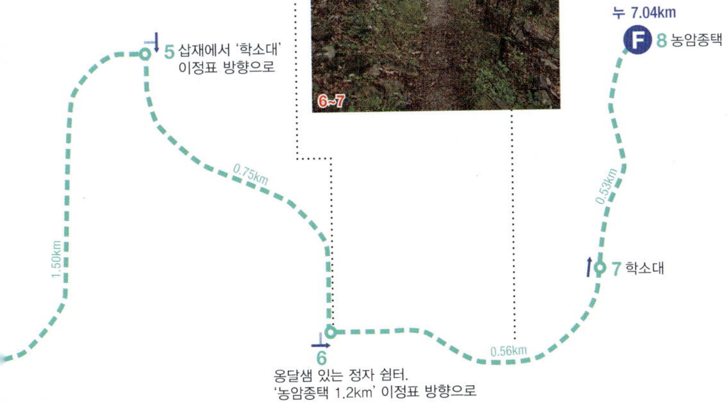
5 삽재에서 '학소대'
이정표 방향으로
0.75km
1.50km
6
옹달샘 있는 정자 쉼터.
'농암종택 1.2km' 이정표 방향으로
0.56km
7 학소대
0.53km
누 7.04km
F 8 농암종택

경남 사천시 이순신 바닷길

1코스 사천희망길

대곡마을숲 ▶ 정동면사무소 ▶ 수청마을 ▶ 오인숲 ▶ 사천산업단지 ▶ 선진리성

- **걷는거리** 14.0km
- **걷는시간** 4시간~4시간 30분
- **출 발 점** 경남 사천시 정동면 대곡리 대곡마을숲
- **종 착 점** 경남 사천시 용현면 선진리 선진리성
- **난 이 도** 무난해요

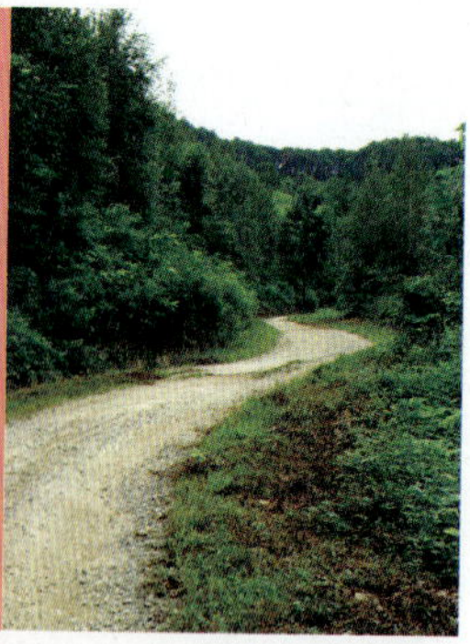

추천 테마	아이들과	연인끼리	여럿이	숲	들	계곡	강	바다	문화유적	봄	여름	가을	겨울
	★★	★★	★★★	★	★		★★★	★★★	★★	★★	★	★★★	★

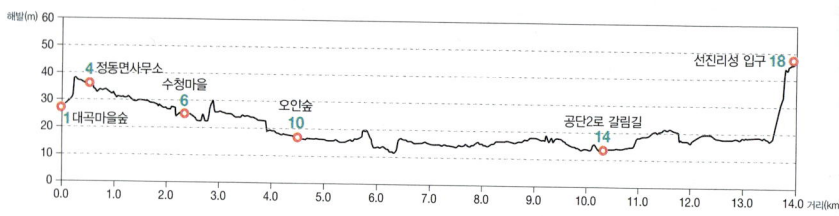

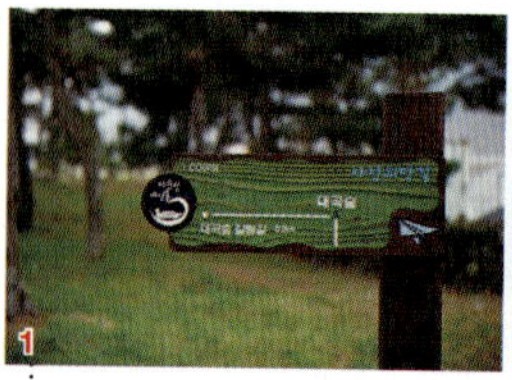

해발(m)
60
50
40
30
20
10
0
0.0
1.0
2.0
3.0
4.0
5.0
6.0
7.0
8.0
9.0
10.0
11.0
12.0
13.0
14.0 거리(km)
1 대곡마을숲
4 정동면사무소
수청마을 6
오인숲 10
공단2로 갈림길 14
선진리성 입구 18

1

8

10

1 대곡마을숲
대곡숲 갈림길에서
초등학교 쪽으로 우회전
2
0.19km
0.16km
3 정동초등학교에서
정동면사무소 방향으로 진행
0.16km
4
정동면사무소에서
길 건너 농협 옆
굴다리로 우회전
0.46km
5 강둑에 도착해
우회전
1.08km
6 수청마을 앞에서
수청교 방향으로 좌회전
수청교 건넌 뒤 7
강둑 따라 우회전
0.10km
0.53km
누 2.68km
8 죽담교 앞에서
대숲 보이는 길로 직진
1.56km
9 예수교 앞을 지나쳐
전방 도로로 직진
0.24km
10 오인숲 지나쳐 직진
1.22km
사천교 건넌 뒤 11
강둑 아래
자전거도로로
내려감
0.60km
11
6
수
청
마
을

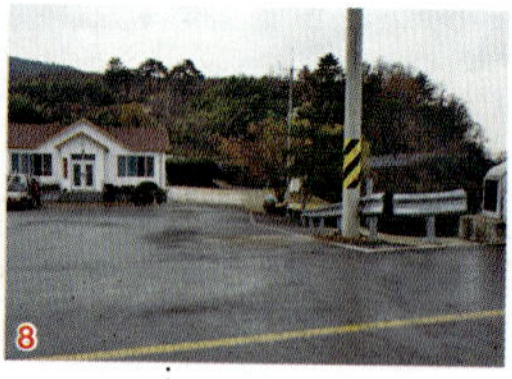

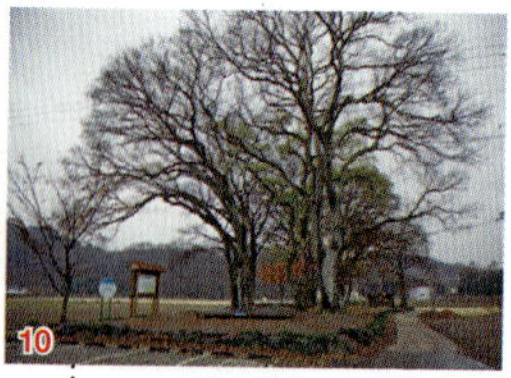

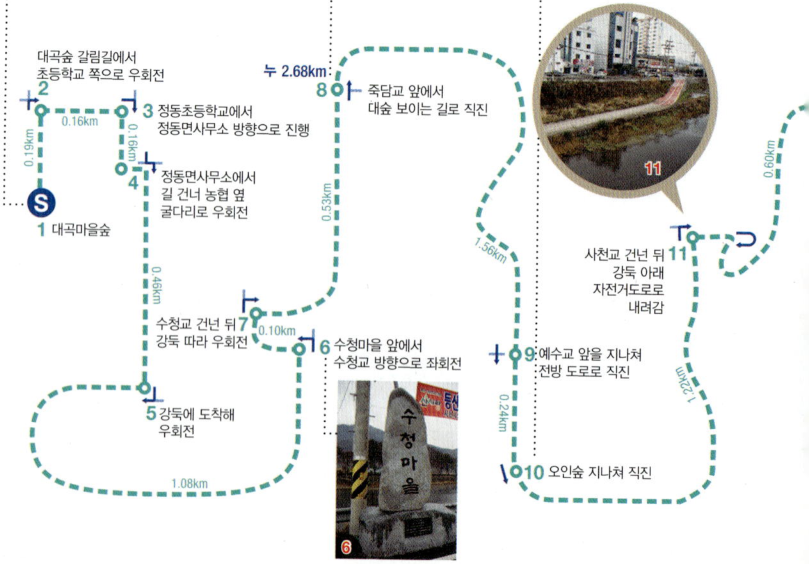

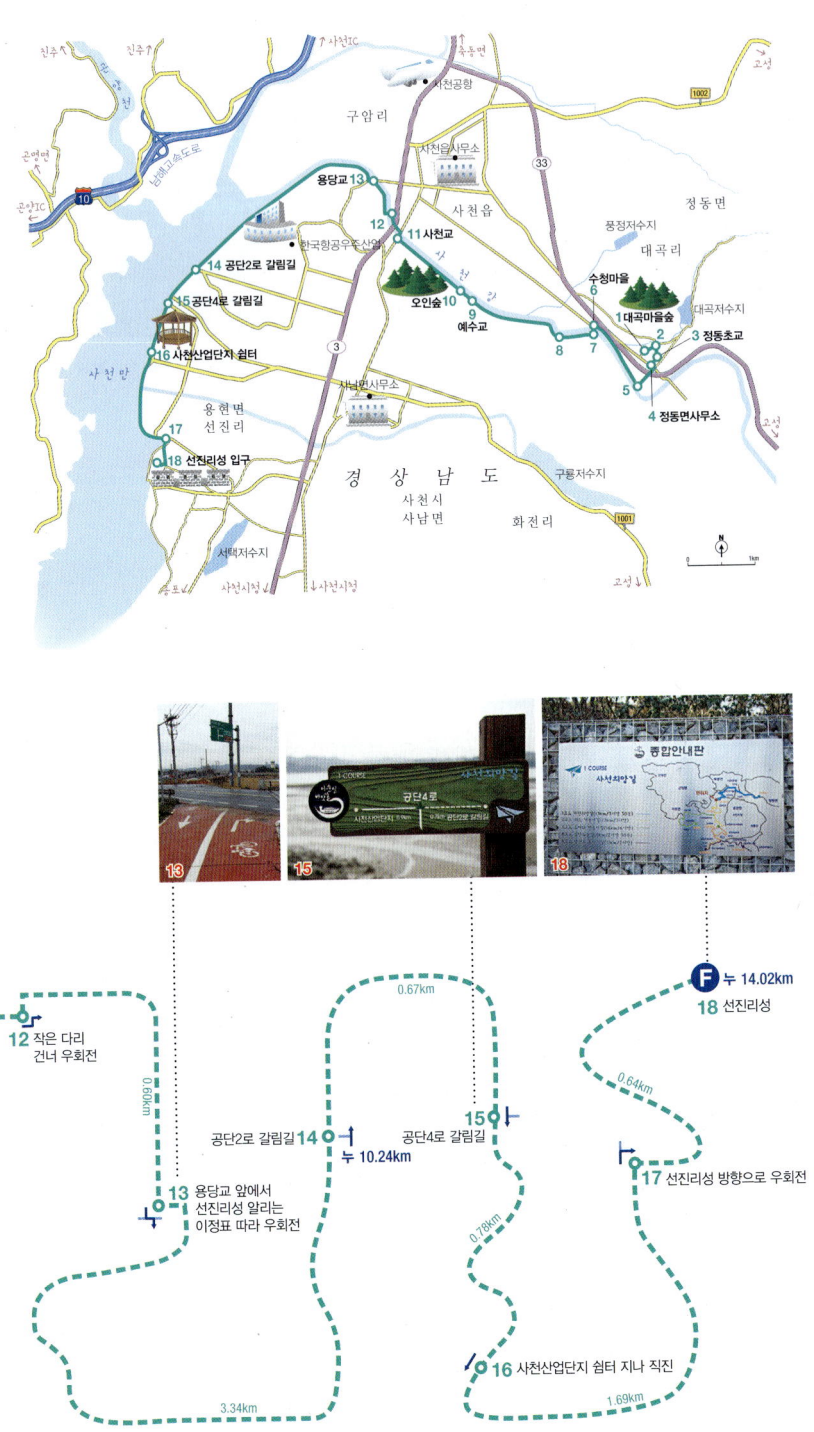

경북 봉화군 외씨버선길

춘양목 솔향기길

480

춘양면사무소 ▶ 춘양시장 ▶ 만산고택 ▶ 운곡천 ▶ 금강소나무 숲 ▶ 춘양목산림체험관 ▶ 두내약수탕

- **걷는거리** 18.6km
- **걷는시간** 6~7시간
- **출 발 점** 경북 봉화군 춘양면 의양리 춘양시외버스터미널
- **종 착 점** 경북 봉화군 춘양면 서벽리 두내약수탕 버스정류장
- **난 이 도** 조금 힘들어요

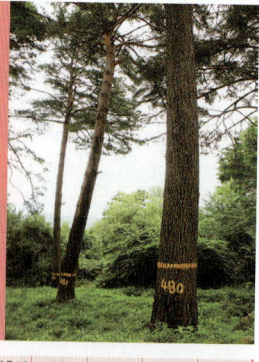

추천 테마	아이들과	연인끼리	여럿이	숲	들	계곡	강	바다	문화유적	봄	여름	가을	겨울
		★	★★★	★★	★★★	★	★★		★★	★★★	★	★★★	★

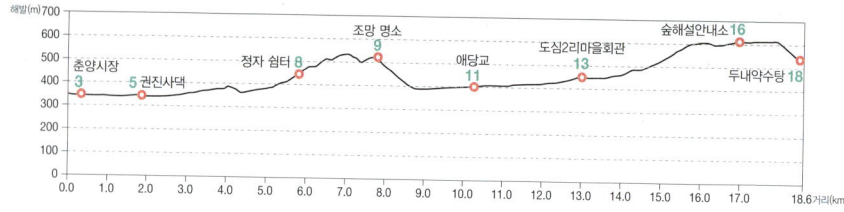

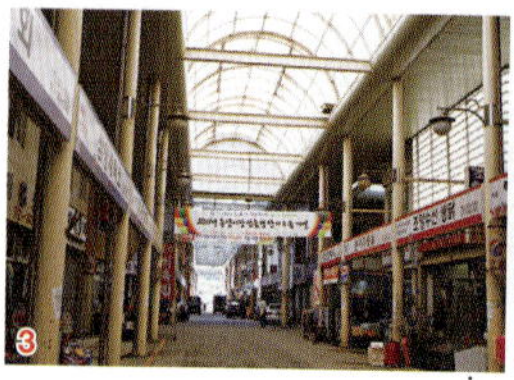

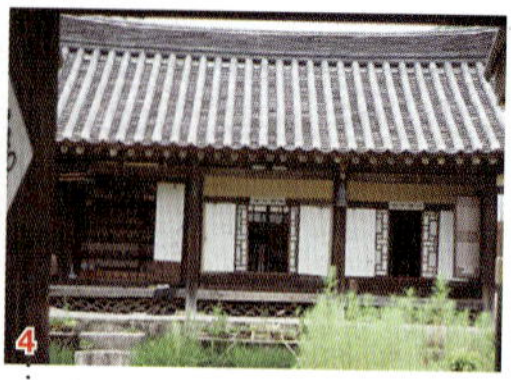

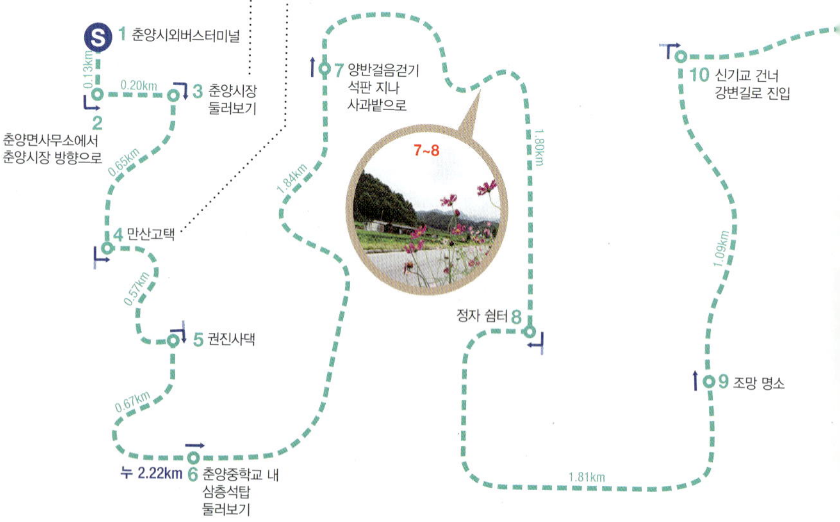

해발(m)
700
600
500
400
300
200
100
0
춘양시장 3
5 권진사댁
정자 쉼터 8
조망 명소 9
애당교 11
도심2리마을회관 13
숲해설안내소 16
두내약수탕 18
0.0 1.0 2.0 3.0 4.0 5.0 6.0 7.0 8.0 9.0 10.0 11.0 12.0 13.0 14.0 15.0 16.0 17.0 18.6
거리(km)

3

4

S 1 춘양시외버스터미널
0.13km
0.20km
2
춘양면사무소에서
춘양시장 방향으로
3 춘양시장
둘러보기
0.65km
4 만산고택
0.57km
5 권진사댁
0.67km
누 2.22km 6 춘양중학교 내
삼층석탑
둘러보기
1.84km
7 양반걸음걷기
석판 지나
사과밭으로
7~8
1.80km
정자 쉼터 8
1.81km
9 조망 명소
1.09km
10 신기교 건너
강변길로 진입

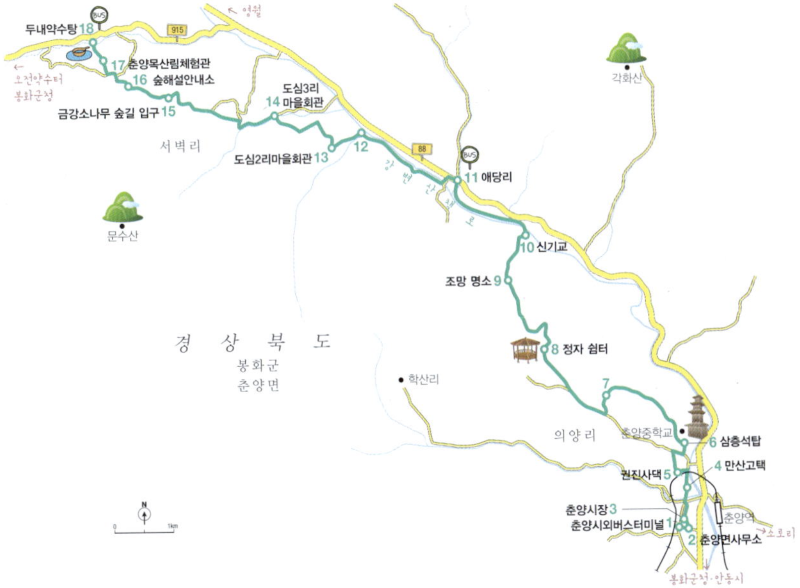

두내약수탕 18
17 춘양목산림체험관
16 숲해설안내소
금강소나무 숲길 입구 15
도심3리
14 마을회관
도심2리마을회관 13
12
11 애당리
10 신기교
조망 명소 9
8 정자 쉼터
7
6 삼층석탑
4 만산고택
권진사택 5
춘양시장 3
춘양시외버스터미널 1
2 춘양면사무소
춘양중학교
춘양역
915
88
영월
오전약수터
봉화군청
소로리
봉화군청·안동시
서벽리
의양리
학산리
각화산
문수산
경 상 북 도
봉화군
춘양면
강변산책로
N
0
1km

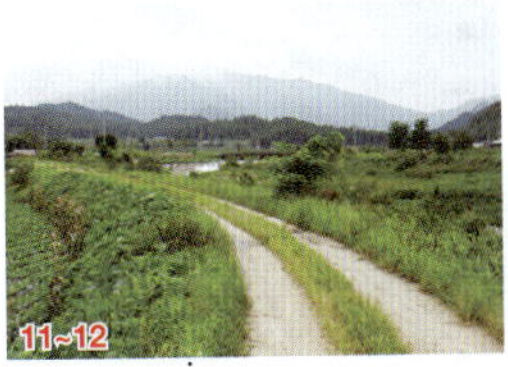
11~12

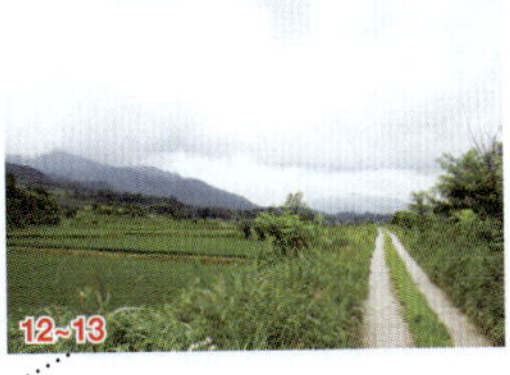
12~13

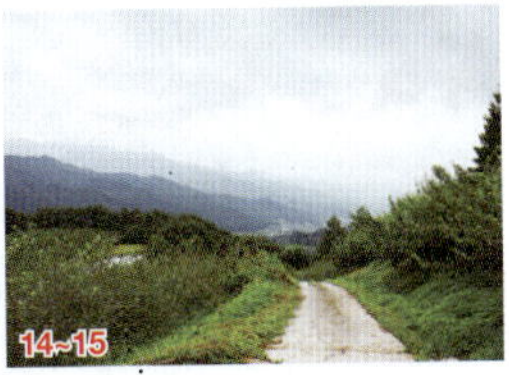
14~15

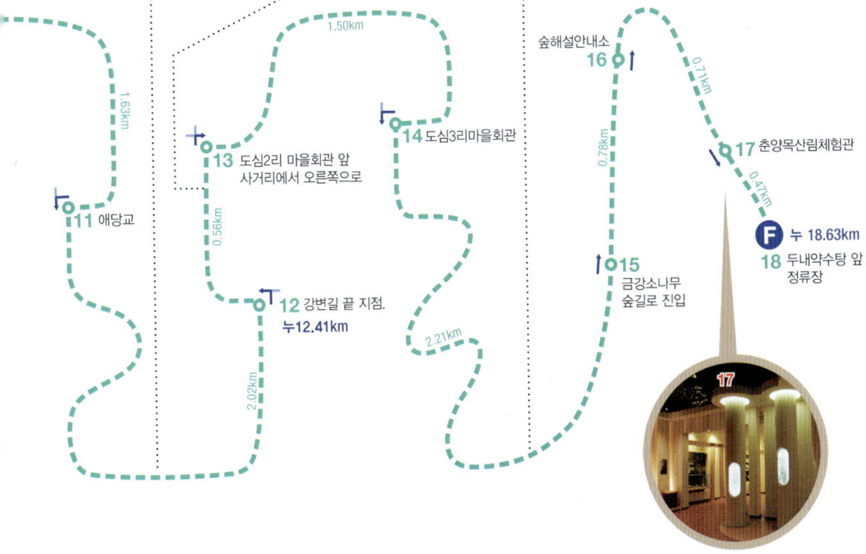

1.63km
11 애당교
0.56km
13 도심2리 마을회관 앞
사거리에서 오른쪽으로
1.50km
14 도심3리마을회관
12 강변길 끝 지점.
누12.41km
2.02km
2.21km
숲해설안내소
16
0.78km
0.71km
15
금강소나무
숲길로 진입
17 춘양목산림체험관
0.47km
F
누 18.63km
18 두내약수탕 앞
정류장
17

경북 청송군 주왕산

주방계곡

상의매표소 ▶ 대전사 ▶ 제1폭포 ▶ 제2폭포 ▶ 제3폭포 ▶ 대전사 ▶ 상의매표소

- **걷는거리** 10.1km
- **걷는시간** 3시간~3시간 30분
- **출 발 점** 경북 청송군 부동면 상의리 주왕산 상의매표소
- **종 착 점** 경북 청송군 부동면 상의리 주왕산 상의매표소
- **난 이 도** 쉬워요

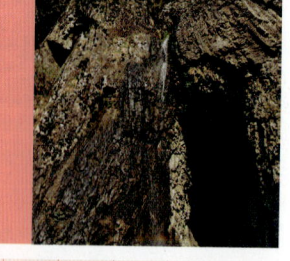

추천 테마	아이들과	연인끼리	여럿이	숲	들	계곡	강	바다	문화유적	봄	여름	가을	겨울
	★★★	★★	★★	★★		★★★			★★	★★★	★★	★★★	★

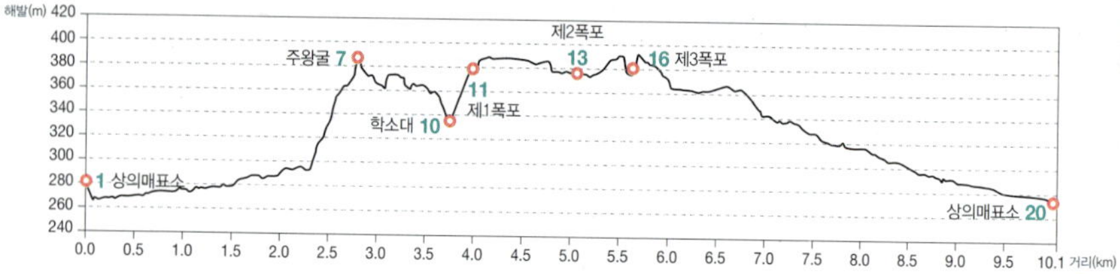
해발(m)
420
400
380
360
340
320
300
280
260
240
1 상의매표소
주왕굴 7
학소대 10
11
제1폭포
제2폭포
13
16 제3폭포
상의매표소 20
0.0
0.5
1.0
1.5
2.0
2.5
3.0
3.5
4.0
4.5
5.0
5.5
6.0
6.5
7.0
7.5
8.0
8.5
9.0
9.5
10.1
거리(km)

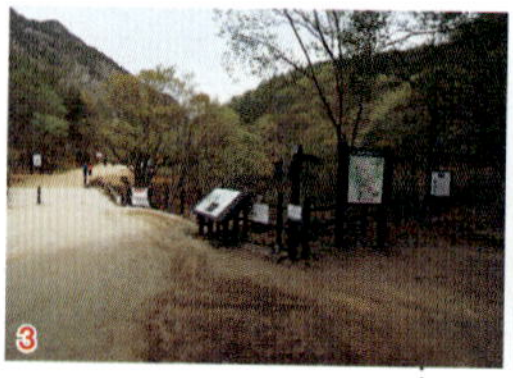
3

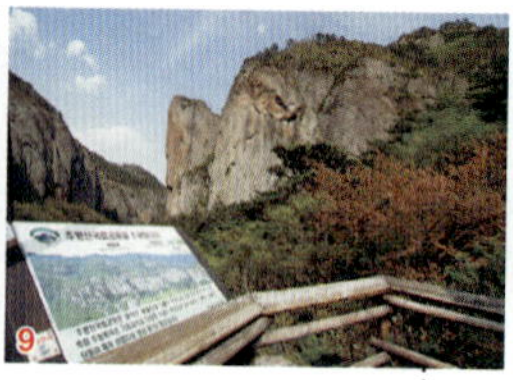
9

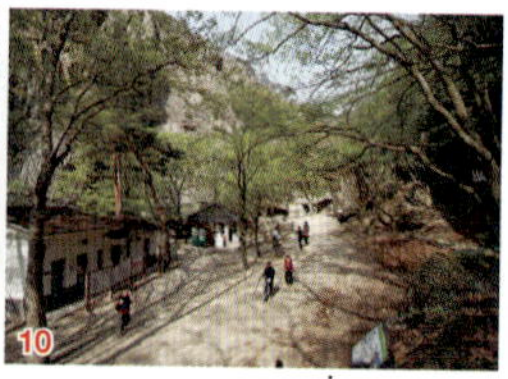
10

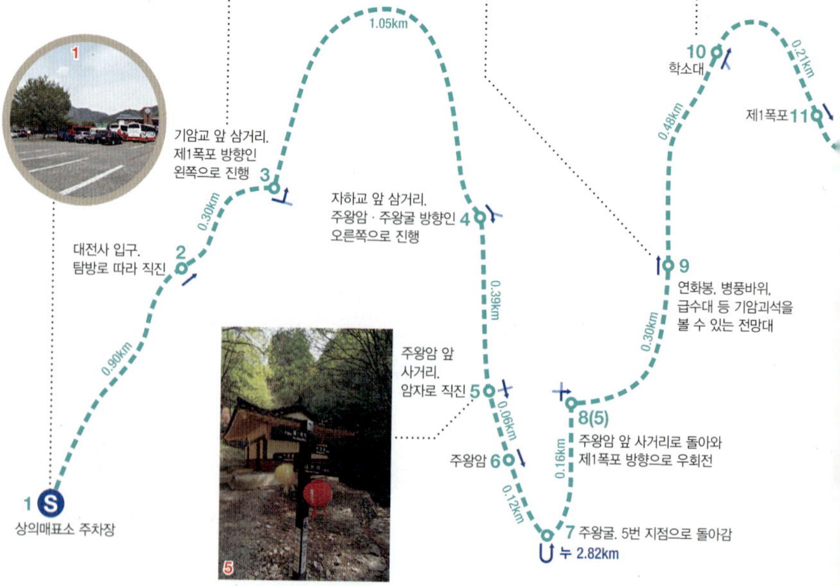
1 S
상의매표소 주차장
0.90km
2
대전사 입구.
탐방로 따라 직진
0.30km
3
기암교 앞 삼거리.
제1폭포 방향인
왼쪽으로 진행
1.05km
4
자하교 앞 삼거리.
주왕암 · 주왕굴 방향인
오른쪽으로 진행
0.39km
5
주왕암 앞
사거리.
암자로 직진
0.06km
주왕암 6
0.12km
7 주왕굴. 5번 지점으로 돌아감
누 2.82km
0.16km
8(5)
주왕암 앞 사거리로 돌아와
제1폭포 방향으로 우회전
0.30km
9
연화봉, 병풍바위,
급수대 등 기암괴석을
볼 수 있는 전망대
0.48km
10
학소대
0.21km
제1폭포 11

경 상 북 도
청송군
부동면
주왕산국립공원
장군봉
관음봉
제3폭포
16
17
15
후리메기 입구
12(14)
13 제2폭포
주방계곡
11 제1폭포
10(18) 학소대
추방계곡
연화굴 입구
9 전망대
기암교
3
대전사 입구 2
기암교 화장실
자하교
화장실
4(19)
자하교
6 주왕암
5(8)
7
주왕굴
대전사
버스터미널
주왕교
1(20)
상의매표소
0
300m
N

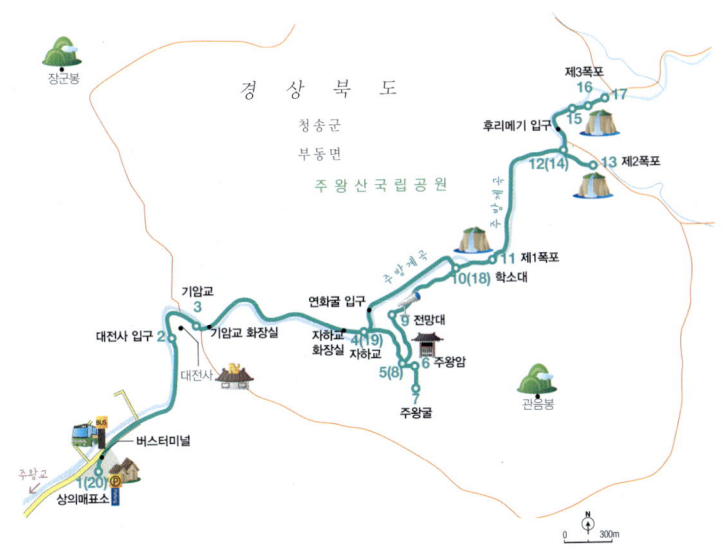

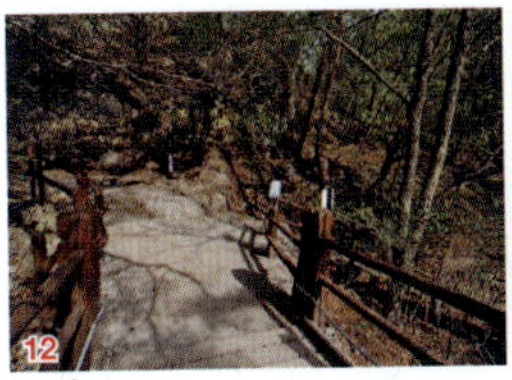
12

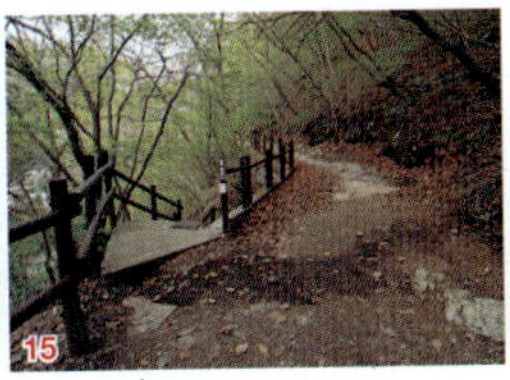
15

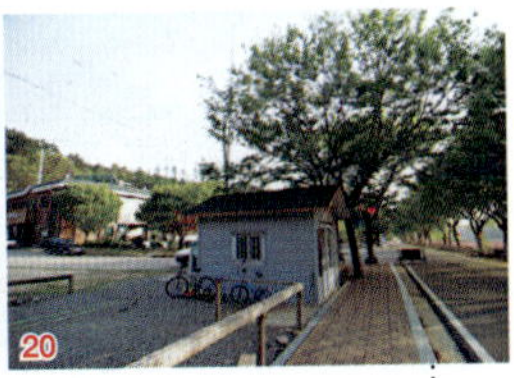
20

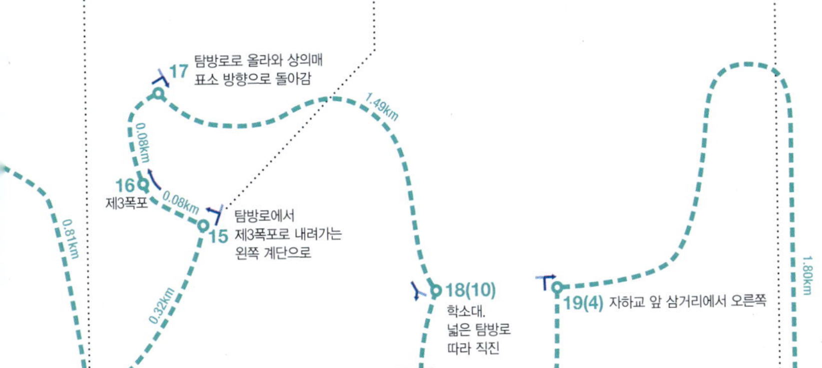
17 탐방로로 올라와 상의매
표소 방향으로 돌아감
1.49km
0.08km
16 제3폭포
0.08km
탐방로에서
15 제3폭포로 내려가는
왼쪽 계단으로
0.81km
0.32km
18(10)
학소대.
넓은 탐방로
따라 직진
19(4) 자하교 앞 삼거리에서 오른쪽
1.80km
12(14)
누 4.78km
제2폭포 방향으로
우회전. 12번 삼거리로
돌아와 제3폭포
방향으로 직진
0.44km
0.67km
누 10.10km
F
20(1)
상의매표소 주차장
제2폭포.
13 12번 지점으로 돌아감

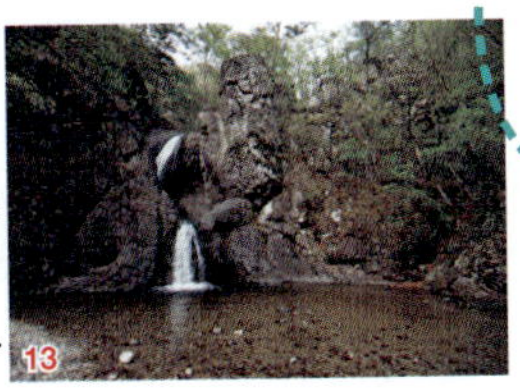
13

주산지

경북 청송군 주왕산

주산지 휴게소 ▶ 자연관찰로 ▶ 주산지 ▶ 주산지 휴게소

- 걷는거리 2.5km
- 걷는시간 40분~1시간
- 출 발 점 경북 청송군 부동면 이전리 주산지 휴게소
- 종 착 점 경북 청송군 부동면 이전리 주산지 휴게소
- 난 이 도 아주 쉬워요

추천테마	아이들과	연인끼리	여럿이	숲	들	계곡	강	바다	문화유적	봄	여름	가을	겨울
	★★★	★★★	★★	★★		★				★★★	★★	★★★	★

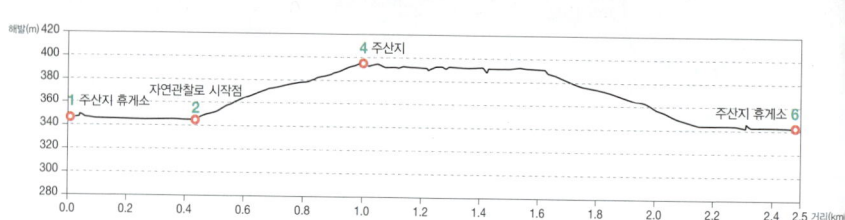

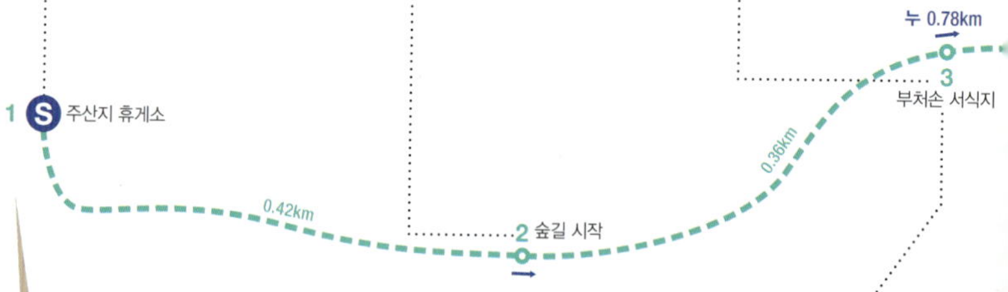

절골계곡
절골탐방지원센터
주왕산국립공원
주산천
경상북도
청송군
부동면
이전 사거리
이전리
부처손 서식지
3
전망대 5
1(6) 주산지 휴게소
2 자연관찰로 시작점
4
주산지
N
0
300m

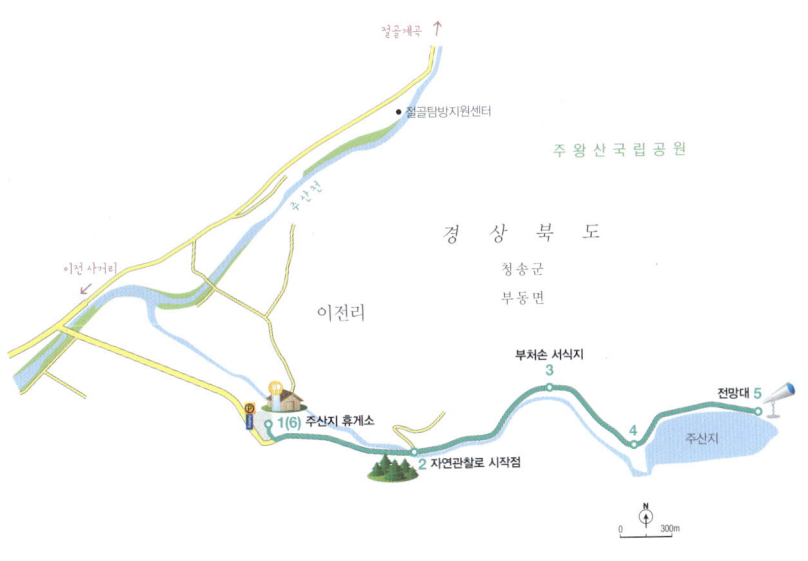

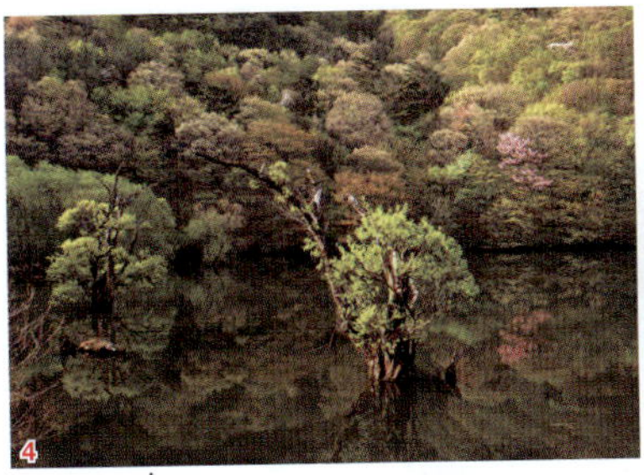
4

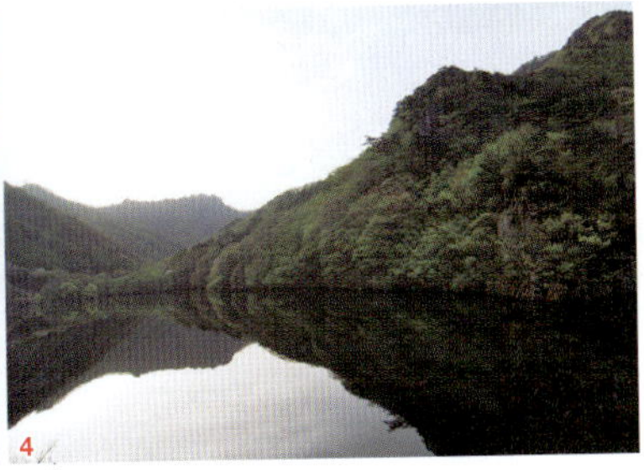
4

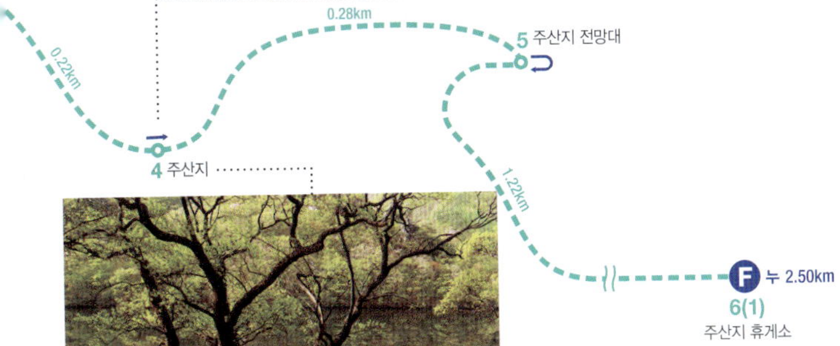
0.22km
0.28km
5 주산지 전망대
4 주산지
1.22km
F 누 2.50km
6(1)
주산지 휴게소

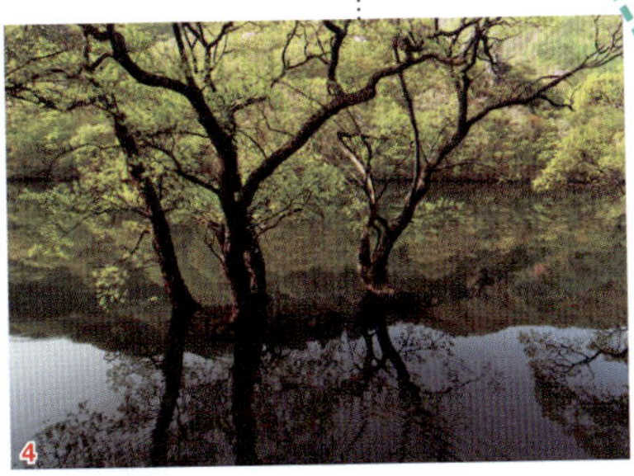
4

경남 진주시
남부길

연암공업단 ▶ 망진산 ▶ 천수교 ▶ 남강 ▶ 남부산림연구소 ▶ 연암공업대

- 걷는거리　12.2km
- 걷는시간　3~4시간
- 출 발 점　경남 진주시 가좌동 연암공업대
- 종 착 점　경남 진주시 가좌동 연암공업대
- 난 이 도　무난해요

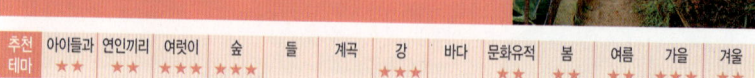

추천테마	아이들과	연인끼리	여럿이	숲	들	계곡	강	바다	문화유적	봄	여름	가을	겨울
	★	★★	★★★	★★★		★★★	★★★		★★	★★	★★★	★★★	★★

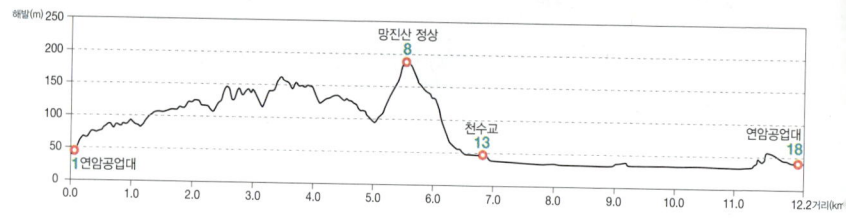

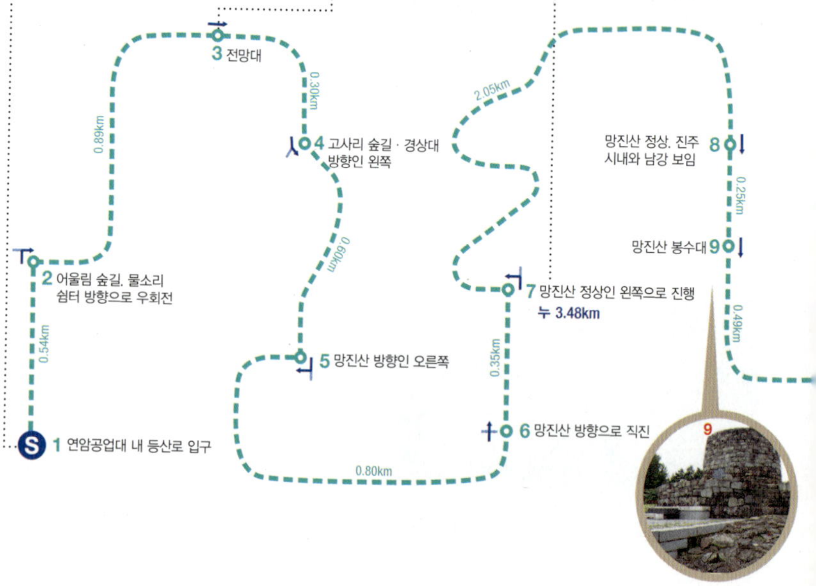

람사르습지 우포늪

경남 창녕군

세진주차장 ▶ 전망대 ▶ 나무다리 삼거리 ▶ 제방길 ▶ 세진주차장

- 걷는거리 11.5km
- 걷는시간 3시간~3시간 30분
- 출 발 점 경남 창녕군 유어면 세리리
- 종 착 점 경남 창녕군 유어면 세리리
- 난 이 도 쉬워요

추천테마	아이들과	연인끼리	여럿이	숲	들	계곡	강	바다	문화유적	봄	여름	가을	겨울
	★★	★★★	★	★★★	★★★		★★★		★	★★★	★	★★	★★★

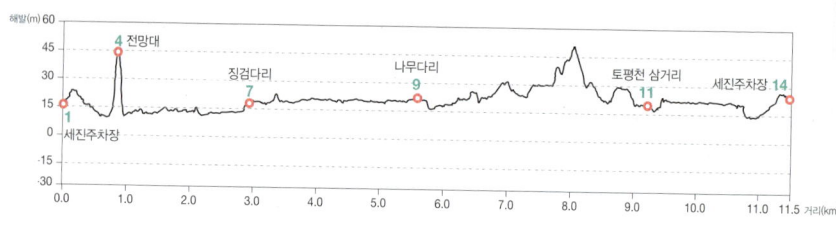

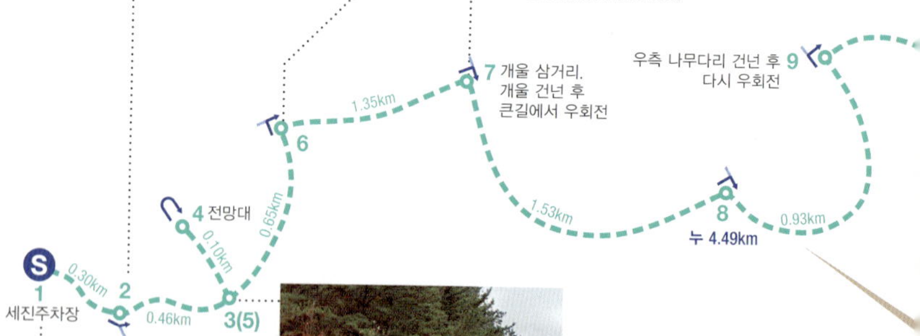

← 이방면사무소
신당리 →
1080
경 상 남 도
창녕군
이방면
나무다리
9
주매리마을회관
← 동산리
우포
자연학습원
8
사 지 포
10
목
포
늪
소포 나루터
배수펌프장
토 평 천
옥천마을회관
우 포 늪
11
토평천 삼거리
창녕군청 →
징검다리 7
3(5)
유 어 면
12
쪽
지
벌
6
전망대 4
2(13)
1(14) 세진주차장
모 곡 리
따오기
복원센터
모곡
마을회관
대 대 리
토
평
천
세 진 리
↓유어교
↓창녕읍·유어면사무소
N
0
500m

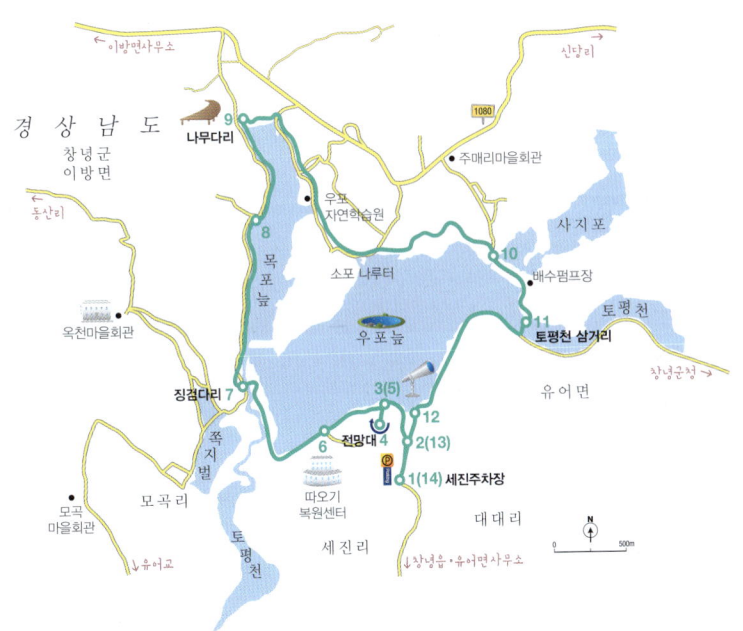

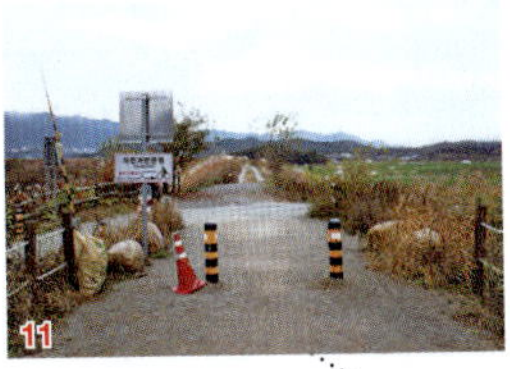
11

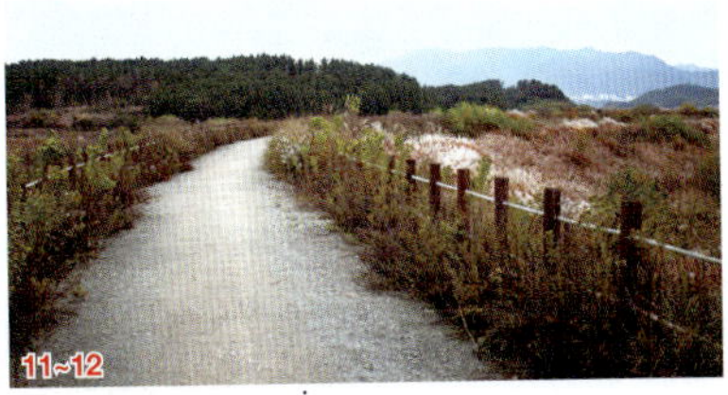
11~12

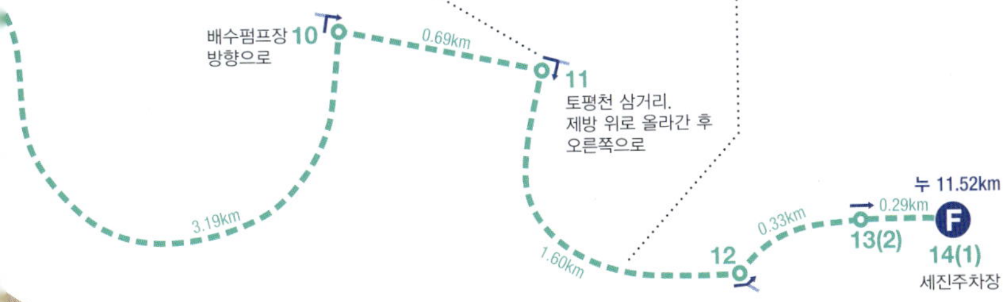

배수펌프장 10
방향으로
0.69km
11
토평천 삼거리.
제방 위로 올라간 후
오른쪽으로
3.19km
1.60km
12
0.33km
0.29km
13(2)
누 11.52km
F
14(1)
세진주차장

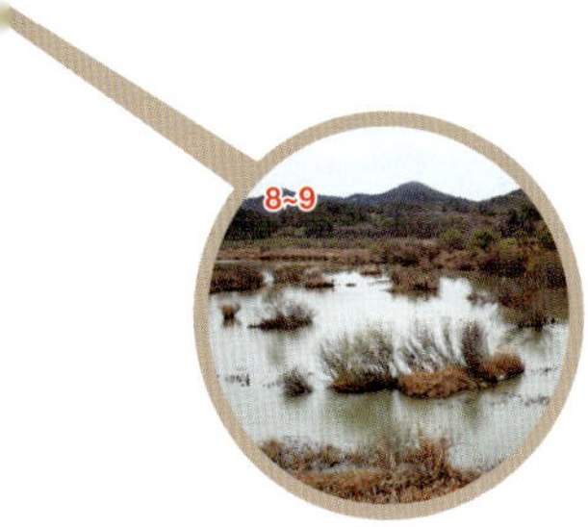
8~9

경남 창원시

주남저수지

람사르문화관 ▶ 주남배수문 앞 ▶ 주남돌다리 ▶ 용산마을 ▶ 람사르문화관

- **걷는거리** 9.1km
- **걷는시간** 2시간~2시간 30분
- **출 발 점** 경남 창원시 의창구 동읍 월잠리 람사르문화관
- **종 착 점** 경남 창원시 의창구 동읍 월잠리 람사르문화관
- **난 이 도** 쉬워요

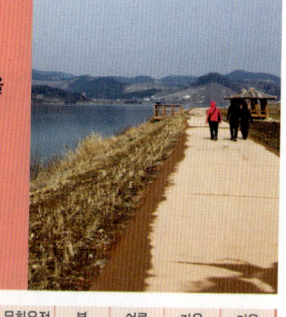

추천 테마	아이들과	연인끼리	여럿이	숲	들	계곡	강	바다	문화유적	봄	여름	가을	겨울
	★★★	★★★	★★		★★				★	★★	★	★★★	★★★

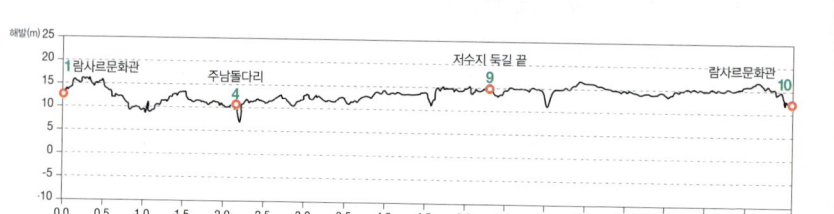

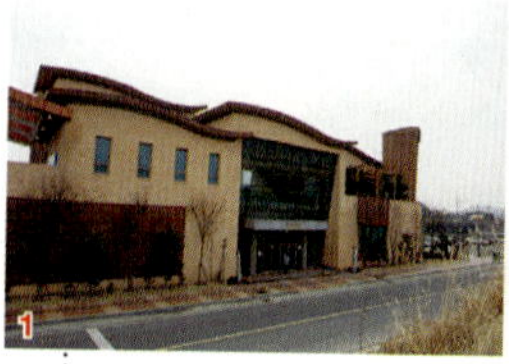

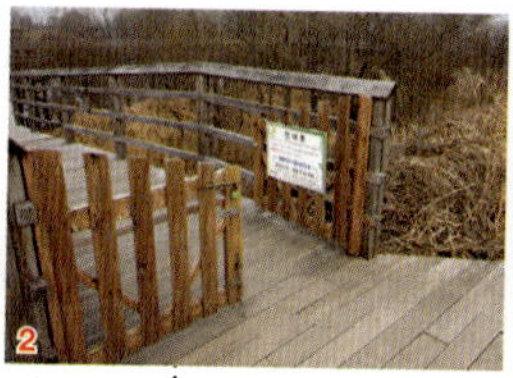

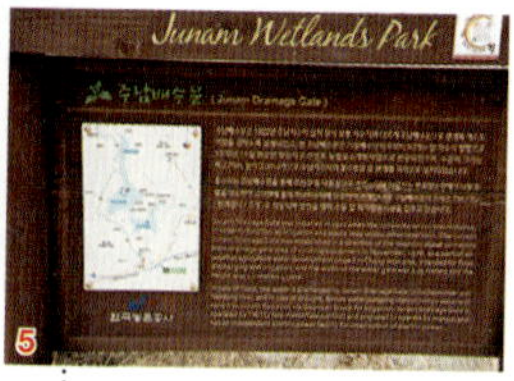

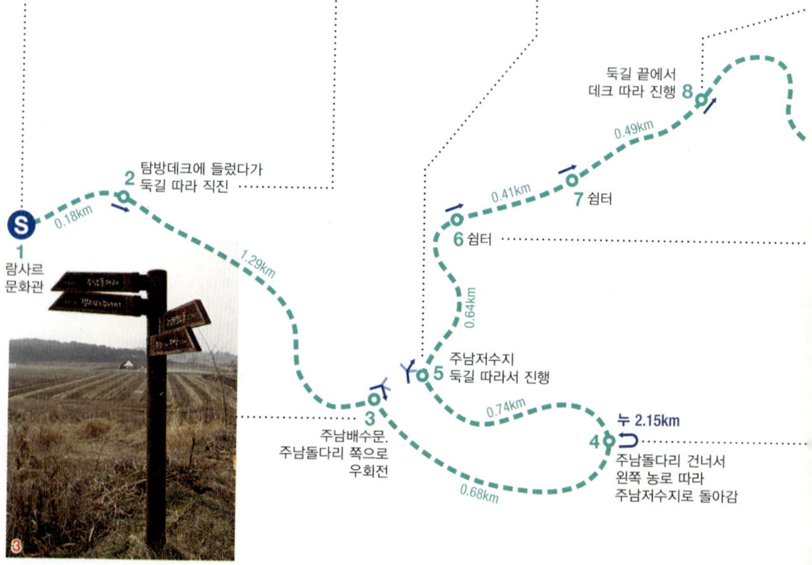

해발(m)
1 람사르문화관
주남돌다리
4
저수지 둑길 끝
9
람사르문화관
10
거리(km)

Junam Wetlands Park

S
1
람사르
문화관
0.18km
2 탐방데크에 들렀다가
둑길 따라 직진
1.29km
3
주남배수문,
주남돌다리 쪽으로
우회전
0.68km
4
누 2.15km
주남돌다리 건너서
왼쪽 농로 따라
주남저수지로 돌아감
0.74km
5 주남저수지
둑길 따라서 진행
0.64km
6 쉼터
0.41km
7 쉼터
0.49km
둑길 끝에서
데크 따라 진행 8

휴대용 코스 가이드북

지은이 김성중 정규찬 노진수
펴낸이 정규도
펴낸곳 황금시간

초판발행 2012년 5월 25일

편집 권명희 노진수 정규찬 김성중
디자인 김나경 정규옥
지도 김주현 이송미

공급처 (주)다락원 (02)736-2031

주소 경기도 파주시 문발로 211
전화 (031)955-7272(대)
팩스 (031)955-7273
출판등록 제406-2007-00002호

Copyright ⓒ 2012, 황금시간

저자 및 출판사의 허락 없이 이 책의 일부 또는 전부를 무단 복제·전재·발췌할 수 없습니다. 잘못된 책은 바꿔 드립니다.

http://www.darakwon.co.kr

전체에 불교 유적과 유물이 많다. 그러나 토함산의 최고 명물은 역시 일출. 정초가 되면 찬란한 새해를 맞이하기 위해 엄청난 인파가 몰리기 때문에 불국사에서 석굴암으로 오르는 길의 승용차 출입을 막고 셔틀버스를 운행한다.

하지만 토함산 일출은 삼대가 덕을 쌓아야 볼 수 있다는 지리산의 일출보다 더 보기 어렵다. 바다가 인접해 있어 안개가 자주 끼기 때문이다. 산이 바다 쪽에서 밀려오는 안개를 들이마시고 토해낸다고 해서 토함산이라는 이름이 붙었을 정도니, 토함산 일출을 보았다면 그것만으로 이미 대박 난 셈이다. 멀리 문무왕 수중릉이 있는 감포 앞바다가 펼쳐지고, 발밑으로는 조양평야와 대소산봉을 굽어볼 수 있는 일출이니 부러울 게 없다.

아름다운 숲길은 불국사에서 출발한 지 40분쯤 뒤 운동기구가 놓여 있는 정자 쉼터[5]를 지나면서 끝난다. 화장실이 있는 삼거리[6]부터 석굴암까지는 꽤 가파른 길이다. 삼거리에서 100m 앞에 가물어도 물이 마르지 않는다는 오동 약수터가 있으니 약수 한 모금을 마시고 힘을 내 걷는 것이 좋다. 동해의 파란 수평선과 토함산 자락의 봄기운을 벗 삼아 40분쯤 걸어가면 석굴암 매표소[7]에 닿는다.

불국사와 함께 세계문화유산으로 등재된 석굴암 석굴(국보 제24호)[8]은 완벽하고 빼어난 조각과 독창적 건축으로 신라 불교 예술의 정수를 보여준다. 하지만 본존불이 유리벽에 갇혀 있어 답답한 모습이다. 석굴은 자연 제습이 되어 습기가 차지 않지만, 이곳은 일제강점기 때 보수공사를 하면서 시멘트를 마구잡이로 사용하는 바람에 본연의 제습 기능을 잃고 말았다. 부득이 유리벽으로 막고 기계장치를 써서 석굴 안의 습기를 없애고 있다.

석굴암 매표소[9]로 되돌아와 다시 불국사 주차장[10]으로 가는 길은 죽을 때까지 상투머리에 한복을 입었다는 전주 출신 명필 강암 송성용이 쓴 힘찬 글씨의 석굴암 일주문 현판이 오래도록 배웅해준다.

교통편

》 찾아가기

대중교통 동서울터미널과 서울고속터미널에서 경주로 가는 버스가 있다. 터미널 앞 정류장에서 불국사로 가는 시내버스가 수시로 운행한다.

동서울터미널→경주시외버스터미널 07:00~24:00(21회 운행)
서울고속터미널→경주고속버스터미널 06:05~23:55(17회 운행)
경주시외·고속버스터미널→불국사 10번, 11번(수시 운행)
승용차 불국사 주차장 이용, 1일 1천 원

《 돌아오기

석굴암에서 마무리한 후 불국사까지 대중교통을 이용해 돌아갈 경우 1시간 간격으로 운행하는 12번 버스를 이용한다.

석굴암→불국사 12번(1시간 간격)
불국사→경주시외·고속버스터미널 10번, 11번(수시 운행)
경주시외버스터미널→동서울터미널 07:40~24:40(20회 운행)
경주고속버스터미널→서울고속터미널 06:00~24:00(17회 운행)

알아두기

숙박 불국사 입구 식당가 이용
식당 불국사 입구 식당가 이용
매점 불국사 입구 식당가, 석굴암 주차장 옆
식수 불국사(1~3지점), 오동약수터(6지점), 석굴암(7~8지점)
화장실 불국사 내 다수, 석굴암 주차장 입구
전화 불국사 (054)746-9913, 개장시간 07:00~18:00(동절기 17:00까지)
　　　석굴암 (054)746-9933, 개장시간 06:30~18:00(동절기 07:00~17:00)

들를 만한 곳

감은사지

사적 제31호. 문무대왕 때 짓기 시작하여 아들인 신문왕이 완성한 감은사가 있던 터다. 감은사지에는 최근 보수를 마치고 일반에 공개된 13m 높이의 삼층석탑(국보 제112호) 2기가 있다. 높이와 크기가 같은 쌍둥이 탑이다.

위치 경북 경주시 양북면 용당리 55-1
입장료 없음　　**주차** 가능, 무료

문무대왕릉

사적 제158호. 대왕암(大王岩)이라고도 하는 조그만 바위섬이다. 삼국통일을 이룬 문무왕의 유골이 수장되어 있다. 관광객들 덕분에 호강하는 갈매기들이 해변을 배회하는데, 일출 때는 대왕암과 어울려 멋진 풍경을 연출한다.

위치 경주시 양북면 봉길리 앞바다
개장시간 09:00~18:00(동절기 17:00까지)
입장료 없음　　**주차** 가능, 1일 2천 원

| 경북 문경시 |

고성과 옛길이 만난 고모산성~토끼비리길 거리 3.1km, 소요시간 1시간 30분
벼랑길에 남은 천년의 흔적

진남교반의 풍경이 한눈에 들어오는 고모산성과 벼랑을 타고 이어지는 토끼비리길을 걷는다. 고모산성은 신라 시대 산성 중 가장 오래된 것으로 초입에서는 신라 고분군도 만난다. 토끼비리길에는 목숨을 걸고 오갔을 조상들의 숨소리가 남아 있다.

석현성 진남문과 산중턱에 쌓은 고모산성(11~12지점).

벼랑을 따라 난 길(12~13지점).

가장 오래된 신라의 산성 진남휴게소~진남문[1-11]

토끼비리길과 고모산성으로 가는 길은 모두 진남교반에 있는 진남휴게소[1]에서 시작된다. 수려한 산세와 기암이 어우러진 진남교반은 경북8경 중에서 으뜸으로 꼽힌다. 관광지로도 인기가 많아서 레일바이크(철로자전거)를 타러 오거나 영강 둔치에서 천렵과 물놀이를 즐기는 사람들로 늘 북적인다.

진남휴게소에서 가은천과 조령천이 합류하는 영강의 시원한 물줄기를 감상한 후 카트 체험장을 지나면 어둑한 터널로 이어진 철로[2]와 만난다.

지금은 석탄차 대신 사람을 태운 레일바이크가 철로의 새 주인이 되었지만 한때 문경시는 채탄산업의 중심지였다. 가은읍에서 무연탄을 잔뜩 싣고 출발한 열차는 이 철로를 통해 진남역을 지나 점촌으로 향했다.

철로를 건너 숲길을 잠시 걸으면 이정표 앞 갈림길[3]을 만난다. 오른쪽은 고모산성으로, 왼쪽은 6~7세기경 조성된 것으로 추정되는 고분군으로 연결된다. 왼쪽 산책로로 들어서자 고산준령이 병풍처럼 섰고 태극 모양의 굽이치는 영강이 보인다. 누가 봐도 명당인 이곳에 신라 시대 고분군이 있다. 60여 기의 묘가 있는 고분군[4]은 데크 산책로를 따라 둘러볼 수 있다.

갈림길[5]로 돌아와서 고모산성 방향으로 접어들면 잠시 후 기다란 성곽을 날개처럼 두른 성문이 눈에 들어온다. 고모산성과 이어지는 석현성의 진남문[6]

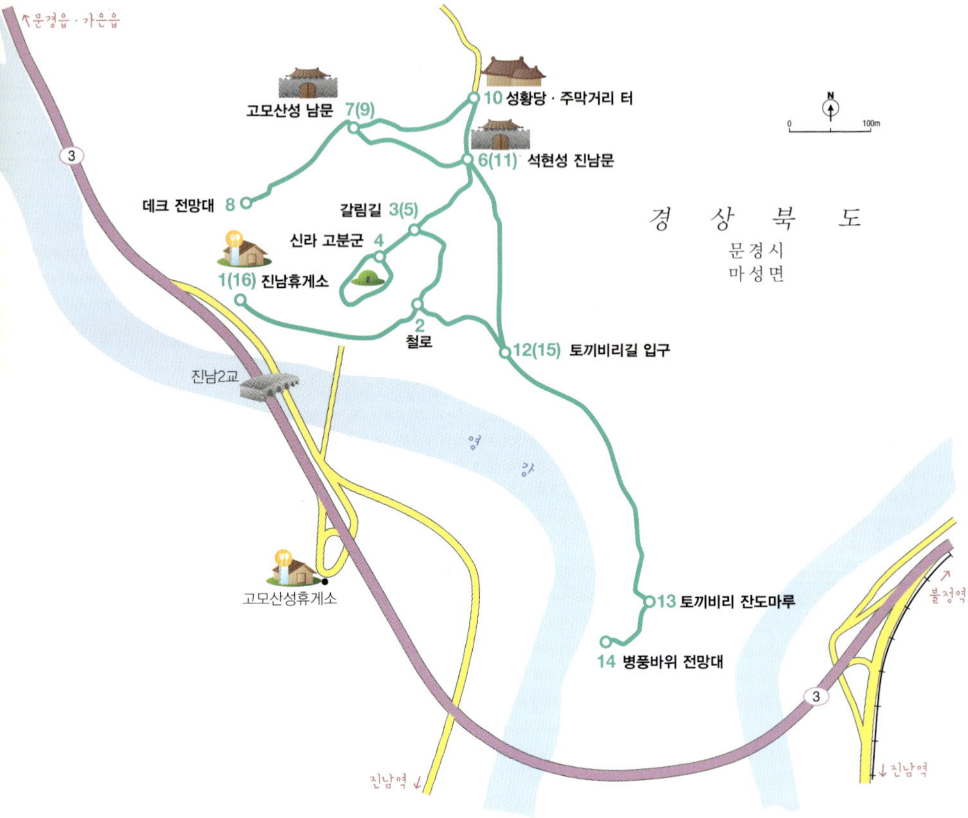

↑문경읍 · 가은읍
고모산성 남문 7(9)
10 성황당 · 주막거리 터
6(11) 석현성 진남문
0 100m
N
데크 전망대 8
갈림길 3(5)
신라 고분군 4
1(16) 진남휴게소
2
철로
12(15) 토끼비리길 입구
경 상 북 도
문경시
마성면
3
진남2교
영
강
고모산성휴게소
13 토끼비리 잔도마루
14 병풍바위 전망대
불정역
진남역
진남역

- **걷는거리** 3.1km
- **걷는시간** 1시간 30분
- **출발점** 경북 문경시 마성면 신현리 진남휴게소
- **종착점** 경북 문경시 마성면 신현리 진남휴게소
- **난이도** 쉬워요

해발(m)
220
200
180
160
140
120
100
1 진남 휴게소
2 철도 건널목
4 신라 고분군
6 석현성 진남문
7 고모산성 남문
10 성황당
12 토끼비리길 입구
14 병풍바위 전망대
진남 휴게소 16
0.0
0.2
0.4
0.6
0.8
1.0
1.2
1.4
1.6
1.8
2.0
2.2
2.4
2.6
2.8
3.1 거리(km)

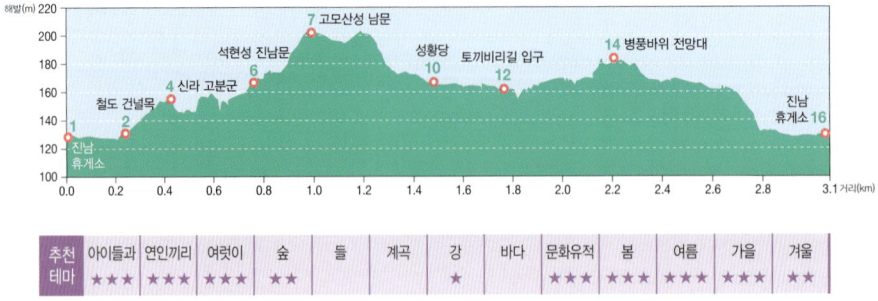

추천 테마	아이들과	연인끼리	여럿이	숲	들	계곡	강	바다	문화유적	봄	여름	가을	겨울
	★★★	★★★	★★★	★★			★		★★★	★★★	★★★	★★★	★★

1 석탄차가 지나던 철로(2지점). 2 복원된 성곽을 따라 산책로가 이어진다(6~7지점). 3 성곽 뒤로 진남교반의 풍경이 시원하다(6~7지점). 4 남문부터 데크 전망대까지 목책이 세워져 있다(7~8지점). 5 재현해 놓은 옛 주막(10지점).

이다. 임진왜란 때 지어진 석현성은 본성을 돕는 날개성으로, 고증을 거쳐 근래에 복원한 것이다.

　진남문은 고모산성과 토끼비리길을 잇는 접점이다. 왼쪽 성곽을 타면 고모산성으로 갈 수 있고, 오른쪽으로 가면 토끼비리길로 이어진다. 어느 길을 선택해도 시간이 비슷하게 걸리지만, 길의 흐름상 고모산성을 먼저 둘러보는 것이 편하다.

　진남교반 일대가 한눈에 보이는 성곽길을 10분쯤 오르면 위용을 자랑하는 고모산성의 남문[7]에 닿는다. 고모산성은 5세기 무렵 신라가 고구려의 침입을 막기 위해 축조한 것이다. 남문에서 목책이 세워져 있는 성곽을 5분쯤 걸어가면 데크 전망대[8]가 나온다. 아쉽지만 이곳에서 발길을 돌려야 한다. 고모산을 둘러싸고 있는 고모산성은 남문부터 전망대까지만 복원되어 있고 나머지 구간은 사람이 다니기 어렵다.

남문9으로 돌아온 후에 왼쪽 숲길로 들어선다. 걷기 좋은 숲 산책로를 5분쯤 가면 커다란 나무 아래 조그만 성황당10이 보이고, 문경의 마지막 주막이었던 영순주막과 예천의 삼강주막을 재현해 놓은 초가집이 나온다. 이곳에서 정면에 보이는 진남문11으로 되돌아가서 왼쪽 성곽을 따라 5분쯤 가면 토끼비리길 입구12에 닿는다.

토끼가 알려준 벼랑길 토끼비리길 입구~진남휴게소12~16

사람들의 발길에 반들반들해진 바위(12~13지점).

"토끼도 지나는데 사람이라고 못 가겠는가? 토끼의 흔적을 좇아 어서 길을 내라!"

고려 태조 왕건은 오정산에 이르자 더 이상 진격할 수 없었다. 아래로는 영강이 흐르고 정면에는 벼랑이 떡하니 가로막고 있었다.

후백제 견훤이 신라를 치자 경애왕은 왕건에게 급히 도움을 청해왔다. 시간을 다투는 순간이라 서둘러 경주로 가는데 오정산 자락에서 그만 길이 막혀버린 것이다. 수천의 병사가 오도 가도 못하는 그때, 토끼 한 마리가 벼랑을 가로질러 가는 것이 보였다. 왕건은 토끼가 달아난 흔적을 따라가면 반드시 지날 수 있을 것이라고 판단하고 병사들에게 길을 내라고 명했다. 토끼비리길이 생겨난 배경이다.

'비리'는 벼랑을 뜻하는 '벼루'의 문경 토속어다. 따라서 토끼비리길은 '토끼가 다니던 벼랑길'이 된다. 옛 문헌에도 토끼비리길의 악명(?)이 여러 차례 언급되어 있을 정도로 위험천만한 길이었다. 그런데 왜 옛날 사람들은 목숨 걸고 이 길을 다녔을까.

이유는 단 하나, 지름길이기 때문이다. 2km 정도 되는 이 길을 지나면 영남과 경기도를 잇는 문경새재에 금방 갈 수 있었다. 얼마나 많은 사람들이 지나다녔는지 거친 바위가 닳아서 반질반질해졌다. 현대에 와서 인근에 도로가 뚫리고 철도가 생기면서 토끼비리길은 인적이 뚝 끊겼다. 그렇게 잊힌 길이 걷기코스로 다시 햇빛을 보게 된 것이다.

토끼비리길은 다른 걷기코스들과 달리 옛 모습을 그대로 간직하고 있어 역사적 가치가 크다. 이 때문에 2007년 길로는 처음으로 문경새재(명승 제32호)와 함께 문화재로 등록되었다(명승 제31호). 길이 2km 정도지만 사람이 다닐 수 있는 구간은 입구부터 병풍바위까지 약 500m. 나머지 구간은 길도 없고 위험해서 갈 수 없다.

토끼비리길은 의외로 잘 정비되어 있다. 2009년 처음 찾았을 때는 없었던 인공 설치물이 곳곳에 보인다. 낭떠러지 쪽에는 굵은 줄로 울타리를 치고, 위험 구간마다 나무 데크를 놓았다.

숲의 기운을 만끽할 새도 없이 토끼비리길은 잔도마루[13]에서 끝난다. 이곳에서 영강으로 이어지는 구간은 위험해서 갈 수 없다. 진남교반 일대의 아름다운 풍경을 볼 수 있는 병풍바위 전망대[14]에 올라 아쉬움을 달랜다. 거리가 짧아서 더 아쉬웠던 길. 입구[15]를 지나 진남휴게소[16]로 돌아가는 동안 풍경 하나하나가 머릿속에 떠오른다.

병풍바위에서 바라본 진남교반. 철교, 신구교 등이 놓여 있는 영강 오른쪽으로 고모산성과 고분군이 보인다(14지점).

교통편

》 찾아가기

대중교통 경북 문경시 점촌동의 점촌시외버스터미널(054-556-7707)에서 내릴 경우 홈플러스 정문 맞은편에 있는 정류장에서 가은, 마성 방면 시내버스(문경여객 054-553-2231)를 타고 진남휴게소에서 내린다. 문경읍의 문경시외버스터미널(054-571-0343)에서 진남휴게소로 갈 때는 터미널 내 승차장에서 가은, 마성 방면 시내버스를 탄다.

동서울터미널→점촌시외버스터미널 06:00~23:00(30분 간격)
동서울터미널→문경시외버스터미널 06:30~22:00(15회 운행)
서울고속버스터미널→점촌시외버스터미널 06:30~20:20(12회 운행)
점촌시외버스터미널→진남휴게소 06:20~20:10(수시 운행)
문경시외버스터미널→진남휴게소 06:40~20:20(수시 운행)

승용차 진남휴게소 주차장 이용, 무료

《 돌아오기

진남휴게소→점촌시외버스터미널 06:44~21:14(수시 운행)
진남휴게소→문경시외버스터미널 06:35~21:40(수시 운행)
점촌시외버스터미널→동서울터미널 06:00~23:30(30분 간격)
점촌시외버스터미널→서울고속버스터미널 06:40~20:20(12회 운행)
문경시외버스터미널→동서울터미널 06:50~19:40(14회 운행)

알아두기

숙박 문경 시내 숙박시설 이용
식당 진남휴게소(1지점), 진남역(레일바이크 승차장) 주변
매점 진남휴게소(1지점)
식수 미리 준비
화장실 진남휴게소(1지점)

들를 만한 곳

레일바이크

레일바이크(철로자전거)는 채탄 작업이 중단되면서 멈추어선 철로를 관광 상품으로 개발한 것이다. 정선, 삼척, 장성 등 여러 곳에 레일바이크가 있지만 문경의 레일바이크는 코스가 다양한 것이 장점. 사람들이 제일 많이 이용하는 코스는 진남교반에 있는 진남역을 기점으로 불정역을 왕복하는 코스(4km)다. 그밖에 불정역~주평(3.6km), 진남역~고모산성(1.6km), 가은역~먹뱅이역(4km) 코스도 마련되어 있다. 이용료는 거리가 짧은 진남역~고모산성이 대당 5천 원이고, 나머지 코스는 1만 원이다.

위치 경북 문경시 마성면 신현리 126-1
전화 (054)553-8300
홈페이지 www.mgrailbike.or.kr
운행시간 08:30~16:30(진남역 기준, 1시간 간격)
요금 1대(성인 2명, 어린이 2명 승차) 1만 원
주차 가능, 무료

석탄박물관

문경시 가은읍 왕릉리에 있던 대한석탄공사 은성광업소 자리에 들어선 박물관으로 연탄을 형상화한 외관이 독특하다. 이곳에서는 희귀 광물과 석탄의 생성 과정, 석탄산업의 역사 등 다양한 전시물과 자료를 볼 수 있다. 박물관 옆에는 드라마 〈연개소문〉의 촬영지였던 가은세트장이 있다. 모노레일이 높은 언덕에 있는 세트장까지 연결되어 편리하게 이동할 수 있다.

위치 문경시 가은읍 왕릉길 112
전화 (054)550-6424
홈페이지 www.coal.go.kr
개장시간 09:00~18:00(11~2월은 17:00까지)
입장료 성인 2천 원, 청소년 1천500원, 어린이 800원
주차 가능, 무료

경북 문경시

문경새재 과거길 거리 14.5km, 소요시간 5시간
청운의 꿈이
앞장서서 넘던 고개

선비들은 장원급제의 꿈을 안고 과거시험을 보러, 상인들은 물건을 이고 지고 새재를 넘었다. 새들도 힘들어 쉬어간다던 험한 고갯길이 이제는 맨발로 걸어도 되는 아름다운 걷기코스로 변신했다. 장원급제와 금의환향의 꿈이 넘던 길이어서 이름도 '문경새재 과거길'이다.

제1관문(주흘관)의 성벽을 따라 산책길이 이어진다(16지점).

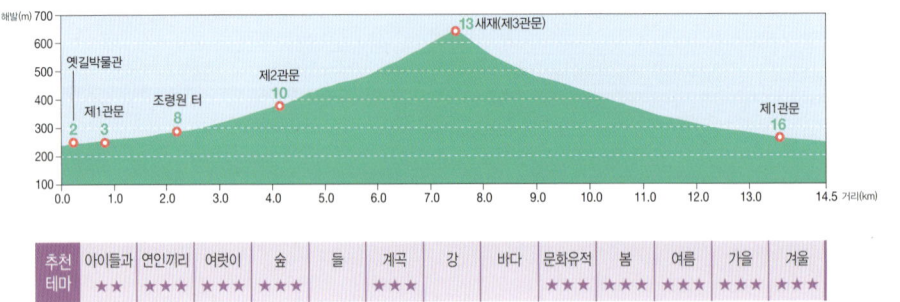

- **걷는거리** 14.5km
- **걷는시간** 5시간
- **출발점** 경북 문경시 문경읍 상초리 문경새재 입구
- **종착점** 경북 문경시 문경읍 상초리 문경새재 입구
- **난이도** 무난해요

추천 테마	아이들과	연인끼리	여럿이	숲	들	계곡	강	바다	문화유적	봄	여름	가을	겨울
	★★	★★★	★★★	★★★		★★★			★★★	★★★	★★★	★★★	★★★

꿈을 품고 한양으로 가는 길 문경새재 입구~드라마 촬영장[1~5]

지금의 경상도를 일컫는 영남(嶺南)이라는 말은 조령산과 주흘산 사이에 있는 '조령(鳥嶺)의 남쪽 지역'이라는 뜻이다. 조령, 즉 새재는 영남을 대표하는 고개다. 옛날 영남에서 한양에 가려면 경북 김천과 충북 영동의 경계에 있는 추풍령이나 경북 영주와 충북 단양의 경계에 있는 죽령, 또는 경북 문경과 충북 괴산 사이에 위치한 새재 중 하나를 넘어야 했다. 이중에 새재는 한양까지 가는 가장 빠른 길이었다. 서울-부산을 오갈 때 문경새재 코스를 이용하면 14일이 걸렸다. 추풍령은 15일, 죽령은 16일이 소요되었다.

과거시험을 치러 가는 선비들은 유독 새재를 고집했다. '미역국을 먹으면 미끄러진다.'는 속설처럼 추풍령을 넘으면 추풍낙엽처럼 떨어지고, 죽령을 넘으면 대나무처럼 미끄러진다는 우스갯소리가 있었기 때문이다. 문경의 옛 지명인 '문희(聞喜)'에서 보듯 새재를 넘으면 '기쁜 소식을 듣게 된다.'고 하였으니, 청운의 꿈을 품은 이들이 어찌 다른 길을 택했을까.

좁고 지형이 험한 조령은 천연의 요새이기도 했다. 임진왜란 때 새재를 지켜야 한다는 상소가 있었지만, 신립(1546~1592) 장군은 새재 대신 충주 탄금대에 배수진을 쳤다가 전투에서 패했다. 이 때문에 왜군은 새재를 넘어 파죽지세로 한양까지 쳐들어왔다. 지금 남아 있는 튼튼한 성문들은 모두 임진왜란으로 혼쭐이 난 뒤에 만든 것이다.

옛사람들의 희로애락과 역사적 아픔이 배어 있는 이 고갯길은 이제 가장 아름다운 옛길로 꼽히면서 '문경새재 과거길'이라는 새로운 이름을 얻었다. 날아가던 새도 쉬었다는 험준한 고갯길은 맨발로 걸어도 될 만큼 잘 다듬어진 걷기 코스가 되었다.

문경새재 입구[1], 현대식 건물이 빼곡한 식당가를 벗어나 큰길로 나서면 커다란 한옥 건물이 보인다. 국내에서 유일한 옛길박물관[2]이다. 박물관에는 옛사람

1 '문경새재 과거길'은 영남의 선비들이 한양으로 과거를 보러 갈 때 넘던 고갯길이다(2~3지점). 2 옛길박물관(2지점).
3 드라마 촬영장. 〈태조 왕건〉 등 수많은 사극을 이곳에서 찍었다(5지점). 4 드라마 촬영을 위해 대기 중인 말들(5지점).

들의 일상을 살펴볼 수 있는 다양한 민속자료가 전시되어 있다.

옛길박물관을 지나면 성벽을 두른 제1관문 주흘관[3]과 만난다. 새재까지 가는 길에는 3개의 관문이 있다. 주흘관을 시작으로 협곡에 자리한 제2관문 조곡관과 새재에 있는 제3관문 조령관이다. 조곡관은 임진왜란이 일어난 직후인 1594년에 세워졌고, 1708년에 주흘관과 조령관이 들어섰다.

주흘관을 통과하여 지압장과 식수대가 있는 드라마 촬영장 입구 삼거리[4]부터 본격적인 맨발 산책로가 열린다. 문경새재 과거길은 주흘관부터 조령관까지 약 6km를 맨발로 걸을 수 있도록 점토처럼 고운 흙을 깔아 놓았다.

삼거리 왼쪽에는 드라마 촬영장[5]이 있다. 〈태조 왕건〉, 〈대왕 세종〉, 〈광개토대왕〉 등의 사극이 이곳에서 촬영되었다. 촬영장에는 옛 모습을 재현한 성, 초가집, 저자거리 등 볼거리가 풍성하다.

부드러운 흙길을 맨발로 걷다 드라마 촬영장 입구 삼거리~조곡관[6~10]

　드라마 촬영장을 둘러본 후 다시 삼거리[6]로 나와 맨발 산책로를 따라 걷는다. 신발을 신고 걸어도 상관없지만 말랑말랑한 흙길을 딛는 순간 저절로 신발이고 양말이고 벗어던지게 된다. 문경새재 입구부터 드라마 촬영장까지가 잘 꾸며진 테마공원이라면, 이곳부터는 본격적인 걷기 코스로, 그늘진 울창한 숲과 시원한 계곡이 탐방객을 반긴다.

　돌탑이 있는 정자 쉼터에서 산중턱에 빼죽 튀어나온 바위인 지름틀바우[7]를 지나면 출장 가는 관리들의 숙박시설인 '조령원' 터[8]가 나온다. 사람 키 높이의 담 안쪽에 뭔가 근사한 건물이 있을 것 같지만 작은 초가 한 채만 덩그러니 놓여 있다.

　조금 지나면 옛 모습 그대로 재현해 놓은 주막이 나온다. 서민적인 풍경이

담장 안쪽은 관리들의 숙박시설이었던 조령원 터다(8지점).

싱그러운 초록 숲길이 이어진다(7~8지점).

영남과 호서의 경계에 있는 제3관문(조령관). 성문을 지나면 충북 괴산군 연풍면으로 이어진다(13지점).

포장마차처럼 정감이 있다. 옛날에는 새재를 넘는 길에 주막이 여럿 들어서 있었다. 옛날 주막은 식당과 술집, 여관을 겸했다.

    30도가 넘는 무더위에도 숲 그늘 덕분에 그리 힘들지 않게 걷는다. 경치가 빼어나 예부터 많은 시인묵객이 들렀다는 용추계곡에는 아빠와 아이가 발을 담그고 노는 중이다. 맞은편 널찍한 곳에는 경상감사가 업무를 인수인계하던 교귀정[9]이 있다. 교귀정은 1896년 의병 전쟁 때 불타버린 것을 1999년 복원한 것이다.

    시원한 물줄기가 쏟아지는 조곡폭포를 지나 약수터가 있는 제2관문 조곡관[10]에서 잠시 쉰다. 조곡관부터 제3관문인 조령관까지 거리가 제법 되기 때문에 아이와 함께 왔다면 이곳에서 되돌아가는 것이 좋다.

600년 역사가 숨 쉬는 옛길 귀틀집~새재~문경새재 입구[11~17]

조곡관을 지나면 인적이 뜸해져 숲길은 한층 고즈넉해진다. 적막한 숲에 동화되어 천천히 발걸음을 옮긴다. 통나무 초가집인 귀틀집[11]을 지나 계곡 오솔길과 나뉘는 사거리[12]에서 잠시 숨을 고른다. 여기서부터 제3관문 조령관이 있는 새재까지는 가장 가파른 구간이다. 뱀 허리처럼 구불구불 휘어진 길을 따라 30분 정도 오르면 갑자기 시야가 확 트인다. 영남(경상도)과 호서(충청도)의 경계인 새재[13]다.

새재는 삼국시대 때부터 있던 길을 1414년(태종 14년)에 본격적으로 다듬은 관로였다. 날던 새들도 쉬어간다고 하여 '조령(鳥嶺)'이라고 하며, 하늘재와 이우리재(이화령) 사이(새)에 있어 '새재'가 되었다는 설도 있다. 이름의 유래가 어떻든 영남에서 한양으로 가는 길 중에서 가장 통행량이 많고, 군사적 요충지였다.

관문에 서서 한참동안 지나온 길을 바라보았다. 푸른 하늘에 점점이 떠 있는 구름 아래로 관문을 향해 걸어오는 사람들. 600년 전 사람들도 이곳에 서서 똑같은 풍경을 보았을까?

문경새재 입구로 돌아갈 때는 계곡으로 난 오솔길을 탄다. 계곡 쉼터에 있는 성황당[14]을 지나면 낙동강 발원지임을 알리는 '문경초점' 표석이 보인다. 새재에 떨어진 빗물은 그 방향이 북쪽이냐 남쪽이냐에 따라 운명이 갈린다. 북쪽으로 흐르면 남한강이 되고, 남쪽으로 흐르면 낙동강이 된다.

오솔길 끝 지점인 사거리[15]에

제3관문 앞으로 펼쳐진 풍경(13지점).

서 주흘관[16]까지 쉼 없이 걷는다. 가벼워진 발걸음은 금의환향하는 선비처럼 가뿐하다. 주흘관에서 오른쪽 계곡 방향의 산책로로 들어서면 자연생태공원으로 갈 수 있다. 동물원, 생태연못, 야생화 정원 등으로 꾸며진 공원을 둘러보고 잠시 걸어가면 문경새재 입구[17]에 닿는다.

야생화정원, 생태연못 등으로 꾸며진 자연생태공원(16~17지점).

Walking Tip

문경새재 과거길 '달빛사랑여행'

문경새재 과거길을 색다르게 즐기는 방법. '달빛사랑여행'은 곳곳에 마련된 미션을 풀면서 옛 선조들의 문화를 체험하고 달빛도 감상하며 걷는 스토리텔링 프로그램이다. 시작과 함께 열 냥의 엽전을 주는데, 이 엽전으로 짚신 신고 흙길 걷기, 사랑의 세족식, 산적과의 즉석게임 등 다양한 미션에 참가할 수 있다. 처음부터 흥에 겨워 다 써버리면 마지막 미션 장소인 주막에서 막걸리 한 잔 못할 수도 있으니 주의하자.

'달빛사랑여행'은 예약제다. 5월부터 10월까지 매월 둘째, 넷째 토요일 오후 3시 문경새재 입구 야외공연장에서 출발한다.

문의전화 문경문화원 (054)555-2571
홈페이지 www.mgmtour.co.kr
참 가 비 성인 1만 원, 청소년·어린이 8천 원

🍴 추천음식

소문난식당 '묵조밥'

40년 전통을 자랑하는 묵조밥 전문식당이다. 묵조밥은 옛 사람들이 주막에서 간단히 요기할 때 먹었던 음식이라고 한다. 먹는 법은 비빔밥과 비슷하다. 차진 조밥에 묵과 10여 가지 나물을 넣고 들기름, 된장찌개, 고추장 등을 적당히 넣어 비벼 먹으면 된다. 이 집은 두 종류의 묵조밥을 내놓는다. 녹두로 만든 청포묵조밥과 도토리묵조밥이다. 둘 다 맛이 담백해 부담 없이 먹을 수 있다.

위치 경북 문경시 문경읍 하초리 344-15
전화 (054)572-2255
영업시간 09:00~19:00
가격 청포묵조밥 8천 원, 도토리묵조밥 8천 원, 정식 1만 원
주차 가능, 무료

교통편

〉〉 찾아가기

대중교통 경북 문경시에는 시외버스터미널이 두 곳이다. 문경시청 등 주요 행정시설이 있는 점촌동의 점촌시외버스터미널(054-556-7707)과 문경읍의 문경시외버스터미널(054-571-0343)이다. 점촌시외버스터미널이 시외버스 노선도 많고 배차 간격도 짧다.
점촌시외버스터미널 맞은편 홈플러스 앞 정류장에서 100번이나 200번 시내버스(문경여객 054-553-2231)를 타면 문경읍에 위치한 문경새재 입구로 간다. 두 버스 모두 문경시외버스터미널을 경유하며, 문경새재까지 점촌시외버스터미널에서 1시간, 문경시외버스터미널에서 10분 정도 걸린다.

동서울터미널→점촌시외버스터미널 06:00~23:00(30분 간격)
동서울터미널→문경시외버스터미널 06:30~22:00(15회 운행)
서울고속버스터미널→점촌시외버스터미널 06:30~20:20(12회 운행)
점촌시외버스터미널(문경시외버스터미널 경유)→문경새재 06:40~18:10(12회 운행)

승용차 문경새재 입구 주차장 이용, 1일 2천 원

《 돌아오기

문경새재(문경시외버스터미널 경유)→점촌시외버스터미널 07:35~19:05(12회 운행)
점촌시외버스터미널→동서울터미널 06:00~23:30(30분 간격)
점촌시외버스터미널→서울고속버스터미널 06:40~20:20(12회 운행)
문경시외버스터미널→동서울터미널 06:50~19:40(14회 운행)

ℹ️ 알아두기

숙박 문경새재 입구(1지점)
식당·매점 문경새재 입구(1지점), 드라마 촬영장 입구(4지점), 코스 내 휴게소(8~10, 11~12지점)
식수 드라마 촬영장 입구(4지점), 조령약수터(10지점)
화장실 코스 내 다수
입장료 드라마 촬영장 : 성인 2천 원, 청소년 1천 원, 어린이 500원

들를 만한 곳

도자기전시관

조선시대 초 분청사기 도요지(가마터)로 유명한 문경의 도자기를 알리기 위해 설립된 전시관이다. 이곳에서는 문경에서 출토된 토기, 청자, 백자를 비롯해 현대 장인들이 만든 도자기 작품을 관람할 수 있다. 찻사발 만들기 등 방문객을 대상으로 다양한 체험 프로그램을 진행하고 있으며, 해마다 5월경에는 '한국전통찻사발축제'도 연다. 도자기전시관 바로 옆에는 유생들의 삶과 유교 역사를 살펴볼 수 있는 유교문화관(054-550-6769)도 있어 함께 둘러보면 좋다.

위치 경북 문경시 문경읍 문경대로 2416
전화 (054)550-6416
홈페이지 dojagi.mungyeong.net
개장시간 09:00~18:00(매주 월요일 휴관)
입장료 없음   **주차** 가능, 무료

경북 안동시

녀던길 단천교~농암종택 구간 거리 7.0km, 소요시간 3시간
"내 먼저 그림 속으로 들어가네"

'녀던길'은 퇴계 이황이 도산서당에서 청량산을 오갈 때 걸었던 길이다. 이중 산책로가 잘 정비된 구간, 단천교에서 농암종택까지 걷는다. 낙동강 풍경과 청량산의 수려한 산세가 수묵화처럼 펼쳐진 길이다. 오죽하면 퇴계가 '그림 속으로 들어가는 길'이라고 했을까.

시원한 낙동강 풍경을 안고 걷는 녀던길(2지점).

조선의 대표적인 유학자 퇴계 이황(1501~1570)과 청량산의 인연은 깊다. 숙부인 이우에게 학문을 배우려고 유년시절부터 드나들었고, 관직을 내놓고 낙향한 후에는 마음을 가다듬기 위해 수시로 청량산을 찾았다. 얼마나 이 산을 사랑했으면 스스로 '청량산인'이라 불렀을까 싶다.

2006년 생긴 '녀던길'은 경북 안동시 도산면에 있는 도산서원에서부터 이육사박물관~단천리~농암종택을 거쳐 봉화군 명호면에 있는 청량산까지 이어진다. 퇴계는 이 길을 따라 도산서당에서 청량산을 오갔다. 그래서 퇴계 오솔길이라고도 하고, '가던 길'의 옛말인 '예던길'이라고도 한다. 녀던길 역시 같은 의미로, 퇴계가 쓴 시 '도산십이곡'에도 "고인(古人)도 날 못 보고 나도 고인 못 봬 / 고인을 못 봬도 녀던길 앞에 있네 / 녀던길 앞에 있으니 아니 녀고 어쩔고"라는 구절이 나온다. 고인(옛 성현들)들이 가던 길(학문 수양의 길)이 앞에 있으니 학문 수양을 계속하겠다는 의지를 담은 시조다.

퇴계는 낙동강가를 따라 청량산으로 향하는 이 길을 무척 좋아했다. '그림 속으로 들어가는 길'이라고도 했다.

"내 먼저 고삐 잡고 그림 속으로 들어가네(擧鞭先入畵圖中)."

―퇴계가 친구인 이문량에게 보낸 시에서―

낙동강과 청량산이 어우러진 풍경 단천교~삽재[1-5]

그러나 현재의 녀던길 전 구간이 걷기에 적당한 것은 아니다. 도산서원~단천리, 농암종택~청량산 구간은 차도만 있거나, 차도 옆으로 인도가 있더라도 아스팔트 포장길뿐이어서 걷기에 즐겁지도 안전하지도 않다. 그래서 전체 녀던길 중 산책로가 잘 정비되어 있는 구간, 단천리에서 농암종택에 이르는 7km를 보통 녀던길 걷기코스로 친다.

또 하나 알아둘 내용은 녀던길 코스가 조금 바뀌었다는 점이다. 기존 코스

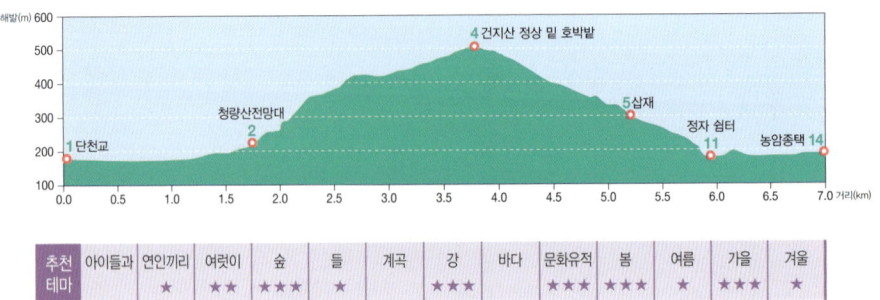

- 걷는거리 7.0km
- 걷는시간 3시간
- 출발점 경북 안동시 도산면 단천리 단천교
- 종착점 경북 안동시 도산면 가송리 농암종택
- 난이도 조금 힘들어요

추천 테마	아이들과	연인끼리	여럿이	숲	들	계곡	강	바다	문화유적	봄	여름	가을	겨울
		★	★★	★★★	★		★★★		★★★	★★★	★	★★★	★

는 단천교를 지나 청량산전망대에서 강변을 따라 농암종택으로 갈 수 있었지만 지금은 전망대부터 정자 쉼터까지(지도 참조) 사유지라는 이유로 막혀 있어 건지산을 통과해 농암종택으로 가야 한다. 강변길보다는 힘들지만 건지산을 지나는 길도 울창한 숲과 멋진 풍광이 있어 그리 나쁘지 않다. 현재 안동시가 땅 소유자와 협의 중이라니, 길이 또 바뀔 가능성도 있다.

마을 옆 낙동강을 가로질러 놓인 단천교[1]로 가면 녀던길 표석이 보인다. 이곳에서 황토색 산책로가 청량산전망대까지 낙동강 상류를 따라 이어진다. 발걸음을 옮기자 낙동강 저 너머로 청량산의 자태가 조금씩 드러나기 시작한다. 절벽을 하늘 아래에 옮겨놓은 듯한 산봉우리들이 하나씩 모습을 드러낼 때마다 저절로 발걸음이 느려진다.

길이 조금 가팔라지는가 싶더니 이내 청량산전망대[2]에 닿는다. 굽이굽이 흐르는 낙동강과 하늘 지붕을 눌러쓴 청량산의 전경이 시원하다. 전망대 앞에는 녀던길의 코스가 그려진 커다란 안내판이 있다. 농암종택으로 가려면 여기서 왼쪽 산길을 택해야 한다.

오가는 사람이 많지 않은 듯 산길에는 풀이 허리까지 자라 있다. 하지만 나뭇가지에 '퇴계 오솔길'이라고 적힌 빨간 리본이 달려 있으므로 길을 찾는 것은 문제없다. 이정표를 따라 산중턱에 다다르면 청량산, 문명산 등 주변의 높

건지산 중턱에 오르면 주위를 에워싼 산들이 한눈에 들어온다(3~4지점).

다란 산들이 눈앞에 펼쳐진다. 어찌나 풍경이 시원한지, 땀으로 흠뻑 젖은 몸에 새로운 기운이 솟는다.

건지산 정상으로 가는 길과 나뉘는 삼거리[3]에서 오른쪽 숲길로 접어든다. 숲을 벗어나 넓은 호박밭[4]을 가로질러 가면 좁은 오솔길이 잠시 이어지다 삽재[5]에 닿는다.

강변길을 거슬러 현인을 만나다 정자 쉼터~농암종택[6~8]

삽재에서 '옹달샘'이나 '학소대'라고 적혀 있는 이정표를 따라 20분쯤 산길을 내려가면 옹달샘이 있는 정자 쉼터[6]에 도착한다. 이곳부터 농암종택까지 낙동강변을 걷게 된다. 울창하게 자란 나무 아래로 낙엽이 두껍게 쌓여 있다. 마른 잎 사각거리는 소리, 말랑말랑한 땅의 감촉 모두 자연으로부터 온 것이어서 마음이 편하다. 나무 사이사이로 낙동강의 물소리가 청량하게 들려온다. 거대한 기암절벽인 학소대[7]를 지나 산 아래 옹기종기 모여 있는 고택으로 들어선다. 자연풍광과 하나가 된 듯 조화로운 고택 건물들이 인상적이다.

1370년에 지어진 농암종택[8]은 조선 전기의 유학자이자 문신인 농암 이현보(1467~1555)가 나고 자란 집이다. 퇴계와 동시대에 살았던 농암은 시인이기도 하였다. 대표작인 〈어부가〉는 퇴계의 〈도산십이곡〉과 윤선도의 〈어부사시사〉에도 영향을 끼친 만큼, 문학적으로 높이 평가받고 있다.

농암은 유학에 뛰어났을 뿐만 아니라 효심과 덕행, 검소한 삶을 실천한 인물로도 알려져 있다. 안동부사로 부임했을 때는 고을의 노인들을 초대하여 양로연을 베풀었다고 한다. 부모를 즐겁게 해주려고 나이 칠십에 색동옷을 입고 춤을 추었다는 일화도 전한다.

마당으로 들어서면, 빛바랜 기와를 인 오래된 건물들이 주변 풍광과 어우러져 담백하고 예스러운 멋을 풍긴다. 농암종택은 크게 세 구역으로 나뉜다.

안채와 사랑채, 긍구당 등으로 이루어진 종택과 1512년에 부모를 위해 지은 정자인 애일당, 1613년에 이 지방 유림들이 농암을 기리기 위해 세운 분강서원이 그것이다.

농암종택은 원래 도산서원 아래쪽 분천리라는 마을에 있었다. 1974년 안동댐이 생기면서 마을이 수몰되자 후손들이 건축물을 해체하여 이곳 도산면 가송리 일대에 그대로 옮겨지었다.

녀던길 산책구간은 이렇게 농암종택에서 끝난다. 대중교통을 이용해 돌아가려면 버스 정류장이 있는 가송리마을회관까지 걸어가야 한다. 농암종택에서 청량산 방향으로 이어진 포장길을 따라 30분쯤 걸으면 마을회관이 나온다. 녀던길 전체, 도산서원에서 청량산까지 퇴계가 본 그림 속으로 온전히 걸어 들어갈 수 있는 날을 기다린다.

아늑한 산자락 앞에 들어서 있는 농암종택(8지점).

🍴 추천음식

몽실식당 '가정식백반'

건물 허름하고 차림상도 특별할 게 없지만 도산면 일대에서는 알아주는 집이다. 어머니가 차려준 음식과 별 차이가 없는, 편안하고 푸근한 밥상이 몽실식당의 장점. 주메뉴인 가정식백반을 시키면 신선한 채소 겉절이와 큼직한 자반고등어 조림, 구수한 된장국과 대여섯 가지 맛있는 나물 반찬이 나온다.

위치 경북 안동시 도산면 온혜리 387-2
전화 (054)856-4188
영업시간 08:00~20:00
주차 가능. 무료
가격 가정식백반 6천 원, 김치찌개 5천 원, 된장찌개 5천 원

🚗 교통편

》 찾아가기

대중교통 안동시외버스터미널(1688-8228)에서 안동역 옆에 위치한 교보생명 정류장으로 이동한 후 내살미 · 백운시 방면 67번 시내버스(054-821-4071)를 타면 녀던길 시작점인 단천리로 갈 수 있다. 하루 2회만 운행한다. 버스 시간을 맞추기 어려우면 교보생명 정류장에서 도산면 소재지로 가는 67번 버스를 탄 후 온혜리에서 내려 택시를 이용한다. 요금은 1만 원대.

동서울터미널→안동시외버스터미널 06:00~23:00(수시 운행)
센트럴시티터미널→안동시외버스터미널 06:10~20:40(14회 운행)
안동역→단천리 12:40 17:20
안동역→온혜리 06:00~20:00(18회 운행)
도산콜택시 (054)856-1031

승용차 단천교 주변 갓길에 주차

《 돌아오기

종착점인 농암종택에는 대중교통이 없다. 가송리마을회관까지 걸어간(30분 소요) 후 회관 앞 정류장에서 안동역 방면 67번 시내버스를 탄다.

가송리마을회관→안동역 06:50 18:40
단천리→안동역 14:00 18:40
온혜리→안동역 07:10~20:30(18회 운행)
안동시외버스터미널→동서울터미널 05:30~23:00(수시 운행)
안동시외버스터미널→센트럴시티터미널 05:45~20:10(14회 운행)
도산콜택시 (054)856-1031

ℹ️ 알아두기

숙박 농암종택(8지점), 청량산 입구, 안동 시내
식당 도산면 소재지, 청량산 입구
매점 없음
식수 미리 준비
화장실 농암종택(8지점)

들를 만한 곳

도산서원

퇴계 이황의 업적을 기리기 위해 그의 사후 4년 뒤인 1574년에 세운 서원(사적 제170호)이다. 잘 정비된 산책로를 따라 안으로 들어서면 서원 내에서 가장 오래된 건물인 도산서당(1561년)을 볼 수 있다. 퇴계가 낙향 후 학문 연구와 후진 양성을 했던 곳으로, 그가 직접 설계한 건물이다.

위치 경북 경주시 황남동 89-2
전화 (054)772-6317
개장시간 09:00~22:00(동절기 21:00까지)
입장료 성인 1천500원, 청소년 700원, 어린이 600원
주차 가능, 1일 2천 원

군자마을

광산 김씨 예안파의 집성촌으로, 안동호가 내려다보이는 아늑한 산자락에 있다. 1974년 안동댐 건설로 인해 외대리에서 지금의 자리로 옮겼다. 잘 가꾼 정원과 다양한 형태로 지은 전통가옥을 둘러볼 수 있으며 숙박도 할 수 있다.

위치 안동시 와룡면 오천1리 산28-1
전화 (054)852-5414
홈페이지 www.gunjari.net
입장료 없음
고택 숙박료 4인 기준 8만8천 원
주차 가능, 무료

이육사문학관

독립운동가이자 민족시인인 이육사(본명 이원록, 1904~1944)를 기리기 위해 2004년에 그의 고향인 도산면 원천리 일대에 세운 문학관이다. 그의 문학작품을 비롯해 독립운동 관련 자료와 사진 등을 볼 수 있다.

위치 안동시 도산면 원천리 900
전화 (054)843-7668
홈페이지 www.264.or.kr
개장시간 09:00~18:00(매주 월요일 휴관)
입장료 성인 2천 원, 청소년 1천500원, 어린이 1천 원
주차 가능, 무료

경남 사천시

이순신 바닷길 1코스 사천희망길 거리 14.0km, 소요시간 4시간~4시간 30분
여백 넘치는 길의 소소한 재미

이순신 장군은 거북선으로 처음 참가한 사천해전에서 대승을 거둔다. 그 바다를 끼고 있는 사천시가 이순신 바닷길을 만들었다. 5개 코스의 첫 주자는 '사천희망길'. 숲, 마을, 강변, 해안, 공단, 성을 따라 이어지는 이 길은 걷기 편하고 사색할 여백이 많다.

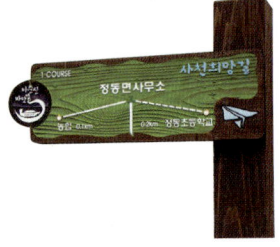

경남 통영과 남해 앞바다의 한산도대첩과 노량대첩, 전남 해남 앞바다의 명량대첩을 일컫는 3대첩 말고도 임진왜란 때 이순신 장군은 9차례 출전해 26회의 해전을 치렀으니 한반도 남쪽 바다라면 이순신과 무관한 지역이 없을 정도다. 그럼에도 경남 사천시가 걷기여행을 위한 도로에 '이순신 바닷길'이라는 이름을 붙인 이유는 사천해전의 의미를 각별하게 생각하기 때문이다.

1592년 5월 29일, 사천 앞바다에서 전라좌수사 이순신은 거북선을 처음 출전시켜 탁월한 전략으로 왜선 13척을 침몰시키고 대승을 거두었다. 왜군은 서해침공 전진기지가 폐쇄되자 수륙병진 계획을 포기했고, 이후의 전세는 아군이 주도하게 되었다. 사천시는 그 업적을 기리는 마음으로 이순신 바닷길 5개 코스를 조성했다. 제1코스인 '사천희망길'에는 이 길이 걷기여행의 명소로 부상하기를 바라는 사천시의 희망도 들어 있다.

사천강을 따라 아름드리 고목이 줄지어 선 수청숲(7지점). ▶

- **걷는거리** 14.0km
- **걷는시간** 4시간~4시간 30분
- **출발점** 경남 사천시 정동면 대곡리 대곡마을숲
- **종착점** 경남 사천시 용현면 선진리 선진리성 입구
- **난이도** 무난해요

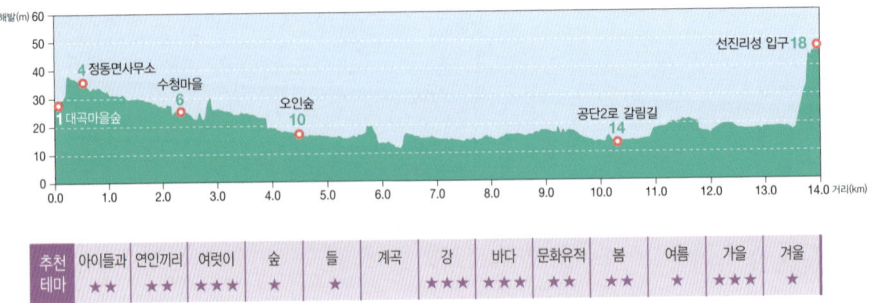

추천테마	아이들과	연인끼리	여럿이	숲	들	계곡	강	바다	문화유적	봄	여름	가을	겨울
	★★	★★	★★★	★			★★★	★★★	★★		★★★	

242 Section 3 역사·문화

솔향기 그윽한 작은 숲 이어지는 길 대곡마을숲~수청숲[1~7]

그러나 이순신 바닷길에는 바닷길이 없다. 사실 성서에 나오는 얘기처럼 바다가 양쪽으로 갈라져 바닥이 드러나거나 물위를 걷는 신발을 신기 전에는 어떤 바닷길도 걸어서 지날 수 없다. 바다의 길은 뱃길 혹은 유람선길이 가능할 뿐이어서, 사천희망길 역시 숲길, 마을길, 강변길, 해안길, 공단길, 성(城)길 등을 차례로 지난다.

그런데 이 길들이 무척 쉽고 편해서 걸으며 사색할 여백이 많다. 사천강변을 걸으며 이순신의 바닷길을 상상하고, 대곡마을숲과 수청숲을 걸으며 아마존의 판야나무를 그려보고, 선진리성을 걸으며 영화 '300'의 전사들을 떠올리는 엉뚱하고 소박한 재미는 길에 집중하지 않아도 되는 평탄한 코스에서 맛볼 수 있는 도보여행의 또 다른 즐거움이다.

길은 2002년 '아름다운 숲 전국대회'에서 대상을 수상한 대곡마을숲[1]에서 시작된다. 숲 대회, 동굴 엑스포 같은 행사이름을 보며 움직이는 숲과 동굴을 상상하던 유치한 추억을 안겨주었던 바로 그 숲. 숲이라고 부르기에는 규모가 작은 편이지만 솔향기 그윽한 정취와 200년 넘는 세월을 굳건히 버텨온 굵은 소나무의 훤칠한 외모가 '진짜' 아름답다.

규모에 실망하고 아름다움에 놀라는 대곡마을숲. 이순신 바닷길 1코스가 시작하는 장소다(1지점).

마을 사거리에서 '대곡숲 갈림길'[2] 이정표를 따라 방향을 잡고, 정동초교 정문[3]에서 정동면사무소[4]가 있는 큰길로 나간다. 길 건너 농협 옆 골목으로 보이는 굴다리를 지나면 마을을 벗어나 들판으로 들어서게 된다. 여기서 '수청교 하이킹길'[5]이라는 강둑길을 만나면 사천강이 사천만으로 합류할 때까지 계속 강과 함께 걷게 된다.

사천산업단지 쉼터에서 바라본 사천만. 400여 년 전 이 바다에서는 거북선과 왜군이 전투를 벌였다(16지점).

강둑 끝에서 만나는 수청마을[6] 왼쪽에 있는 수청교를 건너면 바로 오른쪽 강둑으로 방향을 돌린다. 아름드리 고목이 강변을 따라 늘어서고 나무 밑에는 파란 풀이 보들보들 자라 있는 수청숲[7]이 기다린다. 이 길에서 만나는 숲은 규모가 비슷비슷하다. 머릿속으로 아마존의 판야나무를 그려보는 상상을 추가하지 않으면 '숲'의 기준에 의문을 품게 될 만큼 아담하고 허성하다. 하지만 걷는 여행에서 나무 한 그루를 만나는 반가움의 정도를 생각한다면 이 숲들은 고맙다. 크고 강한 것만 인정하는 편견에 길들여지지는 않았는지, 상념도 잠깐 하게 된다.

성 위에서 거북선의 바다를 보다 죽담교~선진리성[8~18]

대숲이 커튼처럼 드리운 죽담교[8] 산책로를 지나고, 말끔히 포장된 강변길을 성큼성큼 혹은 느릿느릿 걸어 예수교[9]를 지나면 또 나타나는 성긴 숲, 오인숲[10]이다. 전혀 숲으로 오인할 만하지 않은 고목 몇 그루일 뿐이라고 생각하면 그건 오인한 거다. 이런 실없는 말장난도 해보고, 강변 어디쯤에서 거북선을 손질하는 광경도 그려보고, 사천강 물소리와 대화도 나누며 걷다보면 사천읍내 입구인 사천교[11]에 도착한다. 다소 번잡했던 읍내 풍경은 세월교(사람만 건널 수 있는 작은 다리)[12]를 지나면서 다시 한가로운 강변 풍경으로 바뀌고, 용당교[13]에 이르면 강변길의 낭만과 작별해야 한다.

여기부터는 조금 위험하고 지루한 자동차길. 선진리성 이정표를 기준 삼아 현대자동차 서비스센터 앞에서 우회전하면 오랫동안 인도 없는 차로를 걷게 된다. 숲을 대신해 견고한 담벼락이 사천강 맞은편으로 이어진다. 그 담벼락을 바라보면 지나쳐온 풀과 나무가 얼마나 살가운 표정이었는지 새삼 깨닫게 된다. 그래도 수초가 반쯤 덮인 사천강을 한쪽으로 벗 삼을 수 있으니 다행이다. 항공기 제작회사 KAI(한국항공우주산업)의 담벼락을 지나 KAI 후문

이순신 바닷길 1코스가 끝나는 선진리성. 성 안에 나무가 많아 잘 꾸민 공원 같다(18지점).

에 이르면 드디어 인도가 나타나고 강은 바다로 바뀐다. 종적 없던 사천희망길 이정표도 슬며시 나와 공단2로 갈림길[14]을 알려준다.

항공·조선업과 관련된 중공업체가 들어서 있는 사천산업단지를 지나고, 다시 공단4로 갈림길[15]을 지나면 바다 쪽으로 조성된 작은 공원이 나온다. 사막의 오아시스와도 같이 반가운 사천산업단지 쉼터[16]다. 아무런 상상도 하지 못한 채 성급하게 공단길을 걸어나온 발걸음을 늦춰 푸른 사천만을 바라보며 심호흡을 한다. 공단에 밀려 비좁아진 갯벌이 안쓰럽지만 그 자리에 있어주는 것만으로도 고맙다.

선진리성을 가리키는 자동차용 이정표[17]를 따라 바다 쪽으로 5분 정도 걸어가면 이 길의 종착지인 선진리성 입구[18]다. 선진리성은 임진왜란 당시 왜군들이 배를 정박하고 산성을 쌓아 조선군에 대항하던 성으로, 이순신 장군이 거북선을 띄워 승전하며 탈환했다. 바다를 굽어보는 성 위에 서서 출렁이는 파도를 타고 넘는 거북선을 상상한다.

🍴 추천음식

원조 사천냉면 '육전 냉면'

'냉면' 하면 평양이나 함흥이 생각나지만 남쪽에도 그에 비견할 만한 전통의 냉면이 있다. 이남을 대표하는 냉면의 고장은 경남 진주로, 평양과 마찬가지로 냉면을 만드는 데 필요한 메밀, 고기, 과일을 다른 지역에 비해 쉽게 구할 수 있는 환경에 힘입었다. 잘 모르는 사람들이 뜬금없다고 할지 모르지만, 지리적으로 진주와 가까운 사천에서도 냉면은 꽤나 뼈대 있는 음식이다. 사천을 대표하는 냉면집이 꽤 있는데 그 중 한 식당이 '원조 사천냉면'이다. 소고기 수육 대신 제사음식인 육전을 고명으로 쓰고, 소머리로 우려낸 육수가 담백한 것이 특징. 조미료가 거의 들어가지 않은 듯 '투명한' 맛을 낸다. 육전은 따로 주문해 먹을 수도 있다.

위치 경남 사천시 사천읍 수석리 345-8   **전화** (055)852-2432   **영업시간** 11:00~20:00
가격 물냉면 7천~8천 원, 비빔냉면 7천500~8천500원, 육전 2만 원, 수육 2만5천 원   **주차** 가능, 무료

🚗 교통편

≫ 찾아가기

대중교통 서울남부터미널에서 사천시외버스터미널(1688-4003), 삼천포시외버스터미널(1688-3006)로 가는 고속버스를 이용할 수 있다. 사천시외버스터미널에서 정동면사무소를 경유하는 시내버스(3시간 간격)가 있다.

서울남부터미널→사천시외버스터미널·삼천포시외버스터미널 07:00~23:30(수시 운행)
사천시외버스터미널→정동면사무소 06:40~18:00(3시간 간격)   사천콜택시 (055)852-7000
승용차 대곡마을숲 주차장 이용, 무료

≪ 돌아오기

선진리성→사천읍·삼천포 05:15~32:35(40분~1시간 간격)
삼천포시외버스터미널→서울남부터미널 05:30~20:00(1시간 간격)
사천시외버스터미널→동서울터미널 05:50~23:10(1시간 간격)

ℹ️ 알아두기

숙박 사천읍, 삼천포 일대
식당·매점 정동면사무소(3지점), 사천교(11지점) 주변, 사천산업단지(14~15지점)   **식수** 미리 준비
화장실 대곡마을(1지점), 죽담교 산책로(8~9지점), 사천산업단지 쉼터(16지점), 선진리성(18지점)

🏠 들를 만한 곳

항공우주박물관

KAI(한국항공우주산업)에서 운영하는 박물관으로 근대에서부터 최근 우주선 발사까지 한국·세계 각국의 항공 산업 역사를 보여준다. 야외전시장에는 6.25전쟁 이전까지 사용했던 연합군의 전투기, 헬리콥터, 탱크, 자주포와 박정희 전 대통령의 전용기가 실물로 전시되어 있다. 특히 대통령 전용기는 직접 올라가 조종석이나 객실을 구경할 수 있도록 개방해 놓았다. 항공우주관과 자유수호관으로 구성된 실내박물관에서는 항공기 역사, 산업, 우주 탐험의 역사를 비롯해 6.25전쟁 관련 자료와 영상을 볼 수 있다.

위치 경남 사천시 사남면 유천리 802   **전화** (055)851-6565   **홈페이지** www.aerospacemuseum.co.kr
개장시간 09:00~18:00(11~2월은 17:00까지)   **입장료** 성인 2천 원, 청소년 1천 원   **주차** 가능, 무료

Section 4
강·호수

경북 봉화군

외씨버선길 '춘양목 솔향기길' 거리 18.6km, 소요시간 6~7시간
사과 향 가득한 고택 나들이

외씨버선길 봉화 구간의 '춘양목 솔향기길'은 춘양에서 5일장을 구경하고 문수산 둘레의 과수원을 따라 사과 향기, 소나무 향기 그윽한 길이다. 흙벽집이 정겨운 마을, 꿩이 날고 청설모가 뛰노는 숲, 쉬리가 사는 하천이 만나고 헤어지기를 반복하며 길동무가 되어준다.

다양성에 놀라고, 기발함에 놀라고, 종종 어이없음에 놀라기도 하는 전국의 걷는 길 이름 중 가장 서정적이고 감칠맛 나는 이름이 '외씨버선길'이다. '소매는 길어서 하늘은 넓고, 돌아설 듯 날아가며 사뿐히 접어올린 외씨보선이여.' 산허리를 돌아서면 끊어질 듯 다시 이어지는 좁다란 산길, 보일 듯 말 듯 휘어져 돌아가는 숲길과 들길이 외씨버선의 아름다움과 승무의 춤사위를 닮았다고 해서 경북 영양 출신 시인인 조지훈의 시 '승무(僧舞)'에서 이름을 따왔다. 움직일 듯 멈출 듯하면서 보는 이의 마음을 사로잡는 버선발 승무와 옛길의 닮은꼴이 무릎을 치게 하고, 그 길을 걷는 투박한 등산화가 미소를 머금게 한다.

'억지춘양'의 고택과 정자들 춘양시외버스터미널~삼층석탑[1-6]

춘양면사무소에서 춘양목체험관까지 이어지는 봉화 구간의 '춘양목 솔향기길'은 춘양에서 5일장을 구경하고 문수산 둘레의 과수원을 따라 마을과 마을을 통과하는 사과꽃 향기, 솔향기 그윽한 길이다. 푸르른 논과 향긋한 사과밭, 울창한 솔숲에 나 있는 편안한 길을 걷다 보면 흙벽집이 정겨운 마을, 꿩이 날고 청설모와 고라니가 뛰노는 숲, 쏘가리와 쉬리가 사는 하천이 만나고 헤어지기를 반복하며 길동무가 되어준다.

춘양시외버스터미널[1]에서 100m 거리인 춘양면사무소[2]를 지나 춘양시장[3]으로 들어간다. 매달 4일과 9일에 서는 오일장인 춘양시장은 한때 최고의 목재인 춘양목을 구하기 위해 전국에서 찾아온 목재 상인들로 문전성시를 이루었던 곳. 요즘은 마을 할머니들이 직접 캐온 무공해 산나물이 인기다. 하지만 장날이 아니고 이른 시간이다 보니 입구의 '억지춘양 오일장' 간판만 외롭다.

변사또가 춘향이한테 억지로 수청을 들게 했다고 하여 '억지로 어떤 일을 이루게 하는 것'을 뜻하는 '억지 춘향'을 이곳 사람들은 '억지춘양'이라고 말한

◀ 마을과 마을을 잇는 초록 숲길(9~10지점).

■ **걷는거리** 18.6km
■ **걷는시간** 6~7시간
■ **출발점** 경북 봉화군 춘양면 의양리 춘양시외버스터미널
■ **종착점** 경북 봉화군 춘양면 서벽리 두내약수탕
■ **난이도** 조금 힘들어요

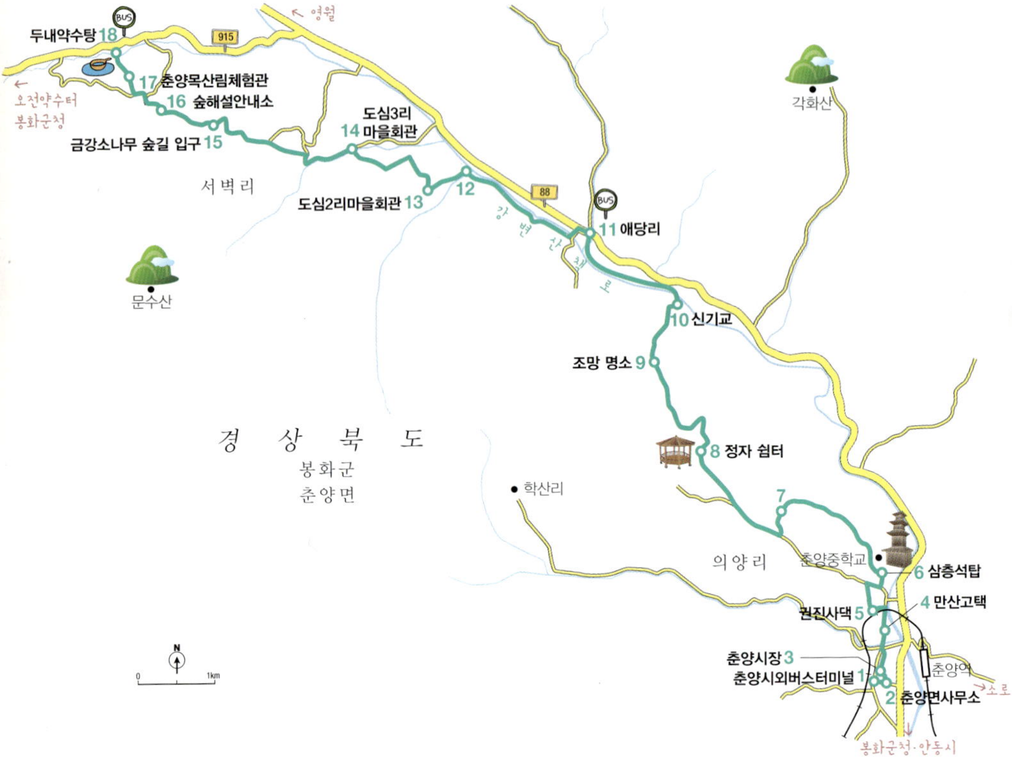

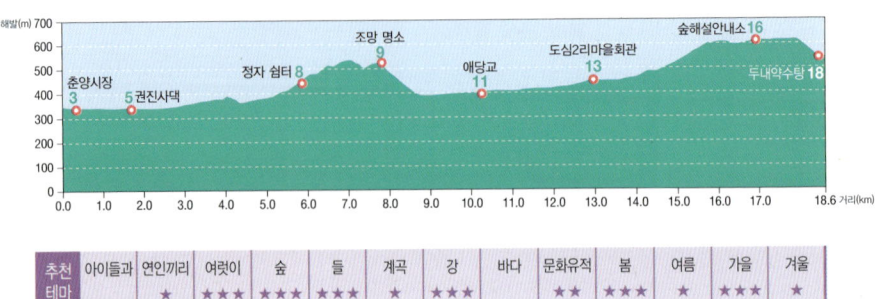

추천 테마	아이들과	연인끼리	여럿이	숲	들	계곡	강	바다	문화유적	봄	여름	가을	겨울
		★	★★★	★★★	★★★	★	★★★		★★	★★★	★	★★★	★

다. 1955년 산업철도 영동선을 놓을 때 춘양 출신 자유당 실세가 직선으로 계획된 철로를 억지로 바꿔 춘양역을 만드는 바람에 오메가(Ω)형 철로가 놓이게 된 것이 억지춘양의 유래라는 주장도 있다.

장터를 빠져나가 삼거리에서 '서동리 삼층석탑' 방향으로 들어서면 1878년(고종 15년)에 지은 11칸 기와집, 만산고택[4]을 만나게 된다. 서실과 별당, 사랑채와 안채에 걸린 현판들은 대원군, 오세창, 영친왕, 김규진, 권동수 등 내로라하는 조선 명필가들의 글씨다. 멋과 단아함이 은은하게 느껴지는 고택은 만산 강용 선생의 후손이 살면서 우리 전통문화를 체험할 수 있는 한옥민박으로 개방하고 있다. 큰길을 따라 10분쯤 가면 만산고택과 비슷한 시기에 지어진 권진사댁[5]이 있다. 만석봉을 뒤로 두고 폐쇄적인 'ㅁ' 자형 양반가옥의 전형을 보여주는 이 고택 역시 민박으로 이용할 수 있다.

춘양은 조선말 봉화현 관아를 두었던 고을답게 고택, 정자, 절터 등의 문화유산이 많다. 서원교 바로 앞에 있는 춘양중학교(통일신라 때 람화사라는 사찰이 있던 자리)로 들어가면 운동장 한쪽에 보물 제52호인 삼층석탑[6]이 서 있다. 높이 4m의 쌍둥이 석탑으로, 훼손된 모양까지 비슷하다. 시간 여유가 있다면 주변에 위치한 한수정, 와선정, 태고정 등의 정자를 둘러보며 춘양의 역사를 살펴보는 것도 좋겠다.

한옥민박으로 개방하고 있는 만산고택(4지점).

권진사댁 'ㅁ'자형 가옥(5지점).   길옆으로 사과 밭과 논밭이 계속된다(5~7지점).

사과 향에 취해 양반걸음 걷기 <small>양반걸음걷기 석판~두내약수탕[7-18]</small>

큰길로 나오면 주변이 전부 사과 과수원이다. 봉화 사과는 낮과 밤의 기온차가 심한 기후 덕에 육질이 단단하게 영글고 당도가 높아 인기가 좋다. 눈길 닿는 곳마다 주렁주렁 열린 사과, 꽃이 필 때도 열매가 열릴 때도 눈과 코가 즐거운 길이다.

삼층석탑에서 30분쯤 걸어 야트막한 고개에 오르면 '양반걸음걷기' 석판[7]이 있다. 바닥의 석판을 밟으며 여덟팔자 양반걸음을 걸어 언덕을 내려가면 다시 넓은 사과밭, 아스팔트 도로를 30분 정도 걸으면 정자 쉼터[8]에 이른다. 여기서부터는 꽤 가파른 오르막길이어서 이마에 땀방울이 맺히고 등도 젖는다. 하지만 송이 모양의 상징물이 놓인 언덕 위 전망대[9]에 서면 초록빛 들판과 아기자기한 마을이 한 폭의 그림처럼 펼쳐져 별 수고도 없이 과분한 보상을 받는 느낌이다.

새터마을 앞 신기교[10]부터는 한동안 운곡천을 끼고 걷는다. 코스모스 하늘거리는 강변을 시원한 바람과 함께 걷다보니 어느덧 애당리[11]다. 마을에서 점심을 먹고 애당교를 건너 다시 강변길을 따라가면 도심2리. 옛날 삼척, 울진

코스모스 핀 길가(7~8지점). 외씨버선길 이정표(13지점).

지방의 해산물과 순흥(영주) 등 내륙지방의 공산품·농산물 교역이 이루어지던 마을, 죽터. 마을 앞 삼거리[12]에서 왼쪽으로 틀어 도심2리마을회관[13]을 지나고, 논길과 산길을 돌아 도심3리(황터)로 들어가니 오래된 흙벽집들이 많다. 황터 일대는 삼국시대 이전 소라국이 있던 자리로, 150년 수령의 느티나무숲 안에 돌담과 금줄을 두른 사당이 들어서 있다.

 도심3리마을회관[14]을 지나 사방댐이 설치된 골짜기 위로 오르면 서벽리로 넘어간다. 시루봉과 각화산을 건너다보며 사과나무밭을 지나면 울창한 소나무 숲의 흙길이 시작된다. 이 길의 하이라이트라 할 수 있는 서벽리 금강소나무 숲[15]이다. 금강소나무는 뒤틀림이나 옹이가 없이 곧고 단단하여 예로부터 궁궐이나 사찰 등 중요한 건축물을 지을 때 사용되었다. 그 중에서도 춘양 일대에서 생산된 금강소나무인 '춘양목'을 최고로 쳤는데, 인기가 많은 만큼 가짜도 많아 보통 소나무를 '춘양목'이라고 우기는 상인들 때문에 '억지 춘양'이라는 말이 유래했다는 설도 있다.

 서벽리 금강소나무 숲은 문화재 복원용 금강소나무를 생산하는 지역으로 영주국유림관리소에서 특별관리하고 있다. 수령 50~100년 된 금강송 1천500그루가 번호표를 달고 보호받고 있다. 이 숲의 최고 미송(美松)은 74년 수령에

서벽리 금강소나무숲에 있는 늘씬한 춘양목들 (15~16지점)

높이 25m인 482번 소나무라고 한다. 숲해설가가 상주(9-17시)하므로 숲해설탐방소[16]에 신청하여 숲에 관한 재미있는 이야기를 들어보는 것도 좋다.

향기로운 숲길을 20분쯤 걸으면 춘양목 솔향기길 종점인 춘양목산림체험관[17]이 기다리고 있다. 춘양목의 생태와 역사를 배우고 나무공예를 체험할 수 있는 공간이다. 10분쯤 더 걸어 가면 물맛이 알싸한 두내약수탕[18]이다. 약수 한 바가지 시원하게 들이켜고 버스 정류장에서 다음 여정을 준비한다.

외씨버선길

외씨버선길은 강원도 영월과 경북 봉화, 영양, 청송 4개 군이 만든 걷기코스로 (사)경북북부연구원에서 단장. 관리하고 있다. 길의 이름은 영양 출신 시인인 조지훈의 시 '승무'에서 빌려왔다. 길에서 우리의 정서를 느끼고, 그 속에서 여유롭고 편안하게 자연을 누리자는 의미가 담겨 있다. 총 170km, 13개 구간으로 조성 중인 외씨버선길은 2011년까지 9개 구간(121km)이 열렸고, 2012년 말에 나머지 4개 구간도 개통될 예정이다.

청송 구간
- 슬로시티길 : 운봉관~청송한지체험장 / 11.5km, 5시간 소요
- 김주영 객주길 : 청송한지체험장~고현지 / 15.6km, 6시간 소요

영양 구간
- 오일도 시인의 길 : 선바위관광지~영양전통시장 / 11.5km, 5시간 소요
- 조지훈 문학길 : 영양전통시장~조지훈문학관 / 13.7km, 6시간 소요
- 치유의 길 : 일월산자생화공원~우련전 / 8.3km, 4시간 소요

봉화 구간
- 춘양목 솔향기길 : 춘양면사무소~두내약수탕 / 18.6km(GPS 측정치), 7시간 소요
- 약수탕길 : 춘양목산림체험관~용운사 / 15.1km, 6시간 소요

영월 구간
- 마루금길 : 용운사~김삿갓문학관 / 15.4km, 8시간 소요
- 김삿갓 문학길 : 김삿갓문학관~김삿갓면사무소 / 12.4km, 5시간 소요

문의전화 (사)경북북부연구원 (054)683-9283
인터넷 공식 카페 cafe.daum.net/beosungil

🍴 추천음식

동궁회관 '엄나무송이돌솥밥'

엄나무순과 자연산 송이를 올린 영양 돌솥밥이다. 차림표의 가격에 조금 놀라지만, 돌솥에 소복한 엄나무순과 송이를 보는 순간 비싸다는 생각이 싹 달아난다. 고슬고슬한 돌솥밥에 이 집의 특제 양념을 넣고 비벼 먹으면 그윽한 향과 감칠맛에 감탄이 절로 나온다. 20여 가지의 맛깔스러운 반찬도 함께 나온다.

위치 경북 봉화군 춘양면 의양리 361-8
전화 (054)672-2702
영업시간 10:00~20:00
가격 엄나무송이돌솥밥 1만5천 원, 엄나무돌솥밥 1만 원
주차 춘양시장 주차장 이용, 무료

🚗 교통편

》 찾아가기

대중교통 동서울터미널에서 경북 봉화군 춘양면 춘양시외버스터미널(봉화 경유, 054-672-3477)로 가는 시외버스를 탄다. 터미널에서 내려 왼쪽 큰길을 따라 100m 정도 걸어가면 시작점인 춘양면사무소다.
동서울터미널→춘양시외버스터미널(봉화 경유) 07:40 09:40 11:50 13:50 16:10 18:10
승용차 춘양면사무소 주차장 이용, 무료

《 돌아오기

두내약수탕 앞 정류장에서 하루 3회 운행하는 시내버스를 타고 춘양시외버스터미널로 갈 수 있다.
두내약수탕→춘양시외버스터미널 10:55 13:20 16:40
춘양시외버스터미널(봉화 경유)→동서울터미널 08:10 10:10 12:20 14:20 16:40 18:40

ℹ️ 알아두기

숙박 춘양시외버스터미널 주변, 만산고택(4지점), 권진사댁(5지점)
식당 춘양시외버스터미널(1지점), 춘양시장(3지점), 애당리마을(11지점), 두내약수탕(18지점)
매점 춘양시외버스터미널(1지점), 애당리마을(11지점)
식수 미리 준비
화장실 춘양시외버스터미널(1지점), 춘양면사무소(2지점), 도심2리마을회관(13지점), 숲해설안내소(16지점), 춘양목산림체험관(17지점)
기타 정보 서벽리 금강소나무 숲해설안내소 (054)635-4253

경북 청송군

주왕산 주방계곡 거리 10.1km, 소요시간 3시간~3시간 30분
기암과 폭포의 화려한 변주

주왕산의 주방계곡은 암봉과 폭포들이 주왕산의 매력을 잘 보여주면서도 길이 넓고 평탄해 누구나 쉽게 다녀올 수 있다. 대전사와 백련암을 지나 시루봉과 학소대, 세 개의 폭포에 이르는 왕복 10km 계곡길은 암봉 사이를 이리저리 휘돌며 흔치 않은 절경을 보여준다.

전망대에서 제3폭포와 주변 풍경을 한눈에 담을 수 있다(16지점).

제1폭포 가기 전 기암 사이로 데크가 놓여있다(10~11지점).

설악산, 월출산과 더불어 우리나라 3대 암산으로 꼽히는 주왕산은 해발 721m로 그리 높지 않지만 태백산맥의 지맥으로 숱한 전설과 비경을 간직하고 있다. 당나라의 주왕이 숨어 살았다 해서 주왕산으로 불린다는 이야기도 전해온다.

주왕산에는 기암괴석 즐비한 주방계곡과 절골, 전망 좋은 장군봉과 가메봉, 몽환적인 왕버들이 유명한 주산지 등 볼거리가 많다. 명승 제11호인 주방계곡은 주왕산국립공원 탐방객의 80~90%가 찾는다는 계곡이다. 특히 단풍 절정기인 10월이면 몰려드는 여행객들로 발 디딜 틈이 없다. 대전사에서 제1폭포, 제2폭포, 제3폭포를 거쳐 내원마을에 이르는 계곡길은 주왕산의 절경을 실컷 감상하면서도 편안하게 걸을 수 있는 길이다.

- **걷는거리** 10.1km
- **걷는시간** 3시간~3시간 30분
- **출발점** 경북 청송군 부동면 상의리 주왕산 상의매표소
- **종착점** 경북 청송군 부동면 상의리 주왕산 상의매표소
- **난이도** 쉬워요

추천 테마	아이들과	연인끼리	여럿이	숲	들	계곡	강	바다	문화유적	봄	여름	가을	겨울
	★★★	★★	★★	★★		★★★			★★	★★★	★★	★★★	★

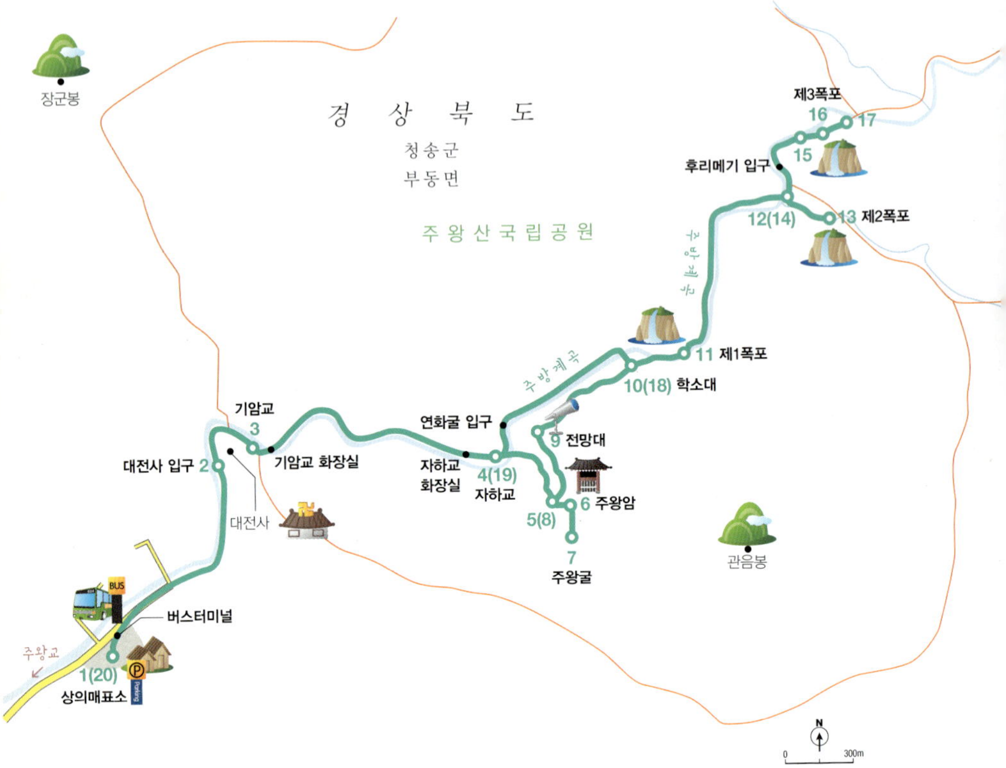

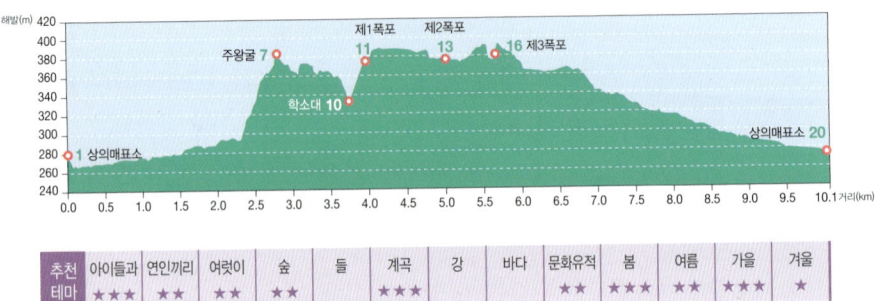

주왕의 최후를 기억하는 주왕암과 주왕굴

상의매표소~전망대[1~9]

상의매표소[1]에서 시작해 식당이 늘어선 포장도로를 잠시 걸어가면 상가가 끝나자마자 신라 진성여왕 때 세워졌다는 은혜사의 말사 대전사[2]가 있다. 건립 당시의 내부 단청을 그대로 유지해 예술적 가치가 큰 보물 제1570호 보광전 뒤편으로 메산(山)자 모양으로 우뚝 솟은 기암(旗岩, 깃발을 꽂은 봉우리)이 보여 초입부터 마음이 설렌다. 대전사 옆으로 흐르는 계곡을 건너면 주왕의 딸 백련의 이름을 딴 암자 백련암이 있어 산속 암자의 정취를 느껴볼 수 있다. 국화밭이 있어 가을이면 국화향 가득해지는 정겨운 암자다.

판판한 흙길을 걸어 기암교 앞 삼거리[3]에 도착하면 제1폭포를 알리는 이정표를 따라 다리를 건넌다. 계곡의 상쾌한 물소리, 화사

물이 맑아 바닥이 훤히 보인다(2~3지점).

한 산철쭉. '은빛고을 탐방로'라는 이름의 이 길에 봄이 가득하다. 자하교[4]에 도착하면 주왕이 신라 군사를 막기 위해 쌓았다는 자하성의 일부가 남아 있고, 길은 두 갈래로 나뉜다. 오른쪽 자하교를 건너면 주왕암·주왕굴로 가는 자연관찰로를 거쳐 다시 탐방로로 합류하게 된다.

돌로 쌓은 계단을 오르면 숲과 암벽에 둘러싸인 아늑한 공간에 암자 하나가 자리하고 있다. 대전사의 말사인 주왕암[6]이다. 주왕의 혼을 위로하기 위해 지은 것이라고 하는데, 기와에 이끼가 그윽하여 오랜 풍상을 보여준다. 주왕

1 주왕굴로 가는 길의 철계단(6~7지점). 2 주왕암에 봄이 한창이다(6지점). 3 대전사 주변에 핀 수달래(2~3지점).

굴[7]은 주왕암 뒤 협곡에 자리하고 있다. 철계단을 타고 잠시 올라가면 비좁은 굴이 보이는데 매우 협소해 굴답지 않다. 주왕이 동굴 바깥에 흐르는 물을 마시러 나왔다가 군사들의 화살에 맞아 죽었다는 전설이 내려온다. 굴 앞으로 쏟아지는 폭포의 물줄기가 봄 햇살에 투영되어 작고 희미한 무지개를 하나 띄운다. 무지개 속으로 초라한 굴의 모습이 숨는다.

　주왕암을 거슬러 제1폭포 쪽으로 걸으면 본격적으로 깊은 골짜기로 들어가는 느낌이 물씬하다. 전망대[9]에 오르면 연화봉·병풍바위·급수대와 같은 암벽의 이름을 적어놓은 안내문이 있어 주변을 찬찬히 감상하게 돕는다. 자연관찰로는 학소대에서 끝나고 자하교에서 갈라졌던 원래 길로 합류한다.

협곡에 숨은 세 개의 폭포 학소대~상의매표소[10~20]

학소대[10]는 백학과 청학이 떼를 지어 살았다는 전설이 남은 거대한 바위로, 기암괴석과 어울린 울창한 나무가 푸른 모자처럼 정상을 지키고 있다. 학소대 앞의 다리를 건너면 길은 거대한 협곡 사이로 들어가는데, 마치 미지의 세계로 들어서는 순간처럼 가슴이 콩닥거린다. 안으로 들어서면 푸른 나뭇잎에 둘러싸인 암봉이 서 있고 그 아래로 제1폭포가 쏟아진다. 이 세상 모든 소음을 빨아들일 듯한 제1폭포[11]의 웅장한 목청을 따라가 보면 굵고 힘찬 물줄기가 하얀 거품을 일으키며 쏟아진 뒤 맑은 소를 만들었다. 소에서 넘쳐난 물줄기는 기암 사이로 스며든 햇살에 반짝이며 계곡 아래로 천천히 흘러내린다.

다시 계곡의 물소리는 부드럽고 길은 편안하며 아름답다. 가벼운 바람에

학소대 앞에 위치한 시루봉이 탑처럼 우뚝 솟았다(10지점).

달콤한 철쭉 향기가 실려 온다. 느릿느릿 20분 정도 걸으면 작은 다리를 건너 삼거리[12]에 이른다. 제2폭포와 제3폭포가 순서대로 등장하는 게 아니어서 이 삼거리에서 오른쪽에 있는 제2폭포를 보고 제3폭포로 가야 한다. 100m쯤 걸어가면 숲에 숨은 듯 아담하고 조용한 제2폭포[13]가 보인다. 소가 얕고 넓게 퍼져 있어 물가에서 쉬고 싶은 생각이 절로 든다.

갈라졌던 삼거리[14]로 돌아가 직진하면 이정표가 계곡 쪽[15]을 가리키고 있다. 계단으로 몇 걸음 내려가니 제3폭포[16]가 맞이한다. 2단으로 떨어지는 폭포는 규모가 크고 화려하다. 물줄기가 뒤틀림 없이 곧은 데다 정면에서 바라볼 수 있어 품위가 있다. 전망대는 두 곳. 하나는 눈높이에서, 또 하나는 좀 더 높은 곳에서 폭포와 그 일대를 한꺼번에 내려다볼 수 있다. 물이 올라 연초록 잎을 풍성하게 틔운 버드나무가 곳곳에 자리해 폭포를 더욱 아늑한 공간으로 만든다.

제3폭포를 지나면 협곡이 끝나면서 평지로 이어진다. 여기서 시간이 된다면 좀 더 걸어 봐도 좋을 곳이 있다. 돌무더기 가득한 서낭당을 지나 10분 정도 걸어가면 나오는 내원마을 터다. 몇 년 전까지 전기가 들어오지 않는 오지 마을로 잘 알려져 있었으나, 국립공원에서 생태 보전을 위해 주민들을 아랫마을로 이주시키고 휴게소 역할을 하던 내원분교마저 2007년 철거해 이제는 억새밭으로만 남아 있다.

내려오는 길에는 학소대에서 주왕암길로 빠지지 않고 계곡을 따라 직진한다. 주방천을 사이에 두고 병풍을 두른 듯 협곡이 펼쳐진다. 인자한 할아버지의 얼굴을 닮은 시루봉, 8폭 병풍을 닮은 병풍바위, 거꾸러질 듯 격하게 튀어나온 급수대 등 기암들이 자태를 뽐내며 환송해준다. 팔각정을 지나고 아들바위도 지나니 동양화 속 산책이 끝나고 상의매표소[20]다.

제2폭포는 바위를 병풍처럼 두르고 있어 분위기가 아늑하다(13지점).

신록이 눈부신 주방계곡(18~19지점).

추천음식

동대구식당 '닭떡갈비 백숙'

청송의 명물인 달기약수를 이용하는 식당. 탄산과 철 성분이 있는 달기약수로 육류를 조리하거나 밥을 지으면 푸른빛이 돌면서 찰기가 생긴다고 한다. 동대구식당에서 가장 인기 있는 메뉴는 '닭떡갈비 백숙'으로 닭가슴살을 고추장에 버무려 떡갈비를 만들고 나머지 부위는 백숙과 닭죽으로 내놓는 일종의 코스요리다.

음식이 깔끔하고 젊은 사장이 친절해 다녀간 사람들의 평이 좋다. 관광지 식당이 흔히 그렇듯 대부분의 메뉴가 2인분 기준이지만, 비수기 때는 혼자 오는 손님을 위해 1인분도 마련해주는 '융통성'을 보인다.

위치 경북 청송군 청송읍 부곡리 299-18
전화 (054)873-2563
홈페이지 www.csddg.com
영업시간 10:00~22:00
가격 닭떡갈비 백숙 3만5천 원(2인분), 옻닭 백숙 3만5천 원
주차 가능, 무료

교통편

》 찾아가기

대중교통 동서울터미널에서 안동을 경유해 주왕산국립공원(상의매표소)으로 가는 고속버스가 있다. 청송시외버스터미널(054-873-2036)로 갈 경우는 약수탕·주왕산 방면의 군내버스로 갈아탄다.

동서울터미널→상의매표소 06:30 08:40 10:20 12:00 15:10 16:40
동서울터미널→청송시외버스터미널 06:30 08:40 10:20 12:00 15:10 16:40
청송시외버스터미널→상의매표소 07:50~19:40(25분 간격)

승용차 상의매표소 주차장 이용, 1일 5천 원

《 돌아오기

상의매표소에서 동서울터미널과 청송시외버스터미널로 가는 고속버스와 군내버스가 있다.

상의매표소→청송시외버스터미널 07:50~19:40(25분 간격)
상의매표소→동서울터미널 08:20 10:30 13:00 14:08 15:48 17:05
청송시외버스터미널→동서울터미널 08:50 10:57 13:25 14:40 16:15 17:29

알아두기

숙박 송소고택, 주방계곡 입구(1지점) 민박
식당·매점 주방계곡 입구(1지점)
식수 미리 준비
화장실 탐방로 내 다수
문의 주왕산국립공원사무소(경북 청송군 부동면 상의리 406 / (054)873-0014 / juwang.knps.or.kr)

들를 만한 곳

송소고택 · 송정고택

왕을 제외한 사대부가 가질 수 있는 최대 규모인 99칸으로 지어진 고택. 조선영조 때 거부 심처대의 7대손인 송소 심호택이 1880년(고종 17년)에 고향인 청송으로 이주하면서 지었다. 고택 전체를 두른 외담 안에는 각 채를 구분한 내담이 있고 4대 이상의 제사를 모시는 별묘가 있는 등 조선 사대부 집안의 쩌렁쩌렁한 위세를 그대로 간직하고 있다. 2007년에는 그 가치를 인정받아 '중요민속자료 제250호'로 지정되었다.
안채, 사랑채, 별채, 행랑채 등 10곳을 민박으로 운영 중이어서 일반인도 고택에서 하룻밤을 보낼 수 있다. 송정고택은 심호택의 둘째아들인 심상광의 집으로 송소고택 바로 옆에 있다. 송정고택 역시 민박 가능. 송소고택과 송정고택 모두 장작을 피워 구들을 덥히는 전통방식으로 난방을 한다.

위치 경북 청송군 파천면 덕천리 172
전화 (054)874-6556
홈페이지 www.송소고택.kr
숙박료 5만~20만 원(2인 기준)
주차 가능, 무료

경북 청송군

주왕산 주산지 거리 2.5km, 소요시간 40분~1시간

내 인생의 계절은 어디쯤인가

주왕산 자락이 손으로 감싼 듯한 형상의 주산지는 물속에 몸을 담그고 서 있는 10여 그루 왕 버들과 호수의 물, 하늘과 태양이 협력해 아름다운 사계를 그려낸다. 주산지 휴게소에서 주 산지까지는 거리가 짧고 길이 평탄해 아이와 함께 걸어도 좋다.

- **걷는거리** 2.5km
- **걷는시간** 40분~1시간
- **출발점** 경북 청송군 부동면 이전리 주산지 휴게소
- **종착점** 경북 청송군 부동면 이전리 주산지 휴게소
- **난이도** 아주 쉬워요

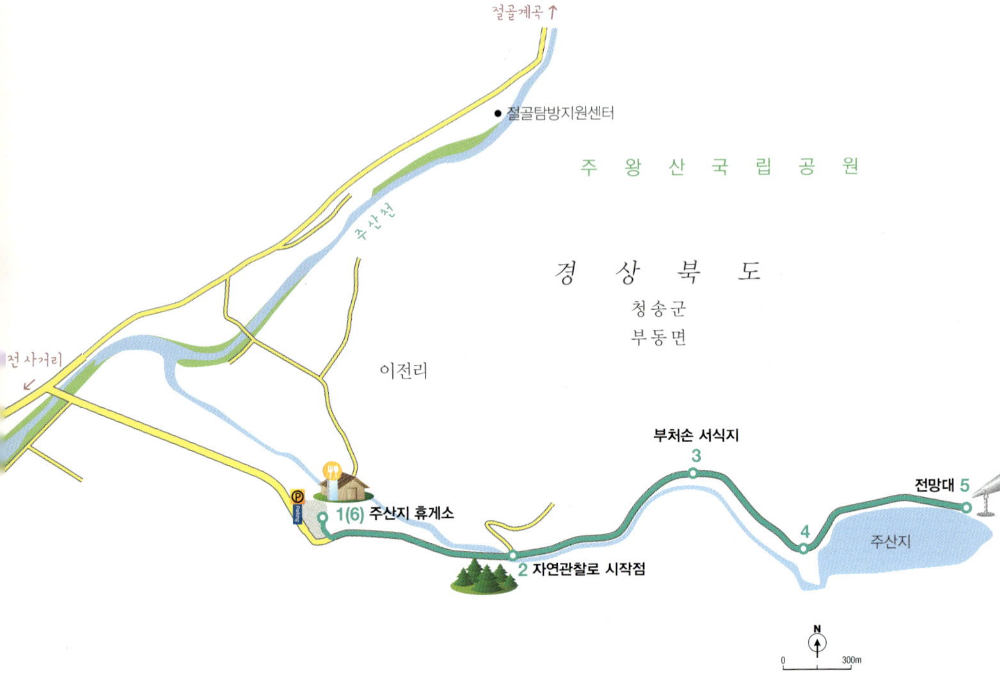

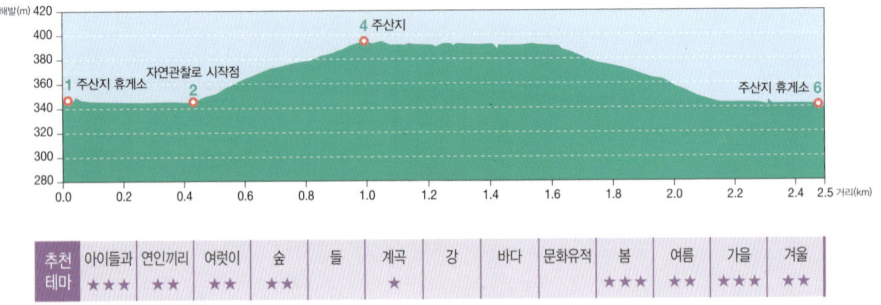

추천 테마	아이들과	연인끼리	여럿이	숲	들	계곡	강	바다	문화유적	봄	여름	가을	겨울
	★★★	★★	★★	★★		★				★★★	★★	★★★	★★

만물이 생성하는 봄, 개구리에 돌을 매달아 괴롭히던 아이는 잠든 사이 노승이 등에 묶은 돌을 발견하고 울먹이는데, 노승은 "잘못을 되돌려놓지 못하면 평생의 업이 될 것"이라고 말한다. 아이는 자라 소년이 되고 산사에 요양 온 소녀와 사랑에 빠져 어느 여름날 산사를 떠난다. 10여 년 뒤 배신한 아내를 죽인 살인범이 되어 도피해온 남자는 붉게 타오르는 단풍 같은 분노와 고통을 이기지 못해 자살을 기도한다. 중년이 되어 폐허가 된 산사로 돌아온 남자는 겨울 산사에서 수련에 들어가고, 이름 모를 여인이 맡기고 간 아이가 동자승이 되어 개구리 입속에 돌멩이를 집어넣으며 장난치는 모습을 바라보며 늙어간다.

물봉선·부처손이 산다 주산지 휴게소~부처손 서식지[1~3]

　사계절에 비유되는 우리의 삶을 깊은 산속 연못 위에 떠있는 사찰에 살고 있는 스님과 그 주변의 자연을 통해 그려낸 김기덕 감독의 영화 〈봄 여름 가을 겨울 그리고 봄〉은 호수에 뜬 사찰 풍경을 한 폭의 수채화처럼 관객의 머릿속에 새겨 넣은 영화다. 2003년 작품이니 어느덧 10년이 다 되어가지만, 주산지의 사계가 고스란히 담겨 있는 이 영화보다 주산지를 잘 표현할 방법이 아직은 없다. 연못 위에 50여 평 바지선을 띄우고 그 위에 지은 사찰 세트는 영화 촬영이 끝난 뒤 철거되었지만 지금도 호수 어디쯤 물안개 속 암자가 있을 것만 같아 두리번거리게 되는, 결코 벗어날 수 없는 주산지 이미지다.

　주산지 휴게소에서 주산지

영화 〈봄 여름 가을 겨울 그리고 봄〉의 촬영지임을 알리는 표석(1지점).

자연관찰로 옆 검은 바위에는 부처손(원 안 사진)이라는 식물이 자란다(3지점).

까지는 걸어서 30분 거리에 불과하다. 자연관찰로라는 이름처럼 아이들 데리고 천천히 걸으며 동식물을 공부하거나, 이어서 가까운 절골계곡까지 다녀와도 좋겠다.

주산지 가는 길은 부동면 이전리의 주산지 휴게소[1]에서 시작한다. 주차장 옆 바리케이드를 지나면 식당가를 지나 자연관찰로[2]와 만난다. 탐방코스 지도와 물봉선, 부처손, 왕버들 등 이곳에 서식하는 동식물 분포도를 그려놓은 안내판을 확인한 뒤 소나무과 낙엽송이 울창하게 심어진 숲길을 걸어가니 서늘한 공기와 함께 이른 봄의 싱그러움이 밀려든다. 개구리가 얼어붙은 겨울 대지를 깨고 깊은 잠에서 깨어나는 계절, 하지만 이른 아침에는 살 속을 파고드는 추위에 콧물이 그렁해지는, 지금은 초봄이다.

길 왼쪽에 벽처럼 30m쯤 늘어선 검은 바위가 눈에 띈다. 안내문을 읽어보니 바위 위를 덮고 있는 식물에 관한 설명이 적혀 있다. 검은 바위는 부처손 서식지[3]인데, 부처손은 실처럼 가는 뿌리를 바위에 내려 서식하고 겨울이나 가뭄처럼 수분이 부족할 때는 잎을 공처럼 말았다가 수분이 생기면 다시 잎을 편다고 한다. 주산지에 도착할 때까지 계속 만나는 안내문들을 꼼꼼히 읽고 기억한다면 그것만으로도 이곳을 다녀간 보람이 될 것이다.

새순 솟은 왕버들과 거울 같은 호수가 주산지만의 봄 풍경을 만든다(4지점).

물속에 몸을 담근 왕버들 주산지~주산지 휴게소[4~6]

주산지[4]는 조선 숙종 때인 1720년 축조를 시작해 이듬해 경종 원년인 1721년 완공한 농업용 저수지다. 길이 200m, 너비 100m, 수심 8m 아담한 크기의 이 저수지 물로 주민들이 농사를 짓고, 전국에 이름난 청송사과를 재배해 왔다.

주왕산 자락이 손으로 감싼 듯한 형상의 주산지를 더욱 특별하게 만들어주는 것은 호수 외곽에서 물속에 몸을 담그고 서 있는 10여 그루 왕버들. 가지가 축축 늘어지는 여느 버드나무와 달리 하늘을 향해 가지를 꼿꼿하게 뻗어 올리는 왕버들은 물이 많은 곳에서 잘 자라는 나무지만 이렇게 물속에 뿌리를 내리는 예는 드물다고 한다. 이 왕버들과 호수와 하늘과 태양이 서로 협력해 저수지의 사계를 그려낸다.

봄이면 까만 고목에 초록 새순이 돋아 수면 위에 그림자를 드리우고, 여름에는 신록이 아예 호수를 초록 물로 만들어 버린다. 농업용수로 쓰기 위해 물을 다 뺐을 때는 볼품없는 저수지가 되어버리지만 왕버들은 이때 비로소 숨을 쉰다고 하니 생명의 눈으로 아름다움을 보는 지혜를 준다. 가을이 되면 호수의 물이 뜨거울 것처럼 단풍으로 타오르고, 새벽 물안개가 최고의 절경을 연출한다. 수면이 얼어붙는 겨울에는 왕버들 위에 내려앉은 눈꽃이 고고하다.

하지만 이 고목들은 수명이 얼마 남지 않았다. 저수지 나이 300살, 최고령 고목 100살. 처음에는 물에 잠기지 않았던 나무들이 물이 부족해 수위를 높이다 보니 물속으로 들어가 버렸다는데, 그 뒤로 50여 그루에 이르던 나무가 말라 죽고 태풍에 치여 죽으며(저수지 곳곳에 부러지고 썩어 문드러진 둥치가 많다) 10여 그루로 줄었고, 이제 그 생존자들도 수령이 다해가는 것이다. 청송군과 주왕산국립공원사무소는 왕버들 복원사업을 벌이고 있지만 현재로는 확실한 대책이 없다고 한다.

주산지 옆으로 조성된 산책로를 따라가면 전망대[5]가 나온다. 호숫가에 바짝 붙여 데크를 설치해 놓았으므로 주산지 풍경을 사진에 담기 좋다. 길은 여기서 끝난다. 단풍이 들면 연못 속 이무기가 용이 되어 승천한다는 전설이 전해지는 별바위를 거쳐 절골계곡까지 이어지는 탐방로가 있지만 환경보호를 목적으로 2005년에 영구 폐쇄했다. 절골계곡까지 이어 걸으려면 주산지 휴게소[6]로 되돌아와서 가야한다.

돌아오는 등 뒤로 아침 햇살을 받고 잠에서 깨어난 봄의 숲이 청명하다. 내 인생의 계절은 지금 어디쯤인가.

이른 아침부터 주산지 사진을 찍고 있는 사람들(4지점).

교통편

》 찾아가기

대중교통 동서울터미널에서 안동을 경유해 주왕산국립공원(상의매표소), 청송시외버스터미널 (054-873-2036)로 가는 고속버스가 있다. 주왕산국립공원(상의매표소)이나 청송시외버스터미널에서 군내버스를 타고 이전리 정류장에서 내린 후 30분 정도 걸어야 한다.

동서울터미널→상의매표소 06:30 08:40 10:20 12:00 15:10 16:40
동서울터미널→청송시외버스터미널 06:30 08:40 10:20 12:00 15:10 16:40
상의매표소→이전리 정류장 08:10 09.40 12:10 13:00 14:10 16:20 17:45
청송시외버스터미널→이전리 정류장 07:50 09:20 13:50 16:00
청송콜택시 (054)873-0030

승용차 주산지 휴게소 주차장 이용, 무료

《 돌아오기

이전리 정류장에서 주왕산국립공원(상의매표소)이나 청송시외버스터미널로 가는 군내버스를 탄다.

이전리→상의매표소 08:00 08:50 10:10 12:25
상의매표소→동서울터미널 08:20 10:30 13:00 14:08 15:48 17:05
청송시외버스터미널→동서울터미널 08:50 10:57 13:25 14:40 16:15 17:29

알아두기

숙박 송소고택 · 청송읍내 숙박시설
식당 · 매점 주산지 휴게소(1지점)
식수 미리 준비
화장실 주산지(4지점)

크고 작은 산봉우리 사이에 거울처럼 들어앉은 주산지(4지점).

경남 진주시

진주의 역사와 자연이 담긴 남부길 거리 12.2km, 소요시간 3~4시간
양귀비꽃보다도 붉은 마음을 보다

남부길은 가좌산과 망진산 자락을 밟고 남강을 휘돈다. 진주의 역사와 자연을 조금씩 모아 담은 선물용 기획세트 같다. 망진산 정상에서 편자 모양으로 휘돌아 흐르는 남강 일대를 굽어보니 촉석루 위에서 보는 느낌과 사뭇 다르다. 그래서 길은 걸어봐야 안다.

현란한 조명의 물빛으로 밤을 밝히는 유등, 논개의 '양귀비꽃보다 붉은' 마음이 던져진 촉석루, 꽃물결 일렁이는 둔치 산책로가 일품인 남강. 진주의 상징과도 같은 이미지들이다. 임진왜란이라는 과거와 관광명소라는 현재가 만나는 이 장소들은 들러볼 만한 명소임이 분명하나 사실, 한 곳이다. 유등축제가 열리는 날 촉석루에 올라 남강을 바라보면, 그걸로 끝이다. 아쉬워라.

진주의 꼿꼿한 충절과 기개, 자연의 진면목을 좀 더 알아보고 싶다면 진주시가 최근 새롭게 개발한 '걷고 싶은 길' 중 하나를 가보는 것이 좋다. 도시 전역에 '걷고 싶은 길'을 두고 특이하게도 진주시 보건소가 관리하고 있는 길이다. 그 가운데 오늘 떠날 곳은 연암공업대학에서 출발해 산길과 강변길을 한 바퀴 돌아 다시 출발지점으로 돌아오는 '남부길'이다. 남부길은 가좌산과 망진산자락을 밟고 남강을 휘돈다. 진주의 역사와 자연을 조금씩 모아 담아 함께 포장한, 외지인 선물용 기획세트와 같다.

연암공업대 안에 있는 남부산림연구소 수목전시원의 길(1지점). ▶

- **걷는거리** 12.2km
- **걷는시간** 3~4시간
- **출발점** 경남 진주시 가좌동 연암공업대
- **종착점** 경남 진주시 가좌동 연암공업대
- **난이도** 무난해요

추천 테마	아이들과	연인끼리	여럿이	숲	들	계곡	강	바다	문화유적	봄	여름	가을	겨울
	★★	★★	★★★	★★★			★★★		★★	★★	★★	★★★	★★

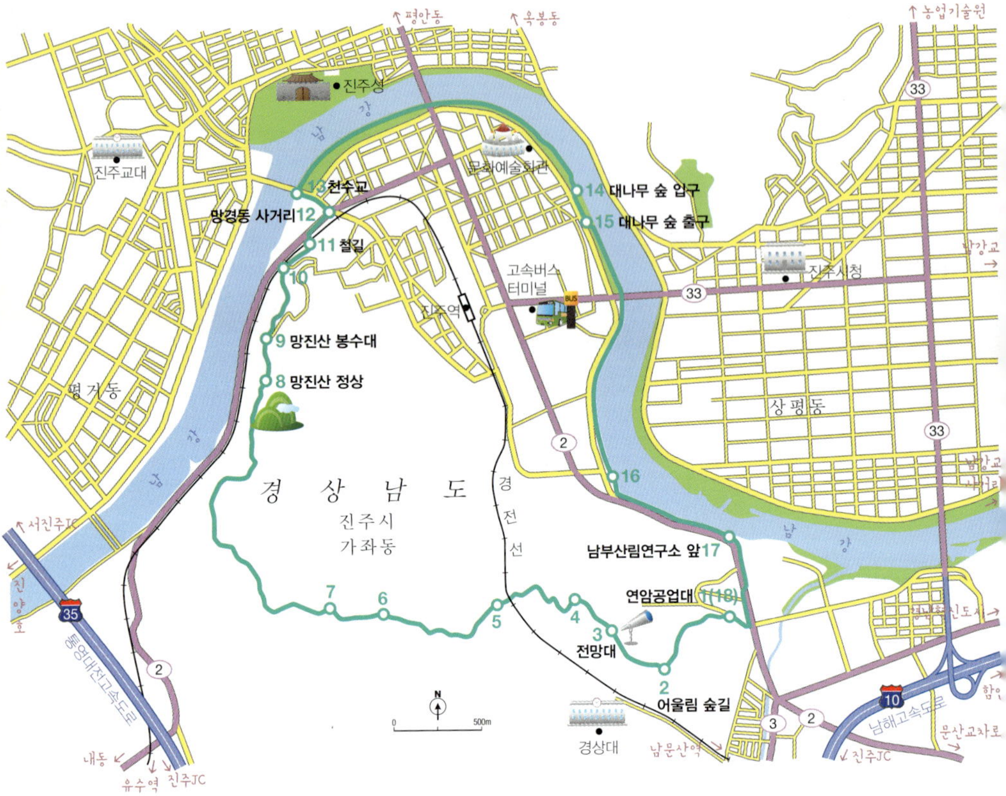

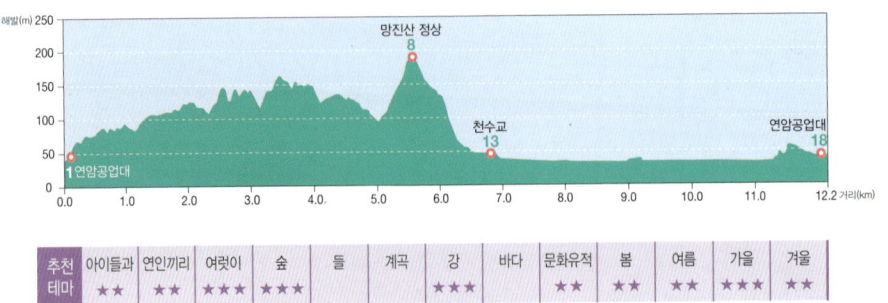

편백 향기와 댓잎 부딪는 소리 연암공업대~망진산 정상[1~8]

경남 진주시 가좌동에 있는 연암공업대학[1] 정문으로 들어서서 조금 더 가면 '도심 속의 테마숲길'이라는 안내판이 보인다. 가좌산 오르는 길 입구다. 이 길은 '진주의 산책로 10선' 중 제9로로 선정된 '가좌산 주변로'로, 처음 가늠해 보았던 경사도에 비하면 길이 편안해 오르기가 그리 힘들지는 않다.

도시 전역의 길을 테마별로 꼼꼼하게 나누다 보니 중복되는 코스가 여럿 생겼는데, 이 길도 그렇게 겹치는 부분이다. 가좌산 테마길은 예전부터 주민들이 즐겨 찾던 길인 데다가 남부산림연구소가 연구 목적으로 관리하는 지역이 들어 있어 숲의 조성과 관리 상태가 빼어나다.

숲이 주는 청량한 한기를 만끽하며 언덕을 오르면 편백 숲 울창한 '어울림숲길'[2]과 만난다. 잠시 데크를 따라 편백 숲을 걸어본다. 편백나무가 발산하는 피톤치드는 성인의 심장과 폐 기능을 향상시킨다고 하니 마음껏 들이마시고, 미로 같은 격자형 포켓공간에도 잠시 앉아본다. 어울림숲길이 끝나면 바로 '대나무숲길'. 우리나라에서 가장 많은 131종의 대나무가 보존되어 있는 곳으로, 정갈한 데크 위로 15m 이상 곧게 치솟은 대나무들이 섬세하면서도 늠름하다. 바람에 부딪히는 댓잎 소리가 오래 전 영화 〈봄날은 간다〉의 한 장면을 떠올리게 한다.

데크를 따라 계속 걸으면 출발점과 만나게 되므로 석류공원 쪽으로 방향을 돌린다. 사색할 수 있는 산책길에 감사하며 산을 오르면 진주 도심이 한눈에 들어오는 '풍경길' 전망대[3]가 나온다. 전망대를 지나 계속 직진하다가 '망진산 갈림길 300m' 이정표[5]에서 오른쪽으로 방향을 잡고, 갈림길이 나오면 이정표 따라 망진산 방향으로 간다. 지금까지보다 훨씬 좁은 길이 빽빽한 소나무숲 사이로 이어지더니 남강과 그 너머 진주 도심이 보이기 시작한다. 거대한 통신탑이 나오면 망진산 정상[8]이다. 편자를 닮은 형상으로 휘돌아 흐르는 남강 일대를 굽어보니 촉석루 위에서 보는 느낌과 사뭇 다르다. 이래서 길은 걸어봐야 안다.

'강낭콩 꽃보다 더 푸른' 남강 너머 망진산 봉수대~연암공업대[9~18]

정상을 지나 조금 더 걸어가면 돌을 쌓아 만든 봉수대[9]가 나오고, 이후부터는 걷기가 한결 수월해진다. 숲은 여전히 울창하지만 공원처럼 편안한, 행복한 길이다. 산을 완전히 벗어나면 아주 좁은(길이 아닌 것으로 착각할 만큼!) 길[10]이 철망을 따라 주택가로 이어진다. 타임머신을 타고 온 듯 1970년대 풍경이 펼쳐지는 이 마을은 진주 망경동이다. 기차가 지나가면 그 진동으로 무너져 내릴 것만 같은 낡은 집들 바로 옆으로(담벼락조차 없이) 철길이 놓여 있다. 이 철도는 경남 밀양의 삼랑진역과 광주 송정역을 잇는 경전선[11]. 신경전

망진산의 울창한 소나무 숲(5~6지점).

정상 부근에서 보는 남강과 진주 시내(7~8지점).

선이 완공되면 사라질 시설이니 미래의 과거를 현재에서 보는 셈이다.

철길을 건너면 남강변으로 내려가는 큰길이다. 오른쪽으로 방향을 잡고 망경동 사거리[12]에서 왼쪽을 보면 남강으로 접어드는 천수교가 있다. 천수교[13]에 강으로 내려가는 데크가 마련되어 있으므로 따라 내려가 강을 왼쪽에 두고 걸으면 된다. 바로 그, 진주의 대표 이미지들이 한데 모여 있는 풍경을 '강낭콩 꽃보다 더 푸른' 남강 건너에서 조망하며 걷는 즐거움은 선물 받은 기획세트의 만족도를 쑥 높여준다. 진주시가 정성과 거금을 들여 조성한 둔치 풍경은 자연친화적이면서도 고급스럽다. 의암에서 춤추는 논개의 모습을 환영처럼 그려보며 걷는다.

남강변에는 400m의 대숲도 조성되어 있다. 문화예술회관을 지나 10분 정도 걸으면 강변과 찻길 사이에 담벼락처럼 늘어선 대나무가 숲을 이루고 있다. 그 입구[14]가 보이면 강변을 잠시 벗어나 대숲으로 들어갔다가 대숲이 끝나면[15] 다시 강변으로 나올 수 있다.

시내도로와 강변 사이, 보호벽처럼 존재하는 남강변 대숲은 지나온 가좌산

정상을 지나면 산 아래 마을로 내려간다(9~10지점).

경전선 철로가 망경동 주택 사이를 지난다(11지점).

의 대숲보다 훨씬 크고 울창하다. 햇빛마저 초록으로 흩어지는 듯한 대숲을 걷다보면 꼿꼿한 대나무 기둥 사이로 남강, 진주성곽, 촉석루가 드문드문 보여 진주시가 이 대숲에 얼마나 공을 들였는지 알 수 있다.

  20분쯤 걸어 찻길 건너편으로 커다란 골프연습장[16]이 보이면 강변공원은 끝나고 갈림길 앞에서 선택을 해야 한다. 도로 쪽으로 올라가 인도를 따라 가도 되고, 강변을 따라 좁게 나 있는 길을 계속 걸어도 된다. 어느 쪽을 선택하든 10분쯤 걸으면 남부산림연구소 정문 앞[17]에 이른다. 길을 건너 왼쪽으로 가면 출발했던 연암공업대[18]다.

깎아지른 절벽 아래 유유히 흐르는 남강(13~14지점).

🍴 추천음식

제일식당 '육회비빔밥'

전주비빔밥처럼 화려하지는 않지만 '깊은 맛'으로 이름난 진주비빔밥은 콩나물 대신 숙주나물을 넣고 콩나물국 대신 선짓국과 함께 먹는 것이 특징이다.

진주 구도심에 위치한 중앙시장 골목 안에 진주에서 제일가는 비빔밥 식당 '제일식당'이 있다. 이곳의 육회비빔밥에는 참기름에 미리 버무려 놓은 육회와 숙주, 고사리, 호박 등 갖은 채소가 한가득 들어 있다. 반찬 세 가지와 소고기국 한 그릇을 더한 단출한 차림이지만 맛이 담백하고 씹을수록 구수하다.

제일식당에는 육회비빔밥 외에도 아는 사람만 먹는다는 귀한 메뉴가 있다. 사골국물에 된장과 시래기를 넣어 끓여 개운한 맛을 내는 해장국으로, 오전 11시까지만 판다.

위치 경남 진주시 대안동 8-29
전화 (055)741-5591
영업시간 04:00~21:00
가격 육회비빔밥 7천~8천 원, 해장국 4천~5천 원, 육회 3만~4만 원
주차 시장 내 공영주차장, 식당 이용 시 무료

교통편

》 찾아가기

대중교통 서울고속버스터미널과 동서울터미널에서 진주고속버스터미널(055-752-5167), 서울남부터미널에서 진주시외버스터미널(055-741-6039)로 가는 고속버스가 있다. 진주고속버스터미널과 진주시외버스터미널에서 17-5번 시내버스를 이용해 연암공업대로 간다.

서울고속버스터미널→진주고속버스터미널 06:00~24:10(수시 운행)
동서울터미널→진주고속버스터미널 07:00 10:00 12:30 15:20 18:00(5회 운행)
서울남부터미널→진주시외버스터미널 06:00~24:00(30분 간격)
진주고속버스터미널·진주시외버스터미널→연암공업대 05:06~23:56(10분 간격)

승용차 연암공업대 내 주차, 무료

《 돌아오기

연암공업대 앞 정류장에서 17-5번 시내버스를 이용해 진주고속버스터미널, 진주시외버스터미널로 돌아간다.

연암공업대→진주고속버스터미널·진주시외버스터미널 05:06~23:56(10분 간격)
진주고속버스터미널→서울고속버스터미널 05:30~24:00(수시 운행)
진주고속버스터미널→동서울터미널 07:10 10:00 12:30 15:20 18:00(5회 운행)
진주시외버스터미널→서울남부터미널 05:10~24:00(30분 간격)

ℹ️ 알아두기

숙박 진주고속버스터미널·진주시외버스터미널 일대
식당·매점 망경동(10~11지점), 문화예술회관(14지점) 주변
식수 미리 준비
화장실 남강변(15~16지점)

> 경남 창녕군

람사르습지 우포늪 거리 11.5km, 소요시간 3시간~3시간 30분
원시의 자연에 갖춰야할 예의

> 경남 창녕의 우포늪은 자연 그대로의 생태 박물관이다. 까마득한 옛날 늪이 생겨났으나 주목받지 못하다가 1998년 람사르습지로 등재되면서 국내외에 널리 알려졌다. 아름다운 우포늪을 둘러보려면 이곳에 사는 동식물이 놀라지 않도록 느리고 조심스럽게 걸어야 한다.

우포늪은 옛날 농부들이 소를 풀어 키우던 곳이다. 그래서 '소벌'로 불리다가 일제강점기 때 한자로 지명을 바꾸면서 우포(牛浦)라는 이름을 갖게 되었다고 한다. 이곳이 세계인들의 주목을 받게 된 것은 '람사르협약'에 등재되면서부터다.

람사르협약은 1971년 이란 람사르에서 선진 18개국에 의해 채택되어 1975년 발효된 국제조약이다. 물새들의 주요 서식처인 전 세계 습지보호와 친환경적 이용에 관한 내용이 골자다.

우리나라는 1997년 101번째 정식 가입국이 되었으며 2008년 창녕 우포늪을 시작으로 현재까지 강원도 질뫼늪과 용늪, 전남 순천만, 제주 물장오리습지 등 모두 17곳을 람사르습지 목록에 올렸다. 이밖에도 현재 서울시가 한강 밤섬을 람사르습지로 등재하기 위해 노력 중이다.

수많은 생물들의 보금자리인 우포늪은 우리나라에서 가장 큰 자연 늪이다(5~6지점). ▶

- 걷는거리 11.5km
- 걷는시간 3시간~3시간 30분
- 출발점 경남 창녕군 유어면 세진리 세진주차장
- 종착점 경남 창녕군 유어면 세진리 세진주차장
- 난이도 쉬워요

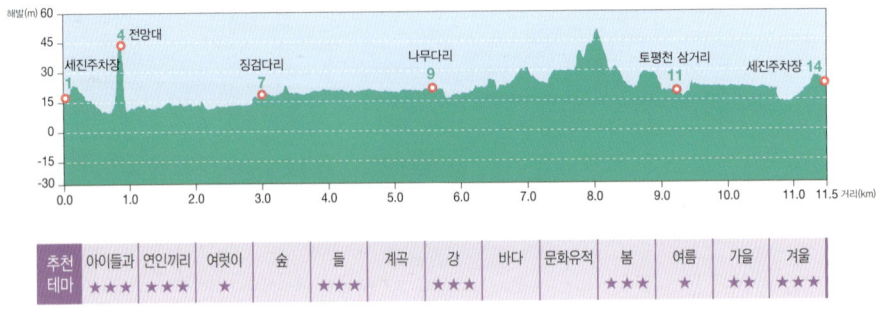

추천 테마	아이들과	연인끼리	여럿이	숲	들	계곡	강	바다	문화유적	봄	여름	가을	겨울
	★★★	★★★	★	★★★		★★★			★★★	★	★★	★★★	

인간 세계에서 생태계로 세진주차장~삼거리[1~5]

우포늪은 약 1억4천만 년 전 한반도가 생성되던 시기에 형성된 것으로 추정되는데, 그렇게 오랜 세월 우리 곁에 있었지만 근래에 와서야 주목받기 시작한 셈이다.

우포늪은 원래 지금보다 훨씬 규모가 컸다. 현재 우포늪은 무분별한 농지 확장과 개발로 가항늪과 팔랑늪, 학암벌 등 10여 개의 크고 작은 늪이 사라져버린 반의 반쪽짜리 모양새다. 우포늪 주변으로 목포늪, 사지포, 쪽지벌이 현재 남아 있는 전부니까 말이다. 소나 풀어놓던 별 쓸모없는 땅을 기다란 둑으로 막고 흙을 메워 농토로 변화시킨 인간승리의 대역사라 자부해 왔지만, 알고 보면 1억 4천만 년이나 된 소중한 자연유산을 곡식 얼마와 맞바꾼 어리석은 거래였음을 뒤늦게 깨달은 것이다.

오랜 세월 천대받느라 제 모양을 잃었지만, 여전히 높은 보존가치를 지닌 우포늪을 찾았다. 탐방객을 위해 마련한 세진주차장[1]에서 우포늪 입구로 들어선다. 세진주차장은 우포늪이 자리한 창녕군 유어면 세진리의 이름을 딴 공영시설로, 무료로 운영된다.

주차장과 입구 주변은 평일임에도 전국에서 고속버스를 타고 방문한 사람들이 꽤 많다. 입구를 통과한 후 소독약이 뿌려진 카펫을 지나 흙길로 들어선다. 소독 카펫을 밟는 일은 우포늪이 아끼고 보존해야 할 곳임을 다시금 환기시킨다. 입구 옆 커다란 안내판 속 두루미가 '여기서부터는 우리들 세상이니 이웃 나라를 방문하는 마음으로 예의를 갖추시오!' 하고 당부하듯 까맣고 예리한 눈빛으로 바라본다.

우리나라를 찾는 겨울 철새 중 하나인 왜가리(2~3지점).

전망대로 이어지는 계단(3~4지점).

생태계로 들어가는 간단한 입국절차(?)를 마친 후 처음 만나는 삼거리[2]에서 왼쪽 길로 방향을 잡는다. 우포늪 둘레를 일주하는 코스이므로 오른편으로 진입해 반시계방향으로 걸어도 상관없다. 길 끝까지 걸어간 후 우포늪 둘레를 따라 이어진 산책로에서 다시 왼편으로 꺾는다. 물가엔 청둥오리와 쇠오리들이 순찰이라도 하듯 무리지어 우포늪 기슭을 열심히 훑고 다닌다. 어찌나 분주하고 활기차게 몰려다니는지 눈이라도 마주쳤다간 불심검문이라도 할 것 같은 분위기다.

얼마 안 가 나오는 삼거리[3]에서 왼편 나무계단을 따라 올라가야 전망대[4]에 닿을 수 있다. 전망대에서는 이곳 전역을 대부분 조망할 수 있지만, 흐린 날씨 탓에 기대했던 것만큼 시야가 좋지 않아 이내 발길을 돌린다. 나무계단을 다시 내려와 원래 진행하던 산책로 왼편으로 들어선다.

새들만 날 수 있는 비행금지구역 삼거리~나무다리[6-9]

늪은 '진흙으로 된 바닥에 얕은 물이 늘 고여 있어 수생 식물이 많이 자라는 질퍽한 지대'라는 뜻을 갖고 있는데, 산책로 오른편으로 펼쳐진 우포늪은 호수 같기도 하고, 강 같기도 하다. 산책로 옆 물가를 노닐던 청둥오리들이 낯선 방문객의 등장에 부산한 몸짓으로 자리를 뜬다. 먹이활동을 하던 청둥오리가 아무 죄 없이 떠나자, 그들의 사냥터에 발을 디딘 이방인은 훼방꾼이 된 심정으로 그저 미안해진다.

물새들이 놀랄까봐 조심조심 걷다가 다시 만나는 삼거리[6]에서 물가를 따라 오른편 길로 들어선다. 이정표에 쓰여 있는 대로 왼쪽은 따오기 복원센터 방향

산책로 옆으로 우포늪을 이루는 크고 작은 습지가 보인다(7~8지점).

이다. 복원센터에서는 2008년 중국에서 들여온 따오기 한 쌍의 증식과 연구 작업이 진행 중이며, 50마리 이상으로 개체 수가 늘어나면 우포늪에 자연 방사할 계획이라고 한다. 창녕군은 성공적인 복원을 염원하며 센터 주변 10km 반경을 경비행기가 접근할 수 없는 비행금지구역으로 지정했다. 우리보다 앞서 1980년대 따오기 복원을 시도했던 일본에서 헬리콥터 소리에 놀란 따오기가 폐사한 사례를 참조해 취한 조치다.

우포늪은 강 같기도 하고 호수 같기도 하다(9~10지점).   제방을 따라 난 길(11~12지점).

　동북아시아 지역에 제한적으로 서식하는 따오기는 현재 전 세계 2천여 마리만 남아있는 멸종위기종으로, 우리나라에서는 1970년대 후반 휴전선 부근에서 목격된 것을 마지막으로 자취를 감췄다. 우포늪에서 힘차게 날갯짓하는 따오기를 다시 볼 수 있기를 바라며 걸음을 잇는다.

　우포늪 기슭을 따라 이어지던 흙길은 잠시 후 오른쪽으로 90도 휘어진다. 왼쪽 토평천 너머로 잘 보이지는 않지만, 현재 우포늪과 함께 남아있는 4개 늪 중 가장 작은 쪽지벌이 자리하고 있다. 토평천을 가로지르는 왼쪽 징검다리[7]를 건넌 후 삼거리에서 오른쪽 포장로로 접어들며 잠시 늪에서 멀어진다. 포장로는 다음 삼거리[8]를 지나서도 이어지다 오른편에 나무다리[9]가 놓인 삼거리에서야 끝을 맺는다. 이곳에서 나무다리를 건너 비포장 탐방로 오른쪽으로 따라가면 된다.

목포늪(9~10지점). 늪가에 억새가 곱게 피었다(11~12지점).

오른쪽에 잔잔한 물결이 늪 기슭을 쓰다듬는 곳이 우포늪 다음으로 큰 목포늪이다. 비포장길에서 만나는 다음 삼거리에서도 오른쪽으로 방향을 잡은 후 우포자연학습원을 지나 소포나루터 쪽으로 진행한다. 소포나루터를 지나며 잠시 이별했던 우포늪과 다시 만난다. 반가운 마음에 물가로 다가가려다 쇠오리 무리의 마뜩찮은 표정을 보고 조용히 뒷걸음질 친다.

기다란 메스 자국 같은 제방길 삼거리~세진주차장[10~14]

우포늪 기슭을 벗어나 잠시 후 길을 가로막듯 서 있는 삼거리[10]에서 배수펌프장 방향으로 걸어가다 토평천과 만나는 삼거리[11]에서 오른쪽 토평천을 지나 제방길로 올라선다. 배수펌프장으로 이어진 짧은 둑방길 왼쪽의 아담한 연못이 바로 사지포다.

사방이 트인 제방길에선 세찬 바람에 날아갈 듯 갈대가 이리저리 휘청인다. 제방을 사이에 두고 오른편 우포늪과 대치하듯 펼쳐진 넓은 논이 바로 '대대들' 이다. 대대들판은 과거 우포늪의 일부를 둑으로 막고 흙을 메꿔 농지로 만든 곳

중 하나로, 제방길은 인간이 우포늪에 남긴 상처의 일부다.

늪을 농지로 만드는 건 조금 힘든 일일 뿐이지만, 농지를 다시 물새들이 노니는 늪으로 되돌리려면 계량하기조차 어려울 만큼 어마어마한 시간과 노력이 필요하다. 이 같은 사실을 생각하면 대대들의 평화로운 풍경이 조금은 쓸쓸하게 느껴진다. 길게 뻗은 제방길을 가다보면 제1관찰대 앞 삼거리[12]가 나온다. 이곳에서 왼쪽으로 들어서면 처음 지나온 입구를 지나 세진주차장[14]에 닿는다.

물새들이 둥지를 짓는 풀밭(5~6지점).

제방에서 본 우포늪 풍경. 멀리 이방면 동산리까지 한눈에 들어온다(11~12지점).

🍴 추천음식

동일식육식당 '소고기 찌개'

유어면 보건소 입구 왼편에 파란 간판을 달고 있는 아담한 건물이 동일식육식당이다. 이곳에서는 여러 가지 신선한 냉장육으로 만든 음식을 파는데, 단연 인기 메뉴가 소고기 찌개다.
20년 비결이 담긴 양념을 푼 국물에 소고기 사태와 파, 콩나물 등 채소를 넣고 푹 끓여낸 소고기 찌개는 한우의 구수한 풍미와 얼큰한 경상도식 찌개 맛이 어우러져 금세 밥 한 공기를 비우게 한다.

위치 경남 창녕군 유어면 부곡리 7-4　**전화** (055)532-7058　**영업시간** 11:00~21:30
가격 소고기 찌개 7천 원, 돼지고기 찌개 5천 원, 한우등심(150g) 1만3천 원
주차 가능, 무료

🚗 교통편

》 찾아가기

대중교통 서울남부터미널에서 창녕시외버스터미널(055-533-4000)로 가는 고속버스가 있다. 우포늪으로 가려면 창녕시외버스터미널 건너편에 있는 영신버스터미널(055-533-1764)에서 직행버스를 타고 세진주차장에서 내린다.
서울남부터미널→창녕시외버스터미널 09:45 11:20 14:45 16:00 17:05
영신버스터미널→우포늪 06:50 08:20 13:30 15:00 18:00
승용차 세진주차장 이용, 무료

《 돌아오기

세진주차장에서 창녕행 직행버스를 타고 영신버스터미널에 내리면 길 건너편에 창녕시외버스터미널이 있다.
우포늪→영신버스터미널 07:10 11:15 13:50 17:20 18:20
창녕시외버스터미널→서울남부터미널 09:30 10:30 11:30 14:30 17:001

ℹ️ 알아두기

숙박 창녕시외버스터미널 주변　**식당·매점** 창녕시외버스터미널 주변
식수 미리 준비　**화장실** 세진주차장(1지점) 주변

🏠 들를 만한 곳

우포늪생태관

세진주차장에서 우포늪으로 들어서기 전 광장 오른편 끝에 있다. 우포늪생태관은 습지에 사는 여러 야생동물에 관한 기록을 보존하고 전시해 놓은 곳이다. '우포늪의 사계절'과 '살아있는 우포늪', '우포늪의 가족들' 등 여러 전시실을 갖추어 놓았다.

위치 경남 창녕군 유어면 세진리 232　**전화** (055)530-1555
관람시간 09:00~18:00(매표는 17:00까지), 매주 월요일 휴관
입장료 성인 2천 원, 청소년 1천500원, 어린이 1천 원
주차 세진주차장 이용, 무료

경남 창원시

주남저수지 | 거리 9.1km, 소요시간 2시간~2시간 30분
고요한 풍경들이 쉬고 있는 물가

1970년대부터 겨울 철새의 서식지로 이름을 알린 주남저수지는 강처럼 크고 넓다. 철새들이 거의 떠난 초봄이지만, 잔잔한 수면 위로 이따금 기러기 떼가 난다. 산책로가 나 있는 남쪽과 동쪽 물가를 걷는다. 거울 같은 수면 위에 고요한 풍경들이 쉬고 있다.

시야가 확 트이는 주남저수지의 동쪽 산책로(5~6지점).

- 걷는거리 9.1km
- 걷는시간 2시간~2시간 30분
- 출발점 경남 창원시 의창구 동읍 월잠리 람사르문화관
- 종착점 경남 창원시 의창구 동읍 월잠리 람사르문화관
- 난이도 쉬워요

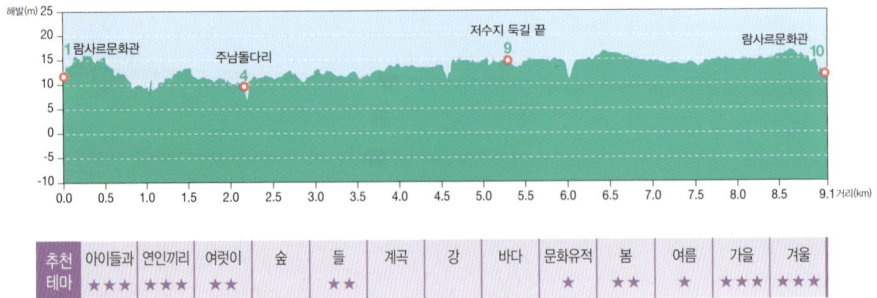

추천테마	아이들과	연인끼리	여럿이	숲	들	계곡	강	바다	문화유적	봄	여름	가을	겨울
	★★★	★★★	★★	★★			★		★★	★	★★★	★★★

흔히 말하는 주남저수지는 하나의 저수지가 아니다. 실제로는 크기와 모양이 다른 3개의 저수지(산남, 주남, 동판)가 북쪽에서 남쪽으로 순서대로 이어져 있다. 그럼에도 주남저수지로 통칭하는 이유는 가운데에 위치한 주남저수지가 가장 크기 때문이다.

산책로를 따라 탐방이 가능한 곳도 셋 중 가운데 있는 주남저수지뿐이다. 이곳은 강을 떠올리게 할 만큼 크다. 둘레는 약 9.7km에 이르고 면적(285만㎡)은 축구장 400개를 합친 것과 같다. 낙동강 줄기 남쪽에 자연적으로 생겨난 늪이었지만 주위에서 농사를 짓기 시작한 1920년대부터 범람을 막고 농업용수를 안정적으로 공급하기 위해 사람들이 둑을 쌓아 지금의 모습이 되었다.

그렇게 오랫동안 어느 시골의 농사를 돕던 주남저수지는 1970년 후반 새로운 명성을 얻는다. 시베리아의 추위를 피해 재두루미·노랑부리저어새·흑꼬리도요·가창오리·흰꼬리수리 등 230여 종의 겨울 철새 5만 마리가 찾아와 겨울을 보내고 가는, 한국 최대의 '철새도래지'가 되었기 때문이다.

주남저수지 안에는 크고 작은 갈대 섬이 있고 그 주변에서 물새가 쉰다(2~3지점).

겨울 철새들의 왕국 람사르문화관~주남배수문 앞[1-3]

11월 말이 되면 철새가 찾아오기 시작해 다음해 1월을 전후로 철새의 숫자가 절정에 이른다. 무채색으로 변한 겨울 저수지가 수만 마리 철새의 날갯짓과 울음으로 계절과 다르게 화려해진다.

산책로는 주남저수지의 남쪽 둑 일부와 동쪽 둑 전체로 이어지며 거리는 저수지 전체 둘레의 절반에 못 미치는 4km 정도다. 걷기 시작하는 장소는 주남저수지 남쪽에 위치한 람사르문화관[1]이다. 2008년 창원에서 열린 제10회 람사르총회를 기념하기 위해 만든 건물로 주남저수지의 환경적인 가치를 알리는 자료를 전시하고 있고 카페 등의 편의시설도 갖추었다.

람사르문화관 앞에 있는 둑으로 오르면 곧바로 주남저수지 남쪽 산책로다. 억새 무성하게 자란 둑을 따라 오른쪽으로 걸어가면 저수지 안쪽으로 데크를 다리처럼 깔아놓은 탐방데크[2]가 나온다. 주남저수지의 수생식물을 가깝게 관찰할 수 있는 곳으로 11월에서 2월까지는 철새를 보호하기 위해 입구를 막지만 그 외에는 오전 9시 반부터 오후 5시 반까지 입장할 수 있다. 잠시 들렀다가 다시 저수지를 따라 걸으면 된다.

누군가 대칭을 맞춘 듯한 두 개의 갈대 섬(2~3지점).

겨울을 지나 봄으로 가는 시기, 겨울 철새가 거의 떠나버린 주남저수지는 평온하다. 큰 부리큰기러기는 아직도 꽤 많은 수가 남아 애처롭게 울며 저수지를 오가고, 가깝고 먼 곳에 떠 있는 작은 섬들에는 버드나무가 자라 수면 위에 제 얼굴을 비춘다. 둑 아래에 도로 옆

탐조 망원경(2~3지점).

갓길을 넓혀 만든 주차장이 있는 것을 보니 지난 겨울축제 때와 주말마다 얼마나 많은 사람들이 찾아왔고, 찾아오는지 짐작할 수 있다.

2층 건물로 된 탐조대를 지나 5분 정도 걸으면 주남저수지 동쪽 산책로와 주남돌다리 방향으로 길이 나뉘는 주남배수문 앞[3]에 도착한다.

아쉽게 끝나 버린 산책로 주남돌다리~람사르문화관[4~10]

주남배수문에서 주남돌다리로 향한다. 도로 건너편에 있는 이정표를 따라 주천강과 논 사이에 있는 농로를 10분 정도 걸으면 된다. 시야가 확 트인 벌판이지만 길에서 보는 풍경은 그다지 조화롭지 않다. 수확이 끝난 너른 논에는 기러기가 무리를 지어 먹이를 구하고 있어 평화로운 전원 풍경처럼 보이지만 논 뒤에 크고 작은 공장들이 진을 치고 있다. 길 왼쪽 낙동강에서 동판저수지와 주남저수지로 흘러드는 주천강은 개천처럼 옹색하다.

얼마 지나지 않아 주남돌다리[4]가 모습을 보인다. 주천강 위에 놓인 아치형의 작은 돌다리로 판판하고 넓은 화강암을 교차해 쌓은 모습이 독특하다. 일제강점기 때까지도 주민들이 주로 사용한 다리였으나 1967년에 폭우로 무너졌고, 지금의 다리는 창원시가 1996년에 복원한 것이다. 난간이 없고 자연석을 교차해서 쌓은 모습이 조금은 위태로워 보이는데, 건너려고 발을 디디니 의외로 탄탄하다. 강 반대편으로 건넌 후 왼쪽으로 방향을 잡아 주남배수문 앞[5]으로 돌아

간다.

처음 동쪽 산책로로 접어들면 길 오른쪽으로 지붕 있는 쉼터 몇 개가 나란히 서 있는데 이곳이 낙조대다. 꼭 낙조대가 아니라도 맑은 날 해질 무렵에 저수지 동쪽 산책로를 걸으면 황금빛으로 물드는 주남저수지를 볼 수 있다.

동쪽 산책로는 물가 억새가 사라져 저수지가 한결 시원하게 보이고 도로를 접하지 않아 폭이 넓어 걷기 좋다. 시원하게 직선으로 이어진 길을 한동안 걷는다. 철새를 자세히 볼 수 있도록 망원경이 있는 쉼터[6,7]를 차례대로 지나면 정면에 민가가 있고 차량진입 방지석이 있어 둑길이 끝나는 듯한 장소[8]에 도착한다. 민가 앞에 놓인 데크로 가면 길은 계속된다. 저수지 주변 용산마을 민가들을 피

해 길을 잇느라 새로 데크를 깐 흔적이 역력하다.

　걸으면서 보는 풍경은 여전히 멋있다. 저수지와 주변 벌판을 기러기 떼가 심심찮게 날아다녀 겨울 철새 왕국의 면모를 짐작하게 한다. 소나무가 빽빽하게 자라고 있어 거대한 밤송이처럼 보이는 언덕 앞까지 가서 주남저수지를 한눈에 내려다볼 수 있을까 기대했지만 아쉽게도 산책로는 저수지 둘레로만 이어진다.

　용산마을을 오른쪽에 두고 700m 정도 계속되던 '새길'은 주남저수지의 북쪽과 산남저수지의 남쪽이 맞닿아 있는 도로[9]에서 끝이 난다. 이곳에서 방향을 돌려 람사르문화관[10]으로 돌아간다. 봄을 재촉하듯 해는 더 높이 떠서 주남저수지에 햇살을 뿌리고, 때 잊은 철새들은 아직도 주남저수지에 남아 있다.

1 주남돌다리(4지점).   2 쉼터 앞의 망원경(5~6지점).   3 저수지 동쪽 산책로(5~6지점).   4 소나무로 덮인 작은 언덕과 데크 산책로(8~9지점).

주남저수지의 어부들. 낚시 금지 구역이어서 어업 허가를 받은 어부만 물고기를 잡을 수 있다(8~9지점).

교통편

» 찾아가기

대중교통 서울역에서 창원역(1544-7788)으로 가는 기차와 서울고속버스터미널과 동서울터미널에서 '창원역 시외·고속버스 정류소'에서 하차했다가 창원종합버스터미널(1688-0882)로 가는 고속버스가 있다. 창원역과 창원역 시외·고속버스 정류소에서 주남저수지로 가는 1번 마을버스를 탈 수 있다. 창원종합버스터미널에서는 101번, 102번 시내버스(10~20분 간격)를 탔다가 경남테크노파크 정류장에서 하차해 창원역 정류장까지 걸어가(5분 거리) 1번 마을버스로 갈아탄다.

서울역→창원역 09:00 09:35 16:40 17:10 19:13 21:50
서울고속버스터미널→창원종합버스터미널 06:10~00:30(20분~1시간 20분 간격)
동서울터미널→창원종합버스터미널 09:00 10:30 16:00 17:30
창원역→주남저수지 정류장 06:35~23:00(25분 간격)
승용차 람사르문화관 주차장 이용, 무료

≪ 돌아오기

주남저수지 정류장에서 1번 마을버스를 타고 창원역으로 돌아온다.
주남저수지 정류장→창원역 06:35~23:00(25분 간격)
창원역→서울역 06:55 07:35 09:15 10:05 10:45 15:35
창원종합버스터미널→서울고속버스터미널 01:00~24:00(30분~2시간 간격)
창원종합버스터미널→동서울터미널 09:00 10:40 16:20 17:40

알아두기

숙박 주남저수지 주변 민박, 창원역 일대   **식당** 용산마을(9지점)
매점 람사르문화관(1지점), 용산마을(9지점)   **식수** 미리 준비   **화장실** 람사르문화관(1지점)

들를 만한 곳

창원해양공원

진해만에 있는 작은 섬인 음지도에 조성한 해양공원이다. 육지와 연결되어 있어 자동차로 바로 찾을 수 있다. 해양생물테마파크와 해전사체험관은 건물 내에 있고 바다에는 실제 군함인 강원함이 전시되어 있다. 강원함은 1944년 미국에서 건조해 6.25전쟁에도 참여하고 1978년까지 한국해군이 실제로 사용한 구축함으로 2000년에 퇴역했다. 외관뿐 아니라 군함 내부까지 관람할 수 있다. 군함의 3층 최상갑판부터 지하 1층 하갑판을 돌면서 함교, 전투정보실, 레이더실과 같은 전투공간을 비롯해 장교식당·사병식당, 침실, 이발실 등 군인들의 생활공간을 볼 수 있다.
해양생물테마파크는 다양한 해양생물의 탄생과정과 종류를 영상으로 보여주고, 해전사체험관은 해군의 신호체계, 잠수함·항공모함과 관련한 내용 등을 전시하고 있다.

위치 경남 창원시 진해구 명동 산121   **전화** (055)712-0425
개장시간 09:00~20:00(3~10월) 09:00~18:00(11~2월)
입장료 성인 3천 원, 청소년 2천 원, 어린이 1천 원   **주차** 가능, 1일 1천 원

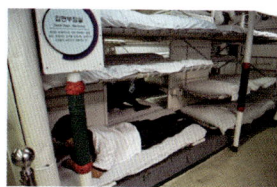  

http://www.darakwon.co.kr